24/01/2006

AAN ADRIAAN!

DE BEMELMANS familie
wenst jou een "GOED"
HONGARIJE jaar!

Hans Hoogendoorn
Hilda Chang Uhrin
Zsuzsanna Jegesi

Redactie: **ANWB Uitgeverij Boeken/JV**
Postbus 93200
2509 BA Den Haag
buitenlandredactie@anwb.nl

Onze redactie is u bij voorbaat zeer dankbaar voor alle op- en aanmerkingen en suggesties met betrekking tot deze taalgids.

© **2004 ANWB bv**
Vierde geheel herziene druk
Alle rechten voorbehouden.

ISBN 90 18 01802-3

Deze uitgave is met de meeste zorg samengesteld. De juistheid van de inhoud is mede afhankelijk van het werk van derden. Indien dat deel van de inhoud onjuistheden blijkt te bevatten, kan de ANWB daarvoor geen aansprakelijkheid aanvaarden.

Colofon
Productie: ANWB Uitgeverij Boeken
Coördinatie Hongaarse tekst: Vertaalbureau Acta, Leiden
Vertaling herziening: Gizella van Peer
Kaart: Softmap, Utrecht
Ontwerp omslag: Keja Donia, Schiphol-Oost
Ontwerp binnenwerk: PSHolland.nl
Illustraties: Hilbert Bolland
Opmaak: PSHolland.nl

inhoud

Inleiding
6	Hoe gebruikt u deze taalgids?
6	Uitspraakregels, woordenlijsten
7	Inleiding tot het Hongaars
8	Enkele taaleigenaardigheden
10	Een korte grammatica
14	De uitspraakregels
16	Gebaren

Algemene uitdrukkingen
17	Dagelijkse woorden en zinnen
18	Voorzetsels, voegwoorden enz.
19	Enkele bijvoeglijke naamwoorden
20	Taalproblemen
21	Begroetingen
22	Contacten leggen
22	Op bezoek
24	Gelukwensen
24	Telwoorden, rekenen
26	De tijd
27	Data, seizoenen, (feest)dagen
29	Het weer

Aan de grens
31	Paspoortcontrole
32	Douane

Op de weg
33	Vervoermiddelen
34	Een auto huren
35	Vragen onderweg
36	Parkeren, bekeuringen
38	Aanwijzingen en opschriften
39	Liften

Openbaar vervoer
41	Bus, tram en metro
42	Trein
45	Vliegtuig
47	Boot
48	Taxi

Tanken, pech, ongevallen
- 49 Bij het tankstation
- 50 Reparaties
- 51 Onderdelen van de auto
- 57 Onderdelen van de (motor)fiets
- 58 Aard van de beschadiging
- 59 Een ongeval op de weg

Overnachten
- 61 Onderdak zoeken in Hongarije
- 62 Bij de receptie van het hotel
- 64 Gehandicapten
- 66 Inlichtingen, service, klachten
- 68 Kamperen buiten de camping
- 70 Bij de receptie van de camping
- 72 Faciliteiten
- 75 De uitrusting
- 77 Onderdelen van tent en caravan

Eten en drinken
- 79 Soorten eet- en drinkgelegenheden
- 80 Gesprekken met het personeel
- 81 Een karakteristiek van de Hongaarse keuken
- 82 Enkele losse uitdrukkingen
- 83 Een Hongaarse menukaart
- 86 Wijze van bereiden

Uitgaan
- 89 Wat is er te doen?
- 90 Bioscoop en theater
- 92 Discotheek en nachtclub
- 93 Flirten en romantiek
- 98 Uit met de kinderen

Problemen in de stad
- 99 De weg vragen
- 101 Er is iets gebeurd/Bij de politie

Medische hulp
- 105 Hulp vragen
- 106 Bij de arts/tandarts
- 109 Ziekteverschijnselen
- 111 Lichaamsdelen
- 112 Ingewanden
- 113 Beenderen, gewrichten, spieren, organen
- 114 Bij de apotheek
- 115 In het ziekenhuis

	Bank, post, telefoond, internet
117	Bij de bank
119	Op het postkantoor
121	Telefoneren
123	Het Hongaarse telefoonalfabet
124	Internet
	Sport en recreatie
125	Aan het strand, in het zwembad
127	Watersport
129	Paardrijden
129	Een fiets huren
130	Wandelen, klimmen
131	Golf
132	Voetbal
132	Andere takken van sport
133	Ontspannen
	Winkelen
135	Gesprekken met het winkelpersoneel
141	Maten, gewichten, hoeveelheden
141	Levensmiddelen, groenten, fruit, enz.
144	Drogisterijartikelen
146	Kleding en schoeisel
150	Foto-, film- en videoapparatuur
152	Boeken, tijdschriften, schrijfwaren
154	Juwelen en horloges
155	Munten en postzegels
156	Bij de opticiën
157	In de tabakszaak
157	Wasserette en reiniging
158	Bij de kapper
159	In de schoonheidssalon
160	In andere winkels
	Toerisme
161	Op het verkeersbureau of VVV-kantoor
163	Museumbezoek
165	In kastelen, kerken enz.
167	Hongaarse spreekwoorden en gezegden
168	Algemene woordenlijst **Nederlands - Hongaars**
228	Algemene woordenlijst **Hongaars - Nederlands**
256	In Hongarije gangbare afkortingen

inleiding

Hoe gebruikt u deze taalgids?

Er is waarschijnlijk geen genre boeken waarvan het nut zo vaak in twijfel getrokken is als taalgidsen. Menig conferencier heeft op de planken de draak gestoken met de naar zijn mening talrijke nutteloze zinnen. De gebruiker lijkt er anders over te denken. Echt nutteloze zinnen staan er niet in en veel zinnen die op het oog overbodig lijken, kunnen opeens zeer zinvol blijken, wanneer u onverwacht in een bepaalde situatie terecht komt. Zelfs zonder enige voorkennis kunt u zich in veel gevallen toch aardig verstaanbaar maken. En bent u wel in de taal ingeburgerd, dan blijkt een taalgids een aardige aanvulling op uw studieboeken. Het lijkt ons nuttig dat de zinnen waarmee u een gesprek opent, kort zijn. Van die gedachte zijn we ook uitgegaan bij het samenstellen van deze serie. Negen van de tien vreemdelingen die u aanspreekt, zullen u onmiddellijk als buitenlander herkennen en alleen al daarom verwachten zij niet dat u met prachtige volzinnen aankomt. Kennis van zo veel mogelijk woorden, zelfstandige of bijvoeglijke naamwoorden waarmee u uw wensen kenbaar maakt, gaat bij ons boven allerlei toevoegingen die de zinnen onnodig lang maken. U zult zien dat we steeds de Nederlandse zin (**vet** gezet) laten volgen door de Hongaarse (in het blauw) en daarna door een regel waarin we de uitspraak zo goed mogelijk weergeven. Het grote probleem is natuurlijk het antwoord dat de aangesprokene zal geven. In veel gidsen heeft de samensteller al meteen een pasklaar antwoord bedacht, maar het zou wel erg toevallig zijn wanneer u nu net dat voorgebakken antwoord krijgt. Veel van die 'terugpraatzinnen' (herkenbaar aan het driehoekje ◄ dat eraan vooraf gaat) zult u in onze taalgids dan ook niet vinden. Liever geven we een flink aantal woordenlijstjes waarin u vast wel wat woorden terugvindt die u ook herkent in de waterval van Hongaarse woorden die over u wordt uitgestort zodra u zelf uitgesproken bent.

Uitspraakregels, woordenlijsten

Deze taalgids is onderverdeeld in een aantal hoofdstukken die even zovele situaties weergeven die u op reis kunt tegenkomen: de grenscontrole, de reis door het land, het onderdak, het bezoek aan een bank of postkantoor, medische en technische hulp, het winkelen, sport en recreatie. Bij de meeste onderwerpen geven we wat korte achtergrondinformatie en tips, gevolgd door de eerste zinnen waarmee u een gesprek kunt openen. De correcte uitspraak weergeven op een voor iedereen begrijpelijk wijze (dus niet in het maar door weinigen beheerste fonetisch schrift) is erg moeilijk. Daar komt nog eens bij dat Hongaarse woorden vaak lang zijn en nog langer worden door de voor- en achtervoegsels. Het wordt vaak puzzelen, stamelen, tot u de uitspraak een beetje onder de knie krijgt. Behalve aan zinnen hebt u natuurlijk ook veel aan lijsten met woorden. Bij elke rubriek treft u wel een aantal woordenlijstjes Nederlands-Hongaars aan, meestal hebben ze betreking op een voorafgaande zin. Verder ziet u achterin deze gids een bruikbare algemene woordenlijst, voornamelijk met werkwoorden en bijvoeglijke naamwoorden. Bovendien hebben we een aantal alledaagse woorden en uitdrukkingen (die u eigenlijk uit het hoofd zou moeten leren) bijeengebracht op de achterzijde van het omslag. In omgekeerde richting (Hongaars-Nederlands) vindt u korte woordenlijstjes achter de 'terugpraatzinnen', een aantal lijsten met opschriften en een flinke lijst met namen van gerechten, steeds weer bij het desbetreffende onderwerp. Veel gebruikte afkortingen vindt u in een afzonderlijke lijst helemaal achter in. Echt Hongaars leren kunt u met dit gidsje natuurlijk niet. Maar u kunt zich ermee redden in bepaalde aangename en onaangename zaken en u kweekt veel 'goodwill' wanneer u door het leren van wat korte Hongaarse zinnetjes laat merken dat u belangstelling hebt voor de Hongaren en hun moeilijke, maar echt wel mooie taal.

Inleiding tot het Hongaars

Vrijwel alle talen in Europa (de Germaanse, de Romaanse, de Slavische enz.) behoren tot de Indo-europese taalgroep, waarvan de bron in het Iraans-Indiase grensgebied lag. Het Hongaars echter behoort tot de **Oeraalse taalgroep**; waarvan de bron lag aan weerszijden van het Oeralgebergte, de grens tussen Europa en Azië. De bekendste tak is de **Fins-Oegrische** tak. Die kunnen we weer in twee groepen splitsen: de Finse en de Oegrische. Het Fins is dus aan het Hongaars verwant, maar beide volken kunnen elkaar absoluut niet verstaan. Al heel lang geleden zijn de Finnen en de Oegrische volken (waaronder de Hongaren, Wogoelen en Ostjaken) uit elkaar gegaan.
Zo'n 2000 jaar v.Chr. begon de grote trektocht: de Finnen en Esten trokken naar de Oostzee, de Hongaren naar de steppen van Zuid-Rusland. Onderweg voegden andere stammen zich bij hen, volken die een Turkse taal spraken. Zij namen het Hongaars over, maar voegden er Turkse woorden aan toe. Steeds verder ging de reis en na bijna 3000 jaar zwerven kwamen de Hongaren (die zichzelf Magyaren noemen) terecht waar ze nu wonen: op de hoogvlakte van Transsylvanië en in de laagvlakte aan weerszijden van de Donau. De andere volken die een Oegrische taal spraken, bleven in Rusland achter en vormen daar nog steeds kleine tot zeer kleine minderheden.
De Hongaren kwamen (zo rond het jaar 895) niet in een leeg land terecht: in

Transsylvanië woonden de voorouders van de Roemenen, ten westen van de Donau Slavische stammen. Die laatsten hebben zich met de Hongaren vermengd en brachten Slavische woorden mee. De Roemenen behielden hun taal maar namen veel Hongaarse woorden over. De Szekels, een Turks volk in de Karpaten, namen de Hongaarse taal in zijn geheel over. Hongarije werd, aan de leiband van Oostenrijk, dat maar een beperkte autonomie toestond, een machtig land dat veel omringende gebieden veroverde. In 1920 werden al die veroveringen ongedaan gemaakt en verloor Hongarije, als verliezer in de oorlog, twee derde van zijn grondgebied. Daardoor wordt ook buiten de huidige republiek nog Hongaars gesproken door de achtergebleven landgenoten in Slowakije (1 miljoen), Roemenië (2 miljoen), de Oekraïne (170.000) en Joegoslavië (400.000). Bij elkaar spreken 14 miljoen mensen Hongaars, waarvan 10 miljoen in het moederland. En al die Hongaren verstaan elkaar moeiteloos. Door de late spreiding van het volk en het geografische karakter van Hongarije ontstonden er geen geïsoleerd levende bevolkingsgroepen en bleven de dialecten sterk aan elkaar verwant.

Enkele taaleigenaardigheden

Zelfs de meest ervaren taalstudent moet het toegeven: Hongaars is een zeer moeilijke taal. Door zijn oorsprong heeft het een sterk afwijkende grammatica. Gelukkig is er één aspect dat geen last geeft: **de klemtoon ligt altijd op de eerste lettergreep**, zelfs bij de leenwoorden. Maar dan komen de problemen:

- Het Hongaars kent geen grammaticaal geslacht (geen mannelijke, vrouwelijke en onzijdige woorden)
- Het werkwoord 'hebben' wordt vervangen door 'zijn' met een datiefvorm (3de naamval)
- Voorzetsels worden vervangen door suffixen (achtervoegsels die hun zelfstandige betekenis bewaren), door naamvalsuitgangen en door achterzetsels
- Bezit wordt aangeduid door middel van een reeks persoonsuitgangen i.p.v. bezittelijke voornaamwoorden
- Na een telwoord blijft het zelfstandig naamwoord in het enkelvoud staan
- Persoonlijke voornaamwoorden worden alleen gebruikt wanneer de nadruk op de persoon ligt
- Het is van groot belang voor de betekenis van een woord of de (mede)-klinker kort of lang wordt uitgesproken
- De zinsbouw (woordvolgorde) wordt bepaald door het belangrijkste woord in de zin

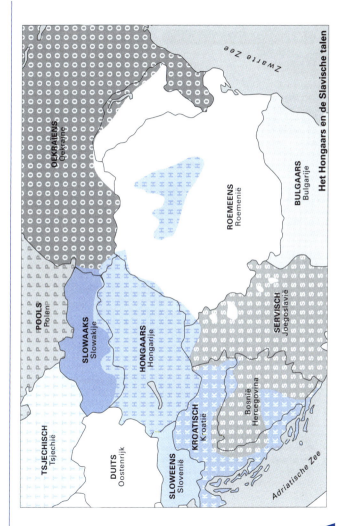

een korte grammatica

De vocaalharmonie

Het verschijnsel dat in de meeste Hongaarse woorden of alleen **dieplluidende** klinkers (a, á, o, ó, u, ú) of uitsluitend **hoogluidende** klinkers (e, é, ö, ő, ü, ű) voorkomen, dus dat de woorden van gelijke klankkleur zijn én dat de achtervoegsels daaraan worden aangepast, noemt men vocaalharmonie. Bijvoorbeeld: magyar, ország, munka (dieplluidend) en gyermek, természet, időszerű (hoogluidend).

De achtervoegsels

Deze hebben dezelfde betekenis als onze voorzetsels (voor, op, enz.). Sommige hebben twee of meer vormen; de juiste keuze hangt dan af van die vocaalharmonie. De achtervoegsels -ban en -ben bijvoorbeeld vervangen ons voorzetsel 'in'. Men gebruikt dan het eerste achtervoegsel in de dieplluidende woorden (ország**ban** en munká**ban**) en het tweede in de hoogluidende woorden (gyermek**ben** en természet**ben**).

Enkele **plaatsbepalende** achtervoegsels:

-**ban**, -**ben**:	ház**ban**	(**in** huis)
-**ba**, -**be**:	ház**ba**	(het huis **in**)
-**ból**, **ből**:	ház**ból**	(**uit** het huis)
-**n**, -**on**, -**en**, -**ön**:	víz**en**	(**op** het water)
-**ról**, -**rol**:	víz**ro**	(**van/over** het water)
-**nál**, **nél**:	víz**nél**	(**bij** het water)

Andere belangrijke achtervoegsels en naamvalsuitgangen:

1. **De 'met'-vorm**: achtervoegsels -(v)al en -(v)el: kéz**zel** (**met** de hand). N.B.: de v wordt alleen gebruikt bij woorden die op een klinker eindigen: autó**val**. Bij woorden die op een medeklinker eindigen, verdubbelt men die medeklinker (zoals in het voorbeeld kéz**zel**)
2. **Doelstelling**: achtervoegsel -ért: pénz**ért** (**voor** geld), öröm**ért** (**om** het plezier)
3. **Tijdsbepaling**: achtervoegsel -kor: hat óra**kor** (**om** zes uur)
4. **Grensbepaling**: achtervoegsel -ig: öt**ig** (**tot** vijf), Leiden**ig** (**tot** Leiden)
5. **Bestemming**: achtervoegsels -nak en -nek : Évá**nak** adja (Hij geeft het **aan** Eva), Évá**nak** vette (Hij kocht het **voor** Eva)
6. **Lijdend voorwerp**: teken -t: Vize**t** iszom (Ik drink water), Háza**t** épít (Hij bouwt een huis)

In plaats van bezittelijke voornaamwoorden heeft het Hongaars
bezitsuitgangen:

mijn huis	ház**am**	mijn huizen	ház**aim**
jouw huis	ház**ad**	jouw huizen	ház**aid**
zijn/uw huis	ház**a**	zijn/uw huizen	ház**ai**
ons huis	ház**unk**	onze huizen	ház**aink**
jullie huis	ház**atok**	jullie huizen	ház**aitok**
hun/uw huis	ház**uk**	hun/uw huizen	ház**aik**

Opmerking: De keuze van een bezitsuitgang geschiedt weer overeenkomstig de vocaalharmonie. Mogelijke uitgangen voor bijv. de eerste persoon enkelvoud zijn: -am, -em, -om, -öm (ház**am**, kert**em**, barát**om**, kürt**öm**).

Lidwoorden

Het bepaald lidwoord (de, het) is a (als het woord met een medeklinker begint) of az (vóór een klinker). Het onbepaald lidwoord (een) is egy.

Meervoudsvorm

Het meervoud wordt gevormd door toevoeging van een -k, meestal voorafgegaan door een zogenaamde bindvocaal (a, o, e, ö): ház (huis) – ház**ak** (huizen), asztal (tafel) – asztal**ok** (tafels).

Bijvoeglijke naamwoorden

De bijvoeglijke naamwoorden blijven onveranderd zolang ze geen deel uitmaken van het gezegde:
olcsó ország - goedkoop land
olcsó országok - goedkope landen
olcsó országokba - naar goedkope landen

Trappen van vergelijking

De vergrotende trap wordt gevormd door de achtervoegsels -bb, -abb, -ebb en -obb.
De overtreffende trap wordt gevormd door het bijvoeglijk naamwoord in de vergrotende trap te laten voorafgaan door het voorvoegsel -leg:

goed - jó		mooi - szép	
beter - jo**bb**		mooier - sze**bb**	
best - **leg**jo**bb**		mooist - **leg**sze**bb**	

Bijwoorden

De bijwoorden worden gevormd uit het bijvoeglijk naamwoord met een van de volgende achtervoegsels: -l, -ul, -ül, -an, -en, -on, -ön, -lag en -leg.

Persoonlijke voornaamwoorden

	1e naamval (onderwerp)	3e naamval (meewerk. wv.)	4e naamval (lijdend vw.)
ik	én	nekem	engem(et)
jij	te	neked	téged(et)
hij/zij	ö	neki	őt
u	maga, ön	magának, önnek	magát, önt
wij	mi	nekünk	inket
jullie	ti	nektek	titeket
zij (mv)	ők	nekik	őket
u (mv)	maguk, önök	maguknak, önöknek	magukat, önöket

In de eerste naamval wordt het persoonlijk voornaamwoord alleen gebruikt als er met nadruk gesproken wordt.

Werkwoorden

In Hongaarse woordenboeken (en ook in de woordenlijsten achterin deze taalgids) worden werkwoorden nooit aangeduid met de infinitief (werken), maar met de stam (werk-). In het Hongaars is deze gelijk aan de derde persoon enkelvoud in de tegenwoordige tijd (hij werkt).
De werkwoorden kunnen op twee manieren worden vervoegd:

ik zie	látok	látom
jij ziet	látsz	látod
hij/zij ziet	lát	látja
wij zien	látunk	látjuk
jullie zien	láttok	látjátok
zij zien	látnak	látják

De eerste vorm (subjectieve vervoeging) wordt gebruikt wanneer er aan het werkwoord geen bepaald lijdend voorwerp is gekoppeld: 'ik zie' en wat ik zie is niet nader aangegeven, bijv. 'ik zie iets'. De tweede vorm past men toe wanneer het lijdend voorwerp wèl bepaald is: 'ik zie dit of dat'. Zo ook bijvoorbeeld tanulok (ik leer) en tanulom (ik leer ... de les, het lied enz.).

Verder zullen we hier niet op de vervoegingen ingaan. We willen alleen nog iets zeggen over de werkwoorden 'zijn' en 'hebben'.

lenni (stam: van) = zijn

ik ben	vagyok	ik was*	voltam	ik zal zijn	leszek
jij	vagy	jij	voltál	jij	leszel
hij/zij	van**	hij/zij	volt	ij /zij	lesz
wij	vagyunk	wij	voltunk	wij	leszünk
jullie	vagytok	jullie	voltatok	jullie	lesztek
zij	vannak	zij	voltak	zij	lesznek

* ook: ik ben geweest
** ook: ik word

De persoonsvorm van (is)/ vannak (zij zijn) gebruikt men vrijwel alleen als er sprake is van een zich ergens bevinden:
Éva a szobában van   Eva is in de kamer
Daarentegen:
Szép idő van   Het is mooi weer

Het werkwoord 'hebben' bestaat als zodanig niet; men gebruikt hier de 3e-naamvalsvorm van 'zijn'. Ik heb = voor mij is = nekem van. De vervoeging gaat dus verder: neked van (jij hebt = voor jou is), neki van (hij heeft), magának/önnek van (u hebt), nekünk van (wij hebben), nektek van (jullie hebben), nekik van (zij hebben), maguknak/önöknek van (u hebt, mv), nekem volt (ik had/heb gehad) en nekem lesz (ik zal hebben = er zal voor mij zijn).

Ontkenning
De ontkennende vorm ontstaat door toevoeging van nem (niet) vóór het werkwoord: nem értem (ik begrijp het niet).

Woordvolgorde
De woordvolgorde in de zin wordt bepaald door de belangrijkste mededeling. Deze wordt direct vóór de werkwoordsvorm geplaatst. Het woord is (ook) staat direct na het woord waarop het betrekking heeft.

De uitspraakregels

Zoals gezegd ligt de klemtoon altijd op de eerste lettergreep. Het teken ´ geeft dan ook niet de klemtoon, maar de klanklengte aan. Bij de plaatsnaam Cirák ligt de klemtoon op de i en dient het teken alleen om aan te geven dat de a lang wordt aangehouden (**tsi**raak). Belangrijk is ook dat die klanklengte correct moet worden aangehouden, omdat anders de betekenis van het woord wel eens verandert. Zo is er naast de ook in het Duits voorkomende ö, die kort wordt uitgesproken, een typisch Hongaarse ő, die langer wordt aangehouden. De betekenis van öt (met een korte eu) is 'vijf', de betekenis van őt (met een lange eu) is 'hem/haar'. Hetzelfde ziet u bij de ü en de ű. Ook dubbele medeklinkers moeten langer worden aangehouden dan wij in het Nederlands gewend zijn: vet = hij zaait, vett = hij kocht.

Nu eerst de uitspraak van de klinkers:
- a   klinkt als de a in 'sap' (dus nooit de a in 'ader')
- á   is de lange a in 'maag'
- e   als de e in 'best', maar met de mondhoeken iets verder naar achteren getrokken (dus nooit de stomme e in 'de')
- é   is de lange ee in 'feest'
- i   is de middellange ie in 'tien' (nooit de korte i van 'is')
- í   is de lange ie in 'bier'
- o   klinkt als de korte o in 'pot'
- ó   is de lange oo in 'groot'
- ö   klinkt als de u in 'dun' (nooit als de Duitse ö in 'föhn')
- ő   is de lange eu in 'neus'
- u   klinkt als de korte oe in 'poes'
- ú   is de lange oe in 'boer'
- ü   klinkt als de korte u in 'uren'
- ű   is de lange uu in 'vuur'

In de regels en kolommen achter de Hongaarse zinnen en losse woorden staat de uitspraak van de Nederlandse klinkers weergegeven. Onthoud de klanklengte goed en u kunt nooit de plank misslaan.

De medeklinkers hebben vaak dezelfde uitspraak als in het Nederlands, met de volgende uitzonderingen:

- c   klinkt als de ts in 'tsaar'
- cs is voor de Hongaren één letter, die dan ook een eigen plaats in het alfabet heeft (tussen c en d); hij klinkt als de tsj in 'Tsjech'
- g   is nooit de harde Noord-Nederlandse of zachte Zuid-Nederlandse g, maar de klank die u kent uit het Duits (gut) of Engels (good); we geven hem niettemin gewoon met g weer in de uitspraakregels achter de zinnen
- gy is weer één letter (tussen g en h) die klinkt als dj (zoals in 'adieu')
- ly weer een aparte letter die klinkt als een j (nooit als lj)
- ny ook een aparte letter met de klank nj als in 'franje'
- s   is als de sj in 'sjaal' (nooit een losse s)
- sz komt overeen met onze s
- ty is dezelfde klank als de tj in 'tjalk'
- v   klinkt als onze w
- zs is de Franse zj in 'journaal'

gebaren

Een gebaar zegt vaak meer dan woorden. Zo kennen veel landen en streken hun eigen gebaren. De voorbeelden op deze bladzijde kunt u tijdens uw bezoek aan Oost-Europa eens proberen.

Een minachtende weigering in Oost-Europa: duw uw wijsvinger tegen de punt van uw neus. Minstens zo belangrijk is de bijbehorende hooghartige blik.

Wenken kan in Oost-Europa met gestrekte arm, de handpalm naar beneden: 'Kom hier.'

Met de handpalm naar boven een wenkend gebaar maken, betekent in dezelfde landen: 'Het ga je goed', of 'Goede reis.'

algemene uitdrukkingen

dagelijkse woorden en zinnen

ja	igen	ieggen
nee	nem	nem
misschien	talán	tallaan
alstublieft (verzoek)	kérem	keerem
alstublieft (aanreiken)	tessék	tesjsjeek
dank u wel	köszönöm	kussunnum
hartelijk dank	nagyon köszönöm	nadjon kussunnum
geen dank	szivesen	siewesjen
neemt u mij niet kwalijk	bocsásson meg	botsjaasjsjon meg
het spijt mij	nagyon sajnálom	nadjon sjajnaalom
waar?	hol?	hol?
waar is/zijn ...?	hol van/vannak a..?	hol wan/wannak a ...?
wanneer?	mikor?	miekor?
wat?	mi(t)?	mie(t)?
hoe?	hogy/hogyan?	hodj/hodjan
hoeveel?	mennyi/hány?	mennjie?/haanj?
welk(e)?	melyik?	mejjiek?
wie?	ki?	kie?
waarom?	miért?	mieert?
hoe heet dit?	ennek mi a neve?	ennek mie a newwe?
wat betekent dit?	ez mit jelent?	ez miet jelent?
het is ...	ez a/az ...	ez a/az ...
het is niet ...	ez nem a/az ...	ez nem/az ...
er is/er zijn ...	van/vannak ...	wan/wannak ...
er is/zijn geen ...	nincs/nincsenek	nientsj/nientsjennek
is/zijn er ...?	van/vannak?	wan/wannak?
is/zijn er geen ...?	nincs/nincsenek?	nientsj/nientsjennek?

voorzetsels, voegwoorden enz.

al	már	maar
achter (bijwoord)	hátul	haatoel
achter (waar?)	mögött, túl	muggutt, toel
achter (waarheen?)	mögé	muggee
altijd	mindig	miendieg
beneden (bijwoord)	lent	lent
beneden (voorzetsel)	alatt	allatt
boven (bijwoord)	fent	fent
boven (voorzetsel)	felett	fellett
buiten (bijwoord)	kint	kient
buiten (voorzetsel)	kívül	kiewuul
daar	ott	ott
dadelijk	mindjárt, azonnal	miendjaart, azonnal
dicht bij	közel	kuzel
dan	akkor	akkor
door	keresztül, át	kerestul, aat
en	és	eesj
graag	szívesen	siewesjen
hier	itt	iet
iemand	valaki	walakie
in (binnen)	-ban/-ben	-ban/-ben
links	balra	balra
met	-val/-vel	-wal/-wel
na	után	oetaan
naar	-hoz/-hez/-höz, -ba/-be, -ra/re	-hoz/-hez/-heuz, -ba/-be, -ra/re
naast (waar?)	mellett	mellett
naast (waarheen?)	mellé	mellee
niemand	senki	sjenkie
niet	nem, ne	nem, ne
nooit	soha	sjoha
of	vagy	wadj
omhoog	fel	fel
omlaag	le	le
onder (bijwoord)	alul, lent	alloel, lent
onder (waar?)	alatt	allatt
onder (waarheen?)	alá	allaa
op (waar?)	-on/-en/-ön	-on/-en/-un
op (waarheen?)	-ra/-re	-ra/-re
over	át,-ról/-ről	aat,-rool/-reul
rechts	jobbra	jobbra

sinds	óta	oota
spoedig	mielőbb	mielleubb
thuis	otthon	otthon
tot	-ig	-ieg
tijdens	alatt, közben	alatt, kuzben
tussen	között	kuzutt
van	-tól/től, -ról/ről, -ból/ből	-tool/teul, -rool/reul, bool/beul
voor (iemand, iets)	-nak/nek	-nak/nek
vóór (tijd en plaats)	előtt	eleutt
vóór (waarheen?)	elé	elee
zonder	nélkül	neelkuul

enkele bijvoeglijke naamwoorden

beter	jobb	jobb
bezet	foglalt	foglalt
dicht	zárva	zaarwa
dichtbij	közel	kuzel
duur	drága	draaga
gemakkelijk	könnyű	kunnyuu
goed	jó	joo
goedkoop	olcsó	oltsjoo
heerlijk	nagyszerű	nadjseruu
jong	fiatal	fieatal
juist	helyes	hejjesj
koud	hideg	hiedeg
langzaam	lassú	lassjoe
leeg	üres	uuresj
lelijk	csúnya	tsjoenja
licht	világos	wielaagosj
moeilijk	nehéz	neheez
mooi	szép	seep
nieuw	új	oej
open	nyitva	njietwa
oud	régi	reegie
oud (mens)	idős	iedeusj
slecht	rossz	ross
slechter	rosszabb	rossabb
snel	gyors	djorsj
ver	messze	messe
verkeerd	téves, hibás	teeweesj, hiebaasj

vol	tele	telle
vrij	szabad	sabbad
warm	meleg	melleg
zwaar	nehéz, súlyos	neheez, sjoejosj

taalproblemen

Ik spreek geen Hongaars
Nem beszélek magyarul
nem beseelek madjaroel

Ik spreek maar een beetje Hongaars
Csak egy kicsit beszélek magyarul
tsjak edj kietsjiet beseelek madjarroel

Ik versta u niet
Nem értem Önt
nem eertem unt

Kunt u wat langzamer praten?
Kérem, beszéljen egy kicsit lassabban!
keerem, beseeljen edj kietsjiet lasjsjabban

Kunt u dat nog even herhalen?
Kérem, ismételje meg!
keerem, iesjmeetelje meg

Spreekt u Duits/Engels/Frans?
Beszél (Ön) németül/angolul/franciául?
besseel (un) neemettuul/angolloel/frantsieaaoel

Spreekt hier iemand Duits/Engels/Frans?
Beszél itt valaki németül/angolul/franciául?
besseel iett walakie neemettuul/angolloel/frantsieaaoel

Ik ben buitenlander/buitenlandse
Külföldi vagyok
kuulfuldie wadjok

Ik ben Nederlander/Nederlandse
Holland vagyok
holland wadjok

Ik ben Belg/Belgische
Belga vagyok
belga wadjok

Hoe zeg je dit in het Hongaars?
Hogy mondják ezt magyarul?
hodj mondjaak ezt madjarroel

Hoe spreek je dit uit?
Hogyan kell ezt kiejteni?
hodjan kell ezt kiejtenie

Dit kan ik niet lezen
Ezt nem tudom elolvasni
ezt nem toedom elolvasjnie

Het gaat mij te snel
Nekem ez túl gyors
nekem ez toel djosj

Kunt u het spellen/opschrijven?
Kérem, betűzze/Kérem, írja fel!
keerem, betuuzze!/keerem, ierja fel

Kunt u dit voor mij vertalen?	**Het Hongaars is niet moeilijk/gemakkelijk**
Kérem, fordítsa ezt le nekem!	A magyar nyelv nem nehéz/könnyű
keerem, fordietsja ezt le nekem	a madjar njelw nem neheez/kunnjuu

begroetingen

Goedemorgen	Jó reggelt	joo reggelt
Goedemiddag	Jó napot	joo nappot
Goedenavond	Jó estét	joo esjteet
Goedenacht/welterusten	Jó éjszakát	joo eejsakkaat
Welkom	Isten hozta, Üdvözöljük	iesjten hozta, uudwuzuljuuk
Tot ziens	Viszontlátásra	wiesontlaataasjra
Tot straks	Viszontlátásra	wiesontlaataasjra
Tot morgen	A holnapi viszontlátásig	a holnappie wiesont-laataasjieg
Goede reis	Jó utazást	joo oetazaasjt

Dit is de heer/mevrouw ...	**Hoe maakt u het?**	**◄ Uitstekend, dank u**
Ö ... úr/né	Hogy van?	Köszönöm, jól
u ... oer/nee	hodj wan	kussunnum, jool

Aangenaam (kennis te maken)	**Hallo! Hoe gaat het? (onder vrienden/jongeren)**
Örvendek	Szia, hogy vagy?
urwendek	sia, hodj vadj?

◄ Hoe is uw naam?	**Mijn naam is ...**
Hogy hívják Önt?	... a nevem
hodj hiewjaak Unt?	... a newem

Dit is mijn ...
Ez az én ...
ez az een ...

man	férjem	feerjem
vrouw	feleségem	feleseegem
zoon	fiam	fieam
dochter	lányom	laanjom
vader	apám	appaam
moeder	anyám	anjaam
vriend	barátom	barraatom
vriendin	barátnőm	barraatneum

◄ **Waar komt u vandaan?**
Ön hová valósi?
un howaa waloosjie?

Ik kom uit Nederland/België
Én holland/belga vagyok
een holland/belga wadjok

◄ **Hebt u een goede reis gehad?**
Jól utazott?
jool utazott

◄ **Doet u de groeten aan ...**
Adja át üdvözletemet ...-nak/nek
adja aat uudwuzletemet ...-nak/nek

contacten leggen

◄ **Zal ik u de stad laten zien?**
Megmutassam Önnek a várost?
megmuttasj-sjam unnek a waarosjt

◄ **Zullen we vanavond uitgaan?**
Menjünk el szórakozni ma este?
menjunk el soorakoznie ma esjte

Ja, dat is leuk/Nee, dank je
Igen, szívesen/Nem, köszönöm
iegen, siewesjen/Nem, kussunnum

◄ **Zal ik je afhalen?**
Érted jöjjek?
eerted jujjek

Spreken we af voor het hotel/bij de camping?
Találkozzunk a hotel előtt/a kempingnél?
tallaakozzunk a hotel elleutt/a campingneel

Ja, om ... uur
Igen, ... órakor
iegen, ... oorakor

Mag ik je naar het hotel/de camping brengen?
Elvihetlek a hotelhoz/campinghez?
elwiehetlek a hotelhoz/campienghez

Laat me met rust!
Hagyjon békén!
hadjon beekeen

Daar ben ik niet van gediend
Ezt a bánásmódot elutasítom!
ezt a baanaasj-moodot eloetasjietom

op bezoek

Woont hier ...?
Itt lakik ...?
iett lakiek ...

◄ **Nee, die is verhuisd**
Nem, elköltözött
nem, elkultuzutt

Weet u zijn nieuwe adres?
Tudja az új lakcímét?
tudja az uuj laktsiemeet?

Ja, komt u binnen
Igen, jöjjön be!
iegen, jujjun be!

Hij/zij is momenteel niet thuis
Pillanatnyilag nincs itthon
piellannatnjielag nientsj ietthon

Wanneer komt hij/zij terug?
Mikor jön vissza?
miekor jun wiessa

◄ Gaat u zitten
Tessék helyet foglalni
tesjsjeek hejjet foglalnie

Kan ik een boodschap achterlaten?
Hagyhatok egy üzenetet?
hadjhatok edj uuzenetet

Mag ik hier roken?
Szabad itt dohányozni?
sabbad iett dohaanjoznie

Hongaarse etiquette

Hongaren zijn gastvrij en beleefdheid waarderen ze zeer (al merk je dat tegenwoordig vaak niet aan het gedrag met name van horeca-personeel). Verzoeken dienen beleefd te worden geformuleerd en daarvoor maakt een Hongaar gebruik van de voorwaardelijke wijs. Hij zegt niet 'wilt u'... of 'geeft u'... maar d.m.v. de toevoeging die hoort bij de voorwaardelijke wijs (-na, -ne, -ná, -né) zegt hij zoiets als 'zou u als dat mogelijk is en niet teveel gevraagd is enz. willen...'
Bijvoorbeeld:
Szeretnék enni ik wil eten
Szeretnénk enni wij willen eten
Kérnék egy napilapot heeft u een dagblad voor mij?
Kérnénk egy napilapot heeft u een dagblad voor ons?
Een eenvoudigere, maar nog steeds beleefde formulering, die we in dit gidsje ook gebruiken, is:
Kérek egy napilapot   *Kérünk egy napilapot*
Kérem a napilapot   *Kérjük a napilapot.*
Kortom, bij een verzoek gebruikt u niet het eigenlijke werkwoord 'willen' (*akar*).

Kleine kinderen plegen volwassen vrouwen (uw gastvrouw bijvoorbeeld) aan te spreken met *néni* (neenie; letterlijke betekenis: tante), waarbij eerst de naam genoemd wordt: *Anna néni*, of *Molnár néni*. Volwassen mannen worden door kinderen aangesproken met *bácsi* (baatsjie; letterlijk: oom): *János bácsi, Kovács bácsi*.

Aan tafel begint men te eten zodra men heeft opgeschept, er wordt niet op elkaar gewacht. Men zegt wel *Jó étvágyat!* (eet smakelijk).

◀ **Natuurlijk/Liever niet**
Természetesen/Inkább ne, kérem
termeesettesjen/Inkaabb ne, keerem

◀ **Wilt u iets drinken?**
Milyen itallal kínálhatom?
miejen ietallal kienaalhattom

Op uw gezondheid!   Egészségére!   egeessjeegeere!
Op de uwe!   Az Önére!   az uneere!

◀ **Blijft u eten?**   **Eet smakelijk**   **Het is tijd om te gaan**
Velünk ebédel/vacsorázik?   Jó étvágyat   Ideje mennünk
weluunk ebeedel/watsjoraaziek?   joo eetwaadjat   iedeje mennunk

Bedankt voor de gastvrijheid/het lekkere eten
Köszönjük a szíves vendéglátást/a finom ebédet/vacsorát
kussunjuuk a siewesj wendeeg-laataast/a fienom ebeedet/watsjoraat

gelukwensen

Gefeliciteerd	Gratulálok	gratulaalok
met uw verjaardag	a születésnapja alkalmából	a suulletteesj-napja alkalmaabool
met uw huwelijk	a házasságkötéséhez	a haazasjsjaakuteesjeehez
met de geboorte	a kisbaba születéséhez	a kiesjbaba suulletteesj-eehez
met uw herstel	Örülök, hogy jobban van	uruluk, hodj jobban wan
Het allerbeste!	A legjobbakat!	a legjobbakat
Succes!	Sok sikert!	sjok sjiekert
Veel geluk!	Sok boldogságot!	sjok boldogsjaagot
Sterkte!	Légy erős!	leedj erreusj
Veel plezier!	Jó szórakozást!	joo soorakozaasjt
Van harte beterschap	Jobbulást kívánok!	jobboelaasjt kiewaanok

Zie voor de wensen met de feestdagen onder de kop 'Data, seizoenen, (feest)dagen'.

telwoorden, rekenen

0	nulla	noella
1	egy	edj
2	kettő	ketteu
3	három	haarom
4	négy	needj
5	öt	ut
6	hat	hat

7	hét	heet
8	nyolc	njolts
9	kilenc	kielents
10	tíz	tiez
11	tizenegy	tiezenedj
12	tizenkettő	tiezenketteu
13	tizenhárom	tiezenhaarom
14	tizennégy	tiezen-needj
15	tizenöt	tiezenut
16	tizenhat	tiezenhat
17	tizenhét	tiezenheet
18	tizennyolc	tiezennjolts
19	tizenkilenc	tiezenkielents
20	húsz	hoes
21	huszonegy	hoesonnedj
22	huszonkettő	hoesonketteu
30	harminc	harmints
40	negyven	nedjwen
50	ötven	utwen
60	hatvan	hatwan
70	hetven	hetwen
80	nyolcvan	njoltswan
90	kilencven	kielentswen
100	száz	saaz
101	százegy	saazedj
200	kétszáz	keetsaaz
1000	ezer	ezer
1500	ezerötszáz	ezerutsaaz
2000	kétezer	keetezer
10.000	tízezer	tiezezer
100.000	százezer	saazezer
1.000.000	egymillió	edjmiellieoo
1/2	fél	feel
1/3	egyharmad	edjharmad
1/4	egynegyed	edjnedjed
3/4	háromnegyed	haarom-nedjed
5%	öt százalék	ut saazaleek
1ste	első	elsjeu
2de	második	maasjodiek
3de	harmadik	harmadiek
10de	tizedik	tiezediek
100ste	századik	saazadiek

ALGEMENE UITDRUKKINGEN

2 x 4 = 8   kétszer négy az nyolc   keetser nedj az njolts
6 : 2 = 3   hatban a kettő az három   hatban a ketteu az haarom
4 + 6 = 10   négy meg hat az tíz   nedj meg hat az tiez
8 - 3 = 5   nyolcból hármat az öt   njoltsbool haarmat az ut

Ik ben 25 jaar oud   25 éves vagyok   25 eeves wadjok
We zijn met zijn vieren   négyen vagyunk   nedjwen wadjunk

de tijd

Hoe laat is het?
Hány óra van?
haanj oora wan?

◄ **Het is ...**
... óra van
... oora wan

half vier
fél négy
feel needj

drie uur
három óra
haarom oora

kwart over twee
negyed négy- KETTŐ
nedjed needj

vijf vóór drie
öt perc múlva három
ut perts moelwa haarom

vijf over drie
öt perccel múlt három
ut pertstsel moelt haarom

kwart voor vier   NÉGY
háromnegyed kettő
haarom-nedjed ketteu

tien vóór half vier **tien over half vier** **15.23 uur**
tíz perc múlva fél négy tíz perccel múlt fél négy 15 óra 23 perc
tiez perts moelwa feel needj tiez pertstsel moelt feel needj 15 oora 23 perts

morgen	holnap	holnap
overmorgen	holnapután	holnapoetaan
gisteren	tegnap	tegnap
eergisteren	tegnapelőtt	tegnap-elleut
overdag	nappal	nappal
's nachts	éjjel	eejjel
's morgens	reggel	reggel
's middags	délután	deeloetaan
's avonds	este	esjte
vanmorgen	ma reggel	ma reggel
vanmiddag	ma délután	ma deeloetaan
vanavond	ma este	ma esjte
vannacht (afgelopen)	múlt éjjel	moelt eejjel
vannacht (komend)	ma éjjel	ma eejjel
zomertijd	nyári idő	njarie iedeu
plaatselijke tijd	helyi idő	hejie iedeu
(om) hoe laat ...?	hány órakor?	haanj oorakor
om ... uur	... órakor	... oorakor
middernacht	éjfélkor	eejfeelkor

De klok/dit horloge loopt voor/achter
Ez az óra/karóra siet/késik
ez az oora/karoora sjieet/keesjiek

data, seizoenen, (feest)dagen

2004	Kétezer-négy	ketezzer-needj
vorig jaar	múlt év, tavaly	moelt eew, tawaj

volgend jaar	jövő év, jövőre	juweu eew, tawaj
voorjaar/lente	tavasz	tawas
zomer	nyár	njaar
najaar/herfst	ősz	eus
winter	tél	teel
januari	január	janoeaar
februari	február	febroeaar
maart	március	maartsieoesj
april	április	aaprielliesj
mei	május	maajoesj
juni	június	joenieoesj
juli	július	joelieoesj
augustus	augusztus	aoegoestoesj
september	szeptember	september
oktober	október	oktoober
november	november	november
december	december	detsember

Welke datum is het vandaag?
Hányadika van ma?
haanjadieka wan ma

Den Haag, 25 mei 2004	Den Haag, 2004. május 25.	den haag, 2004 maajoesj 25
op 25 mei a.s./j.l.	ez év május 25-én	ez eew maajoejs 25-iekeen
anderhalf jaar	másfél év	maasjfeel eew
half jaar	fél év	feel eew
maand	hónap	hoonap
2 weken (14 dagen)	2 hét (14 nap)	ketten heet (tiezen-needj nap)
week	hét	heet
Nieuwjaar	Újév	oejeew
Driekoningen	Háromkirályok	haarom-kieraajjok
Witte Donderdag	Nagycsütörtök	nadjtsjuutturtuk
Goede Vrijdag	Nagypéntek	nadjpeentek
Pasen	Húsvét	hoesweet
Hemelvaartsdag	Jézus mennybemenetele	jeezoesj mennjbe-mennetele
Pinksteren	Pünkösd	punkusjd
Sacramentsdag	Szentháromság vasárnapja	senthaarom-sjaag wasjaarnapja
Maria Hemelvaart	Nagyboldogasszony	nadj-boldogassonj
Kerstmis	Karácsony	karraatsjonj
Oudejaarsavond	Szilveszter este	sielwester esjte

bijzondere Hongaarse feestdagen

15 maart (herdenking opstand van 1848)
Március tizenötödike (Nemzeti Ünnep)
maartsieoes tiezenutudieke (nemzetie unnep)
20 augustus (Grondwetsdag/H. Stefanus)
Augusztus huszadika (Szent István király)
aoegoestoesj hoesadieka (sent iesjtwaan kieraaj)
23 oktober (herdenking opstand 1956)
Október huszonharmadika (A Köztársaság Kikiáltása)
oktoober hoesonharmadieka (a kuztaarsjasjaag kiekieaaltaasja)

Prettige Kerstdagen en Gelukkig Nieuwjaar!
Kellemes Karácsonyi Ünnepeket és Boldog Ujévet!
kellemesj karraatsjonjie unnepeket eesj boldog oejeewet!

zondag	vasárnap	wasjaarnap
maandag	hétfő	heetfeu
dinsdag	kedd	kedd
woensdag	szerda	serda
donderdag	csütörtök	tsjuutturtuk
vrijdag	péntek	peentek
zaterdag	szombat	sombat
zon- en feestdagen	vasár- és ünnepnap	wasjaar- ees unnepnap
werkdagen	munkanapok	moenkanapok
dagelijks	naponta	naponta

het weer

Wat voor weer krijgen we vandaag?
Milyen idő lesz ma?
miejen iedeu les ma

◄ **Het wordt beter/slechter weer**
Szebb rosszabb idő lesz
sebb, rossabb iedeu les

◄ **Ik heb het weerbericht niet gehoord**
Nem hallottam az időjárásjelentést
nem hallottam az iedeujaarraasj-elenteesjt

◄ **Het blijft mooi/slecht weer**
Megmarad a szép/rossz idő
megmarad a seep/ross iedeu

◄ **Een temperatuur van 15° (onder nul)**
15 fok (nulla alatt)
tiezenut fok (noella allatt)

◄ **We krijgen regen/hagel/sneeuw**
Eső/jegeső/havazás lesz
esjeu/jeegesjeu/hawazaasj les

ALGEMENE UITDRUKKINGEN

◄ Het gaat vriezen/dooien
Fagyni/olvadni fog
fadjnie/olwadnie fog

De lucht betrekt, het gaat regenen/onweren/stormen
Beborul, eső/zivatar/vihar/várható
beborroel, esjeu/ziewatar/wiehar/waarhatoo

De wind steekt op/gaat liggen
A szél felélénkül/elül
a seel feleeleenkuul/eluul

Het is vandaag warm/koel/drukkend/koud
Ma meleg/hűvös/fülledt/hideg idő van
ma meleg/huuwusj/fulledt/hiedeg iedeu wan

De zon schijnt weer/niet, de hemel is onbewolkt/bewolkt
Ismét kiderült/beborult, az ég felhős/felhőtlen
iesmeet kiederuult/beborruult, az eeg felheusj/felheutlen

bliksem	villám	wiellaam
donder	mennydörgés	mennjdurgeesj
dooi	olvadás	olwaddaasj
gladheid	síkosság	sjiekosjsjaag
hitte	hőség	heujseeg
hogedrukgebied	magas légnyomás	magasj leeg-njomaasj
klimaat	éghajlat	eeghajlat
lagedrukgebied	alacsony légnyomás	alatsonj leeg-njomaasj
luchtdruk	légnyomás	leegnjomaasj
mist	köd	kud
motregen	szitáló eső	sietaaloo esjeu
neerslag	csapadék	tsjapadeek
noordenwind	északi szél	eesakie seel
onbestendig	változó	waaltozoo
oostenwind	keleti szél	keletie seel
opklaringen	kitisztul	kietiestoel
regenbui	záporeső	zaaporesjeu
regenwolken	felhők	felheuk
schemering (avond)	alkonyat, szürkület	alkonjat, surkullet
schemering (ochtend)	virradat	wierradat
stormwaarschuwing	viharjelzés	wieharjelzeesj
veranderlijk	változékony	waaltozeekonj
vorst	fagy	fadj
weersverwachting	várható időjárás	waarhattoo iedeujaaraasj
westenwind	nyugati szél	njugatie seel
wind	szél	seel
wisselend bewolkt	változó felhőzet	waaltozoo felheuzet
wolkbreuk	felhőszakadás	felheu-sakadaasj
ijs	jég	jeeg
ijzel	ólmos eső	oolmosj esjeu

aan de grens

pascontrole

◄ **Mag ik uw paspoort/autopapieren/groene kaart zien?**
Kérem az útlevelét/járműokmányait/autóbiztos 161tási papírját!
keerem az oet-lewwelleet/jaarmuu-okmaanjaiet/aoetoo- bieztosjietaasjie papierjaat

Alstublieft
Tessék
Tesjsjeek

◄ **Uw pas/visum is verlopen/niet geldig**
Az Ön útlevele/vízuma lejárt/érvénytelen
az un oetlewwelle/wiezoema lejaart/eerweenjtelen

◄ **Uw paspoort verloopt binnenkort**
Hamarosan lejár az útlevele
hamarosjan lejaar az oetlewwelle

◄ **U heeft een visum/doorreisvisum nodig**
Vízumra/átutazóvízumra van szüksége
wiezoemra/aatoetazoo- wiezoemra wan suksjeege

◄ **Hoe lang blijft u in Hongarije?**
Mennyi ideig szándékozik Magyarországon maradni?
mennjie iedeieg saandeekoziek Magyarorsaagon maradnie

◄ **Bent u op doorreis?**
Átutazóban van?
aatoetazooban wan

opschriften

VÁM	DOUANE
STOP	STOP
ÚTLEVÉLVIZSGÁLAT	PASCONTROLE
EU TAGORSZÁGOK LAKÓI	EU-ONDERDANEN
MAGYAR ÁLLAMPOLGÁROK	HONGAARSE STAATSBURGERS
KÜLFÖLDI ÁLLAMPOLGÁROK	ANDERE NATIONALITEITEN
VÁMMENTES	NIETS AAN TE GEVEN
VÁMÁRUNYILATKOZAT	AANGIFTE
ITT SZIVESKEDJENEK VÁRAKOZNI	HIER WACHTEN A.U.B.
ITT SZIVESKEDJENEK FELSORAKOZNI	HIER OPSTELLEN
SZEMÉLYGÉPKOCSIK	PERSONENAUTO'S
TRANSZPORT	VRACHTVERKEER

AAN DE GRENS

◄ **Bent u hier als toerist of voor zaken?**
Turistaként vagy üzleti célból utazik?
toeriesjtakeent vadj uzletie tseelbool oetaziek

Waar kan ik pasfoto's laten maken?
Hol tudok igazolványképet csináltatni?
Hol toedok iegazolwaanj-keepet tsienaaltatnie

◄ **Wilt u dit formulier invullen?**
Töltse ki kérem ezt az űrlapot!
tultsje kie keerem ezt az uurlappot

◄ **Wij moeten u terugsturen**
Önt vissza kell küldenünk
unt wiessa kell kuldenunk

Wat kost een visum?
Mennyibe kerül egy vízum?
mennjiebe kerul edj wiezoem

◄ **Wilt u even meekomen?**
Jöjjön velem, kérem!
jujjun welem, keerem

◄ **U mag ons land niet binnen**
Ön nem utazhat be az országba
Un nem oetazhat be az orsaagba

douane

◄ **Wilt u hier even parkeren/afstappen?**
Itt álljon meg/szálljon ki, kérem!
iett aalljon meg/saalljon kie, keerem

◄ **Hebt u iets aan te geven?**
Van valami elvámolni valója?
wan walamie elwaamolnie walooja

◄ **Wilt u deze koffer openmaken?**
Szíveskedjék kinyitni ezt a bőröndöt!
siewesjkedjeek kienjietnie ezt a beurundut

◄ **U mag dit niet invoeren/uitvoeren**
Ennek bevitele/kivitele nincs engedélyezve
ennek bewietele/kiewietele nientsj engedeejezwe

◄ **U moet hiervoor invoerrechten betalen**
Erre vámot kell fizetnie
erre waamot kell fiezetnie

Waar kan ik betalen?
Hol fizethetek?
hol fiezethetek

◄ **Wilt u de kofferruimte openmaken?**
Nyissa fel a csomagtartót!
njiesjsja fel a tsjomag-tartoot

◄ **Is deze koffer/rugzak/tas van u?**
Ez a bőrönd/hátizsák/táska az Öné?
ez a beurund/haatiezsjaak/taasjka az unee

◄ **Dit nemen wij in beslag**
Ezt hatóságilag lefoglaljuk
ezt hatoosjaagielag lefoglaljoek

Hoeveel moet ik betalen?
Mennyit kell fizetnem?
mennjiet kell fiezetnem

◄ **U kunt doorrijden/doorlopen**
Tovább utazhat/mehet
towaabb oetazhat/mehet

◄ **Hebt u een inentingsbewijs voor uw hond/poes?**
Rendelkezik a kutya/macska oltási bizonyítványával?
rendelkeziek a koetja/matsjka oltaasjie biezonjiet-waanjaawa

op de weg

vervoermiddelen

auto	autó	aoetoo
personenauto	személygépkocsi	semeelj-geepkotsjie
auto met aanhanger	autó utánfutóval	aoetoo oetaan-foetoowal
auto met caravan	autó lakókocsival	aoetoo lakoo-kotsjieval
camper	lakóautó	lakkoo-a-oetoo
vrachtauto	tehergépkocsi	teher-geepkotsjie
vrachtauto met aanhanger	pótkocsis teherautó	pootkotsjiesj teheraoetoo
truck met oplegger	nyitott rakterű teherautó	njietott rakteruu teheraoetoo
truck met container	konténeres kamion	konteeneresj kammieon
bestelauto	szállítókocsi	saallietoo-kotsjie
minibus	minibusz	mienieboes
motorfiets	motorkerékpár	mottor-kerreekpaar
motor met zijspan	oldalkocsis motorkerékpár	oldalkotsjiesj mottor-kereekpaar
scooter	robogó	robogoo
bromfiets	moped, kismotor	moped, kiesmottor
racefiets	versenykerékpár	wersjenj-kerreekpaar
toerfiets	túrakerékpár	toera-kereekpaar
tandem	tandem	tandem
damesfiets	női kerékpár	neu-ie kerreekpaar
herenfiets	férfikerékpár	feerfie-kerreekpaar
ligfiets	fekvő bicikli	fekweu bietsieklie
vouwfiets	összehajtható bicikli	ussehajthattoo bietsieklie
step	roller	roller
kinderfiets	gyermekkerékpár	djermek-kerreekpaar
ATB (mountainbike)	terepkerékpár	terep-kerreekpaar
BMX (crossfiets)	BMX (crossbicikli)	BMX (crossbietsieklie)
vliegtuig	repülőgép	repuleu-geep
boot	hajó	hajoo
autoveerpont	gépjárműszállító-komp	geepjaarmuu-saallietoo-komp
rij op/rij af-pont	rév	reew
rondvaartboot	sétahajó	sjeetahajoo
cruiseschip	jacht(hajó)	jacht(hajoo)
bus	busz	boes
touringcar	túrabusz	toeraaboes

tram	villamos	wiellamosj
metro	metró	metroo
taxi	taxi	taxie
groepstaxi	iránytaxi	ieranj-taxie
trein	vonat	wonat
bergbaan	fogaskerekű	fogasj-kerrekuu
cabinelift	felvonó	felwonoo
stoeltjeslift	libegő	liebegeu
kabelspoor	kábelvasút	kaabelwasjoet
koets	hintó	hientoo

een auto huren

9zie voor het huren van een fiets onder 'Sport en recreatie')

Ik wil een auto huren
Szeretnék autót bérelni
seretneek aoetoot beerelnie

◄ **Hebt u een voorkeur voor bepaald merk/type?**
Milyen márkájút/gyártmányút szeretne?
miejen maarkaajoet/djaartmaanjoet serretne

Wat kost dit per dag/week?
Mennyibe kerül ez egy napra/hétre?
mennjiebe keruul ez edj napra/heetre

Wat is bij de prijs inbegrepen?
Mit foglal magába ez az ár?
miet foglal magaaba ez az aar

all-riskverzekering	teljeskörű biztosítás	tejesjkuruu bieztosjietaasj
brandstof	üzemanyag	uzemanjag
tarief per kilometer	kilométerdíj	kielomeeter-diej
volle tank	tele tank	telle tank
BTW	ÁFA	afa

Moet ik een borgsom betalen?
Kell letétet fizetnem?
kell leteeltet fiezetnem

◄ **Mag ik uw rijbewijs zien?**
Szíveskedjék felmutatni a jogosítványát!
siewesjkedjeek felmoetatnie a jogosjietwaanjaat

◄ **Hier zijn de sleutels**
Itt vannak a kulcsok
iett wannak a kultsjok

◄ **Hier zijn uw autopapieren**
Itt vannak a járműokmányai
iett wannak a jaarmuuokmaanjaie

◄ **U vindt de auto ...**
Az autó ... -ban/ben/-nál/nél van
az aoetoo ... ban/ben/-naal/neel wan

◄ **Het kenteken is ...**
A rendszáma ...
a rendsaama ...

Waar kan ik de auto terugbezorgen?
Hol lehet az autót leadni?
hol lehhet az aoetoot leadnie

Tot hoe laat is het kantoor open?
Hány óráig van nyitva az iroda?
haanj ooraaieg wan njietwa az ieroda

Hoeveel is de borgsom?
Mennyi az óvadék?
menjie az owadeek

Kan ik voor de borg een creditcard gebruiken?
Az óvadékot fizethetem hitelkártyával?
az owadekot fiezethettem hietelkaartjawal

Wat voor brandstof gebruikt de auto?
Milyen üzemanyag kell ebbe a kocsiba?
mieljen uzemmanjagh kel ebbe a kotsjieba

vragen onderweg

Hoe kom ik van hier naar ...?
Hogy jutok el ...-ba/be/-ra/re?
hodj jutok el ...-ba/be/-ra/re

Is dit de weg naar ...?
Ez az út vezet ... felé?
ez az uut wezet ...felee

Is dat via de snelweg/tolweg?
Autópálya vezet oda?
aoetoo-paaja wezet oda

Is de weg goed berijdbaar?
Jó állapotban van az út?
joo aallapotban wan az oet

Is er een mooie route naar toe?
Vezet oda szép út?
wezet oda seep oet

Is er een fietspad?
Van kerékpárút?
wan kerreekpaar-oet

Is de weg vlak of zijn er hellingen?
Lapos az út vagy meredek?
laposj az oet wadj meredek

het Hongaarse wegennet

De wegen in Hongarije zijn over het algemeen heel goed. Er wordt de laatste jaren ook flink in geïnvesteerd. Er komen steeds meer autosnelwegen tussen de grote plaatsen. Om hier op te mogen rijden moet u wel een vignet (matrica) kopen voor de desbetreffende snelweg.
Behalve in Boedapest, is er in Hongarije geen echt serieus fileprobleem. Op de snelwegen kan men doorgaans goed doorrijden.

Kan ik er met een caravan/aanhanger over rijden?
Járható az út lakókocsival/pótkocsival?
jaarhatoo az oet lakoo-kotsjiewal/poot-kotsjiewal

Hoe heet deze plaats/streek?
Mi a neve ennek a településnek/vidéknek?
mie a newe ennek a tellepuleesjnek/wiedeeknek

Is hier in de buurt iets te zien?
Van valami látnivaló a közelben?
wan walamie laatnie-waloo a kuzelben

Kunt u dit op de kaart aanwijzen?
Kérem mutassa meg a térképen!
Keerem moetasjsja meg a teerkeepen

Ik ben verdwaald
Eltévedtem
Elteewedtem

◄ **U moet van hieraf ...**
Innen hajtson ...
lennen hajtsjon ...

rechtdoor	egyenesen	edjenesjen
rechtsaf	jobbra	jobbra
linksaf	balra	balra
keren	forduljon vissza	fordoeljon wiessa
terugrijden naar ...	vissza...ig	wiessa...ieg
naar de snelweg	az autópályára	az aoetopaajaara
naar de hoofdweg	a főútra	a feuoetra
de stad uit	ki a városból	kie a waarosjbool
het dorp uit	ki a faluból	kie a faloeboool
de tunnel door	át az alagúton	aat az alagoeton
de spoorbaan oversteken	át a síneken	aat a sjieneken
langs de rivier	a folyó mentén	a fojoo menteen
door het bos	az erdőn keresztül	az erdeun kerestuul
door het dal	át a völgyön	aat a wuldjun
tot de kruising	a kereszteződésig	a keresztezeu-deesjieg
tot de splitsing	az útelágazásig	az oetelaagazaasjieg
tot de rotonde	a körtérig	a kurteerrieg
bij de verkeerslichten	a közlekedési lámpánál	a kuzlekkedeesjie laampanaal

parkeren, bekeuringen

Waar kan ik hier parkeren?
Hol lehet itt parkolni?
hol lehet iett parkolnie

Waar is een parkeerplaats/parkeergarage?
Hol van egy parkolóhely/parkolóház?
hol wan edj parkoloohej/parkoloohaaz

opschriften

PARKOLÁSI TILALOM	PARKEERVERBOD
HAGYJUK SZABADONA KIJÁRATOT	UITRIT VRIJLATEN
PARKOLÓJEGY VÁLTÁS	NEEM HIER UW PARKEERKAART
FIZETŐHELY	HIER BETALEN
ÉRME BEDOBÁS	INWORP
... ÓRÁNKÉNT	... PER UUR
... PERCENKÉNT	... PER MINUUT
MUNKANAPOKON 18.00 ÓRÁIG	WERKDAGEN TOT 18.00 UUR
A PARKOLÓ MEGTELT/TELE	PARKEERTERREIN VOL
KIZÁRÓLAG ... RÉSZÉRE FENNTARTVA	GERESERVEERD VOOR ...
TAXIÁLLOMÁS	TAXISTANDPLAATS

Waar moet ik betalen?
Hol fizethetek?
hol fiezethetek

Is er een parkeerautomaat/parkeermeter?
Van itt parkolóautomata/várakozást ellenőrző óra?
wan iett parkoloo- aoetomata/waarakozaasjt elleneurzeu oora

◄ **U mag hier niet parkeren**
Itt nem szabad parkírozni
iett nem sabbad parkieroznie

◄ **Uw parkeertijd is verstreken**
Lejárt a parkolási ideje
lejaart a parkolaasjie iedeje

◄ **Mag ik uw rijbewijs zien?**
Kérem a jogosítványát!
keerem a jogosjietwaanjaat

◄ **U mag hier niet rijden**
Itt tilos a gépjárműközlekedés
iett tielosj a geepjaarmuu-kuzlekedesj

◄ **De boete bedraagt 50 euro**
A büntetés 50 euró
a buuntetteesj uttwen e-oeroo

◄ **U kunt aan mij betalen**
Helyben fizethe
hejben fiezethet

◄ **U krijgt een bekeuring wegens ...**
Megbírságolom ...
megbiersjaagolom ...

foutparkeren	szabálytalan parkolásért	sabaajtalan parkollaasjeert
te lang parkeren	időn túli parkolásért	iedeun toelie parkolaasjeert
te snel rijden	gyorshajtásért	djorsjhajtaasjeert
binnen de bebouwde kom	lakott területen	lakott teruleten
gevaarlijk rijden	figyelmetlen vezetésért	fiedjelmetlen wezeteesjeert
verkeerd oversteken	szabálytalan átkelésért	sabaajtalan aatkeleesjeert
door geel licht rijden	sárgán való áthajtásért	sjaargaan waloo aathajtaasjeert

OP DE WEG

37

door rood licht rijden	piroson való áthajtásért	pierosjon waloo aathajtaasjeert
geen voorrang verlenen	az elsőbbségadás elmulasztásáért	az elsjeubbsjeegadaasj elmoelastaasjaeert
geen richting aangeven	irányjelzés elmulasztásáért	ieraanj-jelzeesj elmoelastasjaaeert
verkeerd inhalen	szabálytalan előzésért	sabaajtalan eleuzeesjeert
rijden onder invloed	vezetés alkoholos állapotban	wezzeteesj alkohollosj alappotban

◀ **Ik geef u alleen een waarschuwing**
Csak figyelmeztetésben részesítem
tsjak fiedjelmez-teteesjben reesesjie

◀ **U moet naar het bureau komen**
Be kell jönnie az irodába
be kell junnie az ierodaaba

aanwijzingen en opschriften

ALACSONY PADKA	GEUL LANGS WEGDEK
ÁTMENŐ FORGALOM LEZÁRVA	DOORGAAND VERKEER GESTREMD
AUTÓJAVÍTÓ-MŰHELY	GARAGE/WERKPL AATS
AUTÓMENTŐ	SLEEPHULP
AUTÓPÁLYA	AUTOSNELWEG
BALRA	LINKS(AF)
BENZINKÚT PIHENŐVEL	TANK- EN RUSTPLAATS
CSÚSZÓS ÚT	GLAD WEGDEK
EGYENESEN	RECHTDOOR
EGYENETLEN ÚTTEST	SLECHT WEGDEK
EGYIRÁNYÚ ÚT	EENRICHTINGVERKEER
ELŐZNI TILOS	INHAALVERBOD
ELSŐBBSÉGADÁS KÖTELEZŐ	VOORRANG VERLENEN
ELSŐSEGÉLY	EERSTEHULP
EMELKEDŐ	STIJGING
FORGALMI DUGÓ	FILE
FORGALOM	VERKEER
GYALOGOS ÁTKELŐHELY	OVERSTEEKPLAATS
GYALOGOS FORGALOM	VOETGANGERS
JEGESEDÉS	IJZEL
JOBBRA	RECHTS(AF)
KANYAR	BOCHT
(KESKENY) HÍD	(SMALLE) BRUG
KIJÁRAT	AFSLAG
KÖRÚT	RONDWEG
LAKÓÖVEZET	BEBOUWDE KOM

LASSAN HAJTS	LANGZAAM RIJDEN
LAZA ÚTPADKA	ZACHTE BERM
LEJTŐ	AFDALING
LEGNAGYOBB MEGENGEDETT SEBESSÉG	MAXIMUMSNELHEID
LEZÁRT ÚTSZAKASZ	AFGESLOTEN WEG
MAGÁN (VADÁSZ) TERÜLET	PRIVÉJACHTTERREIN
MEGFORDULNI TILOS	VERBODEN TE KEREN
MEGÁLLNI TILOS	STOPVERBOD
ŐRIZETT PARKOLÓ	BEWAAKTE PARKEERPLAATS
PARKOLNI TILOS	PARKEERVERBOD
PARKOLÓ	PARKEREN
SEGÉLYSZOLGÁLAT 'SÁRGA ANGYAL'	WEGENWACHT
SZEMÉLYGÉPKOCSI(K)	PERSONENAUTO('S)
TEHERGÉPKOCSIK	VRACHTAUTO'S
TERELŐÚT	WEGOMLEGGING
TILOS A ...	VERBODEN TE ...
ÚTINFORMÁCIÓ	VERKEERSINFORMATIE
ÚTJAVÍTÁS	WERK IN UITVOERING
ÚTKERESZTEZŐDÉS	KRUISING
ÚTSZŰKÜLET	WEGVERSMALLING
VÁROSKÖZPONT	STADSCENTRUM
VESZÉLYES ÚTKANYARULAT	GEVAARLIJKE BOCHT
VIGYÁZAT	LET OP
VILÁGÍTÁST BEKAPCSOLNI	LICHTEN ONTSTEKEN

OP DE WEG

liften

Mogen we hier liften?
Szabad itt stoppolni?
sabbad iett sjtoppolnie

Kunt u ons meenemen naar ...?
Elvinne minket ...-ba/be/-ra/re?
elwienne mienket ...-ba/be/-ra/re

Zal ik een deel van de onkosten vergoeden?
Hozzájáruljak a benzinköltséghez?
hozzaa-jaaroeljak a benzien-kultsjeeghez

◀ **Niet langs de snelweg/oprit**
Az autópályán/bevezetőszakaszon nem
az aoetoopaajaan/bewezeteusakason nem

Bedankt voor de lift
Köszönöm, hogy elhozott
kussunnum, hodj elhozott

Het Hongaarse volkslied

God, zegen de Hongaar
met vreugde en overvloed
Bied hem de beschermende hand
wanneer hij tegen de vijand vecht
Lang achtervolgd door het noodlot
breng hem vrolijke tijden
Dit volk heeft al geboet
voor het verleden en voor de toekomst

vertaling Hilda Chang-Uhrin

openbaar vervoer

bus, tram en metro

Waar is het metrostation/centrale busstation?
Hol van a metróállomás/autóbusz-pályaudvar?
hol wan a metroo-aallomasj/aoetooboes-paajaoedwar

Waar stopt hier een bus/tram?
Hol áll itt meg egy busz/villamos?
hol aall iett meg edj boes/wiellamosj

Is er een busdienst naar ...?
Van autóbuszjárat ...-ra/re?
wan aoetoobusjaarat ...-ra/re

Welk nummer moet ik nemen?
Hányas járattal kell mennem?
haanjasj jaarattal kell mennem

Moet ik overstappen?
Át kell szállnom?
aat kell saallnom

Hoe laat gaat de eerste/laatste bus?
Mikor megy az első/utolsó busz ...-ba/be/-ra/re?
miekor medj az elsue/oetolsjoo boes ...-ba/be/-ra/re

Waar kan ik een kaartje kopen?
Hol lehet jegyet váltani?
hol lehet jedjet waaltanie

◄ **Bij de chauffeur/in de tabakswinkel/bij de krantenkiosk/op het busstation**
A sofőrnél/a dohányboltban/az újságárusnál/az autóbusz-pályaudvaron
a sjofeurneel/a dohaanj-boltban/az oejsjaag-aaroesnaal/az aoetooboes-paaja-oedwaron

Een enkele reis naar ... alstublieft
Egy útra szóló menetjegyet kérek ...-ba/be/-ra/re
edj oetraa sjooloo menetjedjet ...-ba/be/-ra/re

retour	retúr/tértijegy	retoer/teertiejedj
dagkaart	napijegy	nappiejedj
kinderkaartje	gyermekjegy	djermekjedj
maandabonnement	havibérlet	hawiebeerlet
afstempelen	lepecsételni	lepetsjeetelnie
stempelautomaat	jegykezelő automata	jedjkezeleu aoetomata

Wilt u mij waarschuwen als we bij ... zijn?
Jelezze kérem, ha ...-on/en/ön vagyunk!
jelezze keerem, ha ...-on/en/un wagjunk

OPENBAAR VERVOER

opschriften

FELSZÁLLÁS ELÖL	VOORIN INSTAPPEN
LESZÁLLÁS HÁTUL	ACHTERIN UITSTAPPEN
NEM KIJÁRAT	GEEN UITGANG
ÜLŐHELY ROKKANTAK RÉSZÉRE	ZITPLAATS VOOR INVALIDEN
A VEZETŐVEL BESZÉLGETNI TILOS	NIET SPREKEN MET DE BESTUURDER
NEM ÁLLÓHELY	HIER GEEN STAANPLAATSEN
TILOS A DOHÁNYZÁS	VERBODEN TE ROKEN

Mag de hond mee in de bus?
Szabad kutyát a buszon szállítani?
sabbad koetjaat a boesson saaliettani

◄ **Uw plaatsbewijs alstublieft**
Kérem a menetjegyeket!
keerem a mennetjedjekket

◄ **Uw plaatsbewijs is niet (meer) geldig**
Az Ön menetjegye (már) nem érvényes
az un menetjedje (maar) nem eerweenjesj

◄ **U moet een boete betalen**
Bírságot kell fizetnie
biersjaagot kell fiezetnie

◄ **We houden hier tien minuten pauze**
Itt tíz percre megállunk
iett tiez pertsre megaalloenk

◄ **Eindpunt, uitstappen alstublieft**
Végállomás, kérjük utasainkat hagyják el a szerelvényeket
weegaallomaasj, keerjuk utasjaienkat hadjjaak el a serelveenjeket

bestuurder	vezető	wezeteu
controleur	kalauz	kalauz
halte	megálló	megaalloo
lijnnummer	vonal, járat	vonal, jaarat
staanplaats	állóhely	aalloohej
zitplaats	ülőhely	uleuhej

trein

Waar is het station?
Hol van a pályaudvar?
hol wan a paajaoedwar

Mag ik een enkele reis naar ...?
Egy útra szóló jegyet kérek ...-ba/be/-ra/re?
edj oetra sooloo jedjet keerrek ...-ba/be/-ra/re

met de trein door Hongarije

U kunt overal in het land terecht met de trein. De treinkaartjes zijn aanzienlijk goedkoper dan in Nederland. Er zijn drie soorten treinen in Hongarije: 'Személyvonat', dit is de stoptrein, 'gyorsvonat', sneltrein en de 'inter city'. Deze laatste biedt een uitstekende verbinding tussen de grote steden. Voor de intercity moet ook een plaatsreservering worden gekocht. In Boedapest zijn er drie grote stations (oost, west en zuid). Als u met de trein gaat is het wel aan te raden om goed te kijken op welk station er gestopt wordt, omdat dit doorgaans niet zo duidelijk wordt aangegeven. U kunt het natuurlijk ook even aan medepassagiers vragen, die vrijwel altijd bereidwillig zijn om u goed te helpen. Op de website van de MÁV zit ook een routeplanner, net als bij onze NS, www.mav.hu. Deze site is ook in het Engels.

Moet ik een plaats reserveren?
Kötelező a helyjegyváltás?
kutelezeu a hejjedjwaaltaasj

Kan ik mijn fiets in de trein meenemen?
Szállíthatom a vonaton a kerékpáromat?
saalliethatom a wonaton a kerreekpaaromat

◄ **De trein stopt (alleen)/(niet) in ...**
A vonat (csak) ...-on/en/ön (nem)áll meg
a wonat (tsjak) ...-on/en/un (nem)aall meg

◄ **U zit op de verkeerde plaats**
Nem jó helyen ül
nem joo hejen uul

◄ **Uw kaartje is niet geldig**
Érvénytelen a menetjegye
eerweenjtelen a menetjedje

Moet ik overstappen?
Át kell szállnom?
aat kell saallnom

Hoe laat gaat de trein naar ...?
Hánykor indul a vonat ... -ba/be/-ra/re?
haanjkor iendul a wonat ...-ba/be/-ra/re

◄ **U zit in de verkeerde trein**
Nem jó vonatra szállt fel
nem joo wonatra saallt fel

◄ **U zit in de eerste klasse**
Ez első osztály
ez elsjeu ostaaj

◄ **De trein heeft 30 minuten vertraging**
A vonat 30 percet késik
a wonat 30 pertset keesjiek

dienstregeling	menetrend	menetrend
aankomst	érkezés	eerkezeesj
vertrek	indulás	iendulaasj
overstappen	átszállás	aatsalaasj

aansluiting	csatlakozás	tsjatlakkozaasj
werkdagen	munkanapok	munkanapok
zon- en feestdagen	vasár- és ünnepnap	wasjaar- eesj unnepnap
spoor	vágány	waagaanj
perron	peron	perron
internationale trein	nemzetközi járat	nemzetkeuzie jaarat
intercitytrein	expressz(vonat)	express(wonat)
sneltrein	gyors(vonat)	djors(wonat)
stoptrein	személy(vonat)	semeej(wonat)
bergspoor	hegyi vasút	hedjie wasjoet
doorgaande trein	áthaladó vonat	aathaladoo wonat

opschriften

BEJÁRAT	INGANG
KIJÁRAT	UITGANG
VÉSZKIJÁRAT	NOODUITGANG
JEGYPÉNZTÁR	KAARTVERKOOP
BELFÖLD	BINNENLAND
NEMZETKÖZI	BUITENLAND
INFORMÁCIÓ, TUDAKOZÓ	INLICHTINGEN
ÉRKEZŐ VONATOK	AANKOMSTEN
INDULÓ VONATOK	VERTREKKEN
RENDELTETÉSI HELY, IRÁNY	BESTEMMING
POGGYÁSZMEGŐRZŐ	BAGAGEDEPOT
POGGYÁSZMEGŐRZŐ-AUTOMATA	BAGAGEKLUIZEN
WC	TOILETTEN
FÉRFI	HEREN
NŐI	DAMES
VASÚTI ÉTTEREM	STATIONSRESTAURATIE
VÁRÓTEREM	WACHTKAMER
DOHÁNYZÓ	ROKEN
NEMDOHÁNYZÓ	NIET-ROKEN
TILOS AZ ÁTJÁRÁS	GEEN DOORGANG
HAGYJUK SZABADON AZ ÁTJÁRÓT	DOORGANG VRIJLATEN
KIHAJOLNI VESZÉLYES	NIETS BUITENSTEKEN
NYITNI	OPENEN
ZÁRNI	SLUITEN
VÉSZFÉK	NOODREM
AZ AJTÓT MENETKÖZBEN	NIET OPENEN
KINYITNI TILOS	VOOR DE TREIN STILSTAAT

loket	jegypénztár	edjpeenztaar
toeslag	pótjegy	pootjedj
eerste klas	első osztály	elsjeu ostaaj
tweede klas	másodosztály	maasjodostaaj
roken	dohányzó	dohaanjzoo
niet-roken	nemdohányzó	nemdohaanjzoo
gereserveerd	foglalt	foglalt
restauratie	büfé	buufee
restauratiewagon	étkezőkocsi	eetkezeukotsjie
slaaprijtuig	hálókocsi	haalookotsjie
ligrijtuig	fekvőhelyes kocsi	fekweuhejesj kotsjie
bagagerijtuig	poggyászkocsi	poddjaaskotsjie
couchette	kusett	koesjett
ligplaats	fekvőhely	fekweuhej
zitplaats	ülőhely	oeleuhelj
gangpad	folyosó	fojosjoo
balkon	balkon	balkon
bagagerek	poggyásztartó	poddjaastartoo
conducteur	kalauz	kalauz
machinist	mozdonyvezető	mozdonjwezeteu

vliegtuig

Ik wil graag een vlucht reserveren naar Boedapest
Szeretnék egy repülőjegyet rendelni Boedapest.
serretneek edj reppuleujedjet rendelnie boedappesjt

Waar is de informatiebalie?
Hol van az információ?
hol wan az ienformaatsie-oo

Ik wil graag een heen- en terugvlucht boeken naar Amsterdam
Szeretnék egy retúr repülőjegyet Amszterdamba.
serretneek edj rettoer reppuleujedjet amsterdamba

Ik wil deze vlucht graag annuleren
Szeretném lemondani ezt a járatot.
serretneem lemmondanie ezt a jarattot

◄ **Uw ticket is ongeldig**
A jegye érvénytelen.
a jedje eerweenjtellen

◄ **Mag ik uw paspoort zien?**
Kérem az útlevelét.
kerem az oetlewwelleet

◄ **Uw instapkaart alstublieft**
Kérem a beszállókártyáját.
kerem a bessalokaartjajaat

◄ **Metalen voorwerpen a.u.b. hier neerleggen**
A fémtárgyakat ide tegye legyen szíves.
a feemtaargjakkat iede tedje ledjensiewesj

◄ **Wilt u uw tas openmaken?**
Kinyitná a táskáját?
kienjietnaa a taaskajaat

opschriften

KIJÁRAT	UITGANG
BEJÁRAT	INGANG
NINCS ELVÁMOLNIVALÓ	NIETS AAN TE GEVEN
DOHÁNYZÓ	ROOKRUIMTE
TILOS DOHÁNYOZNI	VERBODEN TE ROKEN
POGGYÁSZOK	BAGAGE OPHALEN
INDULÁS	VERTREK
ÉRKEZÉS	AANKOMST
BELFÖLDI JÁRAT	BINNENLANDSE VLUCHTEN
NEMZETKÖZI	INTERNATIONAAL
INTERKONTINENTÁLIS	INTERCONTINENTAAL

◄ **Uw vliegtuig vertrekt van Gate 12**
A 12-es kaputól indul a repülője.
a tiezenkettesj kappoetol indoel a reppueleuje

◄ **De vlucht naar Amsterdam is afgelast**
A amszterdami járat nem indul.
a amsterdammie jarat nem indoel

◄ **De vlucht naar Amsterdam heeft een vertraging van een uur.**
Az amszterdami járat egy órát késik.
az amsterdammie jarat edj oraat keesjiek

Is deze vlucht rookvrij?
Ez a járat nem dohányzó?
ez a jarat nem dohhaanjzoo

Ik wil graag bij het raampje/het gangpad zitten
Szeretnék az ablaknál/folyosónál ülni.
serreteneek az ablaknaal/fojosjonaal uulnie

Wij willen graag naast elkaar zitten
Szeretnénk egymás mellett ülni.
serreteneenk edjmaasj mellet uulnie

◄ **Er zijn technische problemen**
Technikai problémák vannak.
tegnieka-ie problemaak wanak

Ik heb last van vliegangst
Félek repülni.
felek reppulnie

Wilt u een dokter waarschuwen?
Szólna egy orvosnak?
soolna edj orwosjnak

Mijn koffer/rugzak is verdwenen
Eltünt a kofferem/hátizsákom.
eltuunt a kofferem/hatiezhakom

bagagecontrole	csomagellenörzés	tsjomaghelleneurzeesj
belastingvrij winkelen	adómentes vásárlás	addomentesj waasjaarlaasj
detectiepoortje	detektor kapu	dettektor kappoe

douane	vám	waam
handbagage	kézipoggyász	keziepodjaas
landen	országok	orsaaghok
luchthavenbelasting	repülőtéri adó	reppuleuterie addoo
noodlanding	kényszerleszállás	keenjserlessalaasj
nooduitgang	vészkijárat	weeskiejarat
opstijgen	felszállás	felsalaasj
paspoortcontrole	útlevélvizsgálat	oetleweelwiezhghalat
piloot	pilóta	pielota
steward (ess)	steward(ess)	stoe-aardes
terminal	terminál	termienaal
turbulentie	turbulencia	toerboelentsie-a
tussenlanding	közbeeső leszállás	kuzbe-esjeu lessalaasj
veiligheidsgordel	biztonsági öv	bietonsjaaghie uw
veiligheidsvoorschriften	biztonsági előírások	bieztonsjaaghie elleu-ieraasjok
vliegtuigmaatschappij	repülőgép társaság	reppuleugheep taarsjasjaagh
zwemvest	úszómellény	oesomelleenj

boot

Ik wil een kaartje naar ...
Kérek egy jegyet ... ra/re, ba/be
keerek edj jedjet. ... ra/re, ba/be

Kan de fiets mee op de boot?
Szállítható kerékpár a hajón?
saalliethatoo kerreekpaar a hajoon

Wanneer vaart de eerstvolgende boot af?
Mikor indul a következő menetrend szerinti hajó?
miekor iendoel a keuwetkezeu menetrend serientie hajoo

Wat kost het vervoer van een auto met 2 inzittenden?
Mibe kerül egy jegy 2 személyre és egy autóra?
miebe keruul edj jedj 2 semeejre eesj edj aoetoora

opschriften

ITT FELSORAKOZNI	HIER OPSTELLEN
KAPCSOLJUK LE A MOTORT	MOTOR AFZETTEN
MENTŐÖVEK	REDDINGSVESTEN
MENTŐCSÓNAKOK	REDDINGSBOTEN
KIZÁRÓLAG UTASOK RÉSZÉRE	ALLEEN PASSAGIERS
TILOS A BEJÁRAT	GEEN TOEGANG

Hoe lang duurt de overtocht?
Mennyi ideig tart a hajóút?
mennjie iedeieg tart a hajoooet

◄ **U moet de aanwijzingen van de bemanning volgen**
Tartsa be a legénység utasításait!
tartsja be a legeenjsjeeg oetasjietaasjaiet

Kunt u voor mij een taxi bellen/roepen?
Rendelne/hívna nekem egy taxit?
rendelne/hiewna nekem edj taxiet

Waar is een taxistandplaats?
Hol van egy taxiállomás?
hol wan edj taxieaallomaasj

taxi

Naar de/het ... alstublieft
Kérem vigyen a ...
keerem wiedjen a ...

vliegveld	repülőtérre	repuuleuteerre
station	vasútállomáshoz	wasjoet-aallomaasjhoz
centrum	belvárosba	belwaarosjba
Hotel 'Phoenix'	Főnix Hotelhez	Feuniex Hotelhez
museum	múzeumhoz	moezeoemhoz
ziekenhuis	kórházhoz	koorhaazhoz

Wilt u mij naar dit adres brengen?
Kérem vigyen el erre a címre!
keerem wiedjen el erre a tsiemre

Wat gaat de rit kosten?
Mennyibe kerül az út ...-ig?
mennjiebe keruul az oet ...-ig

Kunt u mij helpen met de bagage?
Segítene a csomagokkal?
sjegietene a tsjomagokkal

Ik ben wat slecht ter been
Nehézkesen mozgom
neheezkesjen mozgom

Wilt u hier stoppen?
Itt álljon meg, kérem!
iett aalljon meg, keerem

Hoeveel ben ik u schuldig?
Mennyivel tartozom?
mennjiewel tartozom

◄ **De meter is defect**
A tarifaóra nem működik
a tariefaoora nem muukudiek

◄ **Ik heb geen wisselgeld**
Nincs vissza apróm
nientsj wiessa aproom

Laat maar zitten
(A visszajáró pénz) az Öné
(a wiessajaaroo peenz) az unnee

Mag ik een kwitantie?
Kérem adjon egy számlát!
keerem adjon edj saamlaat

tanken/pech/ongevallen

Bij het tankstation

Voltanken/20 liter alstublieft nakijken?
Tele kérem/20 litert kérek
tele keerem/20 litert keerek

Heeft u een wegenkaart?
Van autótérképe?
wan aoetoo-teerkeepe

Is hier een toilet aanwezig?
Van itt WC?
wan iett weetsee

opschriften

ÓLOMMENTES 95	LOODVRIJ 95
ÓLOMMENTES 98	SUPERPLUS LOODVRIJ 98
PRO PLUS	SUPER MET LOODVERVANGER 98
DÍZEL	DIESEL
GÁZ	LPG
KEVERÉK	MENGSMERING
LEVEGŐ	LUCHT
VÍZ	WATER
ÖNKISZOLGÁLÓ	ZELFBEDIENING
AUTÓMOSÓ	AUTOWASSERIJ

Wilt u de/het ... even nakijken
Ellenőrizné a ...
elleneurieznee a ...

bandenspanning	levegőnyomást	levegeunjomaasj
oliepeil	olajszintet	ollajsiente
remvloeistof	fékolajat	feekollaj
verlichting achter	hátsó világítást	haatsjoo wiellaagietaasjt
verlichting vóór	első világítást	elsjeu wiellaagietaasjt
waterpeil	vízszintet	wiezsient

TANKEN•PECH•ONGEVALLEN

Kunt u ...?
Kérem ...!
keerem

deze jerrycan vullen	töltse meg ezt a kannát	tultsje meg ezt a kannaat
deze band reparen	javítsa meg ezt a gumit	jawietsja meg ezt a goemmiet
deze band verwisselen	cserélje ki ezt a gumit	tsjereeje kie ezt a goemmiet
de banden oppompen	nyomjon levegőt a gumikba	njomjon lewegeut a goemmiekba
de ruiten schoonmaken	tisztítsa meg az ablakokat	tiestietsja meg az ablakokat
de voorruit schoonmaken	tisztítsa meg a szélvédőt	tiestietsja meg a seelweedeut
een kwitantie geven	adjon egy számlát	adjon edj saamlaat
de auto wassen	mossa le a kocsit	mossa le a kotsjiet
de accu vullen	töltse fel az akkumulátort	tultsje fel az akkoemulaatort
de olie verversen	cserélje ki az olajat	tsjereeje kie az ollajjat
de bougies verwisselen	cserélje ki a gyertyákat	tsjereeje kie a djertjaakat
een takelwagen bellen	hívjon egy vontatókocsit	hiewjon egy wontattookotsjiet

(**reparaties**)

Waar is een garage (werkplaats)/fietsenmaker?
Hol van egy autószerviz/kerékpárjavító-műhely?
hol wan edj aoetooserwiez/kerreekpaar-jawietoo-muuhej

Ik heb een defect aan de/het ...
Elromlott a ...
elromlott a ...

Ik heb een lekke voorband/achterband
Első/Hátsó gumidefektem van
elsjeu/haatsjoo goemmie-defektem wan

Ik hoor een vreemd geluid
Furcsa zúgást hallani
foertsja zoegaasjt hallanie

De wagen wil niet starten
Nem indul be a motor
nem iendoel be a mottor

De motor raakt oververhit
Túlmelegszik a motor
toelmellegsiek a mottor

De accu is leeg
Üres az akkumulátor
uuresj az akkoemmoelaator

Ik verlies olie/benzine
Folyik az olaj/benzin
foejiek az ollaj/benzien

Kunt u de/het ... repareren/verwisselen?
Meg tudná javítani a .../kicserélné a ...?
meg tudnaa jawiettani a .../kietsjereelnee a ...

Heeft u een idee hoeveel het gaat kosten?
Megtudná mondani, hogy mennyibe fog kerülni?
megtoednaa mondanie, hodj mennjiebe fog keruulnie

Hebt u de onderdelen in voorraad?
Van tartalék alkatrésze?
wan tartaleek alkatreese

Ik kan onderdelen uit Nederland/België laten overkomen
Hollandiából/Belgiumból meghozathatom a szükséges alkatrészeket
hollandiaabool/belgieemboom meghozathatom a suuksjeegesj alkatreeseket

Wanneer is de auto/motor/fiets weer klaar?
Mikor lesz kész az autó/motor/kerékpár?
miekor les kees az aoetoo/mottor/kerreekpaar

Tot hoe laat kan ik hem afhalen?
Hány órakor jöhetek érte?
haanj oorakor juhetek eerte

Ik kom mijn auto/motor/fiets afhalen
Jöttem az autómért/motoromért/kerékpáromért
juttem az autoomeert/mottoromeert/kerreek-paaromeert

Heeft u het mankement kunnen vinden?
Megtalálta a hibát?
megtalaalta a hiebaat

Kan ik betalen met de reis- en kredietbrief?
Fizethetek hitel- levéllel?
fiezethetek hietelleveellel

onderdelen van de auto

De met * gemerkte onderdelen zijn op de tekening (zie pag. 52 en 54) niet zichtbaar

1	**aandrijfas**	hajtótengely	hajtotenghej
2	**accu**	akkumulátor	akkumulaator
3	**achteruitkijkspiegel**	visszapillantó tükör(belső)	wies-sapiellantoo tuukeur(belseu)
4	**achteruitrijlicht**	hátramenet jelző	haatramenet jelzeu
5	**band**	gumi, abroncs	goemmie, abrontsj
6	**benzinetank**	benzintartály	benzientartaaj
7	**bougie**	(gyujtó)gyertya	(djujtoo)djertja
8	**brandstofleiding**	benzinvezeték	benzienwezeteek
9	**buitenspiegel**	visszapillantó tükör(külső)	wiessapiellantoo tuukeur(kuulseu)
10	**bumper**	lökhárító	lukhaarietoo

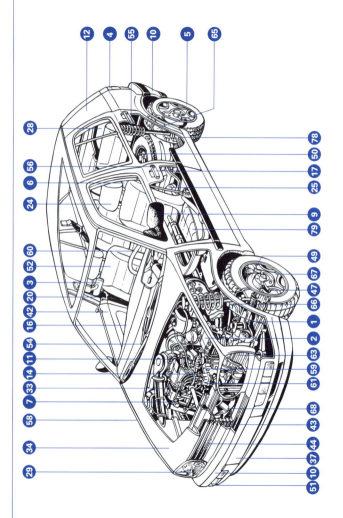

	voorbumper	elülső lökhárító	eluulsjeu lukhaarietoo
	achterbumper	hátsó lökhárító	haatsjo lukhaarietoo
11	carburateur	karburátor	karboerraator
*12	carrosserie	karosszéria	karosseeriea
*13	chassis	alváz	alwaaz
*14	cilinderkop	hengerfej	hengerfej
*15	claxon	kürt, duda	kurt, doeda
16	dashboard	műszerfal	muuserfal
17	deurkruk	ajtózár	ajtoozaar
*18	dimlicht	tompított fény	tompietott feenj
*19	distributieriem	elosztó	ellostoo
20	driepuntsgordel	hármas öv	haarmasj uw
*21	drijfstang	hajtókar	hajtookar
22	dynamo	dinamó	dienammoo
23	gaspedaal	gázpedál	gaazpedaal
24	hoofdsteun	fejtámasz	fejtaamas
25	katalysator	katalizátor	kattalliezator
26	koelwaterleiding	hűtővízvezeték	huuteuwiez-wezeteek
*27	kofferdeksel	csomagtartó-fedő	tsjomagtartoo-fedeu
28	kofferruimte	csomagtartó	tsjomagtartoo
29	koplamp	fényszóró	feenjsooroo
30	koppeling(spedaal)	kuplungpedál	koeploeng-pedaal
*31	krukas	forgatótengely	forgatoo-tengej
*32	lager	csapágy	tsjapaadj
33	motorblok	motorblokk	mottorblokk
34	motorkap	motorháztető	mottorhaazteteu
35	motorophanging	motorfelfüggesztés	mottor-felfuugesteesj
*36	nokkenas	bütyköstengely	buutjkustengej
37	nummerplaat	rendszámtábla	rendsaamtaabla
*38	oliefilter	olajszűrő	ollajsuureu
*39	olieleiding	olajvezeték	ollajwezeteek
*40	oliepomp	olajszivattyú	ollajsiewattjoe
41	ontsteking	gyújtás	djoejtaasj
42	portier	autóajtó	aoetooajtoo
43	radiator	radiátor, hűtő	radieaator, huuteu
44	radiatorgrill	hűtőrács	huuteuraatsj
*45	reflector	fényszóró	feenjsooroo
46	rem(pedaal)	fék(pedál)	feek(pedaal)
47	remklauw	fékpofa	feekpoffa
*48	remlicht	féklámpa	feeklaampa
49	remschijf	féktárcsa	feektaartsja
50	reservewiel	pótkerék	pootkerreek

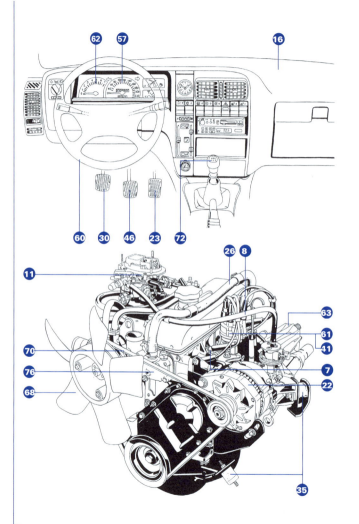

51	richtingaanwijzer	irányjelző	ieraanjjelzeu
52	rugleuning	háttámasz	haattaamas
53	ruit	ablak,üveg	ablak,uweg
	voorruit	szélvédő	seelweedeu
	zijruit	oldalsó ablak	oldalsjoo ablak
	achterruit	hátsó ablak	haatsjoo ablak
54	ruitenwisser	ablaktörlő	ablakturleu
55	schokdemper	lökésgátló	lukeesjgaatloo
56	slot	zár	zaar
57	snelheidsmeter	sebességmérő	sjebesjsjeeg-meereu
58	spatbord	sárhányó	sjaarhaanjoo
59	startmotor	önindító	uniendietoo
60	stuurwiel	kormánykerék	kormaanj-kereek
61	stroomverdeler	elosztó	elostoo
62	toerenteller	fordulatszám mérő	fordoelatsaam mereu
63	transmissie	tranzmisszió	tranzmissioo
*64	uitlaatklep	kipufogószelep	kiepoefogooselep
65	uitlaatpijp	kipufogócső	kiepoefogootsjeu
66	veerpoot	rugóbak	roeghobak
67	velg	fellni	fellnie
68	ventilator	ventillátor	wentiellaator
*69	ventilatorkoppeling	ventillátor-kuplung	wentiellaator-koeploeng
70	ventilatorriem	ékszíj	eeksiej
*71	vering	rúgózás	roeggoozaasj
72	versnelling	sebességfokozat	sjebbesjsjeeg-fokozat
*73	versnellingsbak	sebességváltó	sjebbesjsjeeg-waaltoo
*74	vliegwiel	lendkerék	lendkerreek
*75	voorruitverwarming	első szélvédő felmelegítés	elsjeu seelweedeu felmelegieteesj
76	waterpomp	vízszivattyú	wiezsiewattjoe
77	wiel	kerék	kerreek
	voorwiel	első kerék	elsjeu kerreek
	achterwiel	hátsó kerék	haatsjoo kerreek
78	wielophanging	kerékfelfüggesztés	kerreekfelfuughesteesj
69	zitting	ülés	uuleesj
	voorzitting	első ülés	elsjeu uuleesj
	achterzitting	hátsó ülés	haatsjoo uuleesj
*80	zuiger	dugattyú	doegattjoe

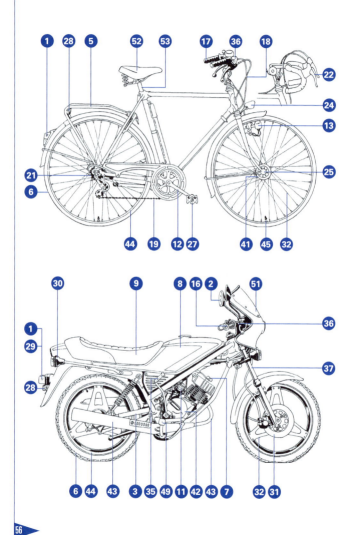

onderdelen van de (motor)fiets

(De met * gemerkte onderdelen zijn op de tekening niet zichtbaar)

1	achterlicht	stoplámpa	stoplaampa
2	achteruitkijkspiegel	visszapillantó tükör	wiessapiellantoo tuukuur
3	achtervork	hátsó villa	haatsjoo wiella
4	as	tengely	tengeej
5	bagagedrager	csomagtartó	tsjomagtartoo
6	band	gumi	goemmie
	voorband	elülső gumi	eluulsjeu goemmie
	achterband	hátsó gumi	haatsjoo goemmie
	binnenband	belső gumi	belsjeu goemmie
	buitenband	külső gumi	kuusjeu goemmie
7	bougie	gyertya	djertja
8	brandstoftank	benzintartály	benzientartaaj
9	buddyseat	utasülés	oetasjuuleesj
10	buisframe	fémváz	feemwaaz
11	carburator	karburátor	karboerraator
12	crank	hajtókar	hajtookar
13	dynamo	dinamó	dienamoo
14	fietspomp	pumpa	poempa
15	fietsslot	kerékpárlakat	kerreekpaarlakat
16	gashandel	kézi/kormánygáz	keezie/kormaanjgaaz
17	handvat	kormány	kormaanj
18	kabel	kábel	kaabel
	gaskabel	gázbowden	gaazbowden
	remkabel	fékbowden	feekbowden
	versnellingskabel	sebességváltó-bowden	sjebesjsjeegwaaltoo-bowden
19	ketting	lánc	laants
20	kettingkast	láncvédő	laantsweed
21	kettingwiel	lánckerék	laantskerreek
22	knijprem	kézifék	keeziefeek
23	kogellager	golyóscsapágy	gojoosjtsjapaadj
24	koplamp	fényszóró	feenjsooroo
25	naaf	kerékagy	kerreekadj
*26	olietank	olajtartály	ollajtartaaj
27	pedaal	pedál	pedaal
28	reflector	reflektor	reflektor
29	remlicht	féklámpa	feeklaampa
30	richtingaanwijzer	irányjelző	ieraanjjelzeu
31	schijfrem	tárcsafék	taartsjafeek
32	spaak	küllő	kuulleu

33 spatbord	sárhányó	sjaarhaanjoo
34 standaard	kitámasztó	kietaamastoo
35 starter	gyújtó	djoejtoo
36 stuur	kormány	kormaanj
37 telescoopvork	teleszkópvilla	teleskoop-wiella
*39 terugtraprem	pedálfék	pedaalfeek
*40 toerenteller	fordulatszám-mérő	fordulatsaam-meereu
41 trommelrem	dobfék	dobfeek
42 tweetaktmotor	kétütemű motor	keetutemeu mottor
43 uitlaat	kipufogócső	kiepoefogootsjeu
44 velg	fellni	fellnie
45 ventiel(slang)	szellőztetőcső	selleuzteteut-sjeu
46 versnelling	sebességfokozat	sjebesjsjeegfokozat
*47 viertaktmotor	négyütemű motor	needjutemeu mottor
*48 vleugelmoer	szárnyascsavar	saarnjasjtsjawar
49 voetsteun	lábtámasz	laabtaamas
50 wiel	kerék	kerreek
voorwiel	első kerék	elsjeu kerreek
achterwiel	hátsó kerék	haatsjoo kerreek
51 windscherm	szélvédő	seelweedeu
52 zadel	nyereg, ülés	njerreg, uuleesj
53 zadelpen	nyeregváz	njerregwaaz
*54 zijspan	oldalkocsi	oldalkotsjie
*55 zijspanbak	oldalkocsi-ülés	oldalkotsjie-uuleesj

aard van de beschadiging

bevroren	befagyott	befadjott
doorgebrand	szétégett	seeteegett
gebarsten	megrepedt	megrepedt
geblokkeerd	leblokkolt	leblokkolt
gebroken	eltört	elturt
klemt	szorul	soroel
lek	ereszt, lyukas	erest, jukasj
maakt kortsluiting	rövidzárlatos	ruwied-zaarlatosj
maakt lawaai	zajos	zajosj
oververhit	túlhevült	toelhewuult
trilt	ráz, rezeg	raaz, rezeg
verkeerd afgesteld	hibásan van beállítva	hiebaasjan wan beaallietwa
versleten	elkopott	elkoppott
verstopt	bedugult	bedoegoelt
vuil	piszkos	pieskosj

een ongeval op de weg

(zie ook 'Problemen in de stad' en 'Medische hulp')

Er is een ongeluk gebeurd!
Baleset történt!
ballesjet turteent

Er zijn (geen) gewonden
Vannak (nincsenek) sérültek
wannak (nientsjennek) sjeeruultek

Er is alleen materiële schade
Csak anyagi kár történt
tsjak anjagie kaar turteent

Waarschuw de politie/een ambulance
Értesítse a rendőrséget/mentőket!
eertesjietsje a rendeursjeeget/menteuket

Kan ik hier de politie bellen?
Hívhatom innen a rendőrséget?
hiewhatom iennen a rendeursjeeget

Wacht op een dokter/ambulance
Várja meg az orvost/a mentőket
waarja meg az orwosjt/a menteuket

◄ **Mag ik uw rijbewijs/verzekeringspapieren zien?**
Kérem a jogosítványát/biztosítási papírjait!
keerem a jogosjietwaanjaat/bieztosjietaasjie papierjaiet

Raak hem/haar niet aan
Ne nyúljon hozzá!
ne njuuljon hozzaa

◄ **Ik moet een proces-verbaal opmaken**
Jegyzőkönyvet kell felvennem
jedjzeu-kunjwet kell felwennem

◄ **Wie is de bestuurder?**
Ki vezette az autót?
kie wezette az aoetoot

◄ **Zijn er getuigen?**
Vannak tanuk?
wannak tanoek

De ander heeft een fout gemaakt
A másik fél hibázott
a maasjiek feel hiebaazott

◄ **U hebt (geen) schuld aan dit ongeval**
Ez a balaset (nem) az Ön hibájából származott
ez a ballesjet (nem) az un hiebaajaabool saarmazott

◄ **U krijgt hiervoor een bekeuring**
Velem kell jönnie a rendőrörsre
welem kell junnie a rendeur-ursjre

◄ **U moet even mee naar het bureau**
Ezért pénzbüntetésben részesül
ezeert peenz- buunteteesjben reesesjul

◀ **U hebt/bent ...**
Ön ...
un ...

door rood licht gereden	áthajtott a piroson	aathajtott a pierosjon
geen voorrang verleend	nem adta meg az elsőbbséget	nem adta meg az elsjeubbsjeeget
onjuist ingehaald	szabálytalanul előzött	sabaajtalanoel elleuzutt
te snel gereden	túl gyorsan hajtott	toel djorsjan hajtott
verkeerd ingevoegd	szabálytalanul sorolt be	sabaaltjalanul sjorolt be

◀ **U moet een bloedproef laten afnemen**
Vérviszgálatot kell csináltatnia.
weerwizhghalattot kel tsjienaaltattnia-a

◀ **U mag (niet) verder rijden**
Ön tovább (nem) vezethet
un towaabb (nem) wezethet

◀ **Uw auto wordt voor controle in beslag genomen**
Az autóját ellenőrzés céljából lefoglaljuk
az aoetoojaat elleneurzeesj tseeljaabool lefoglaljuk

◀ **U kunt de zaak onderling schikken**
Maguk között rendezzék az ügyet!
maguk kuzutt rendezzeek az udjet

Ik wil graag uw gegevens voor de verzekering
Megadná az adatait a biztosításhoz?
megadnaa az adataiet a bieztosjietaasjhoz

Ik kan dit niet lezen
Ezt nem tudom elolvasni
ezt nem toedom elolwasjnie

◀ **Wilt u dit tekenen?**
Kérem, írja ezt alá!
keerem, ierja ezt alaa

WA-verzekering	kötelező biztosítás	kuttellezeu bieztosjietaasj
all-riskverzekering	CASCO	kaskoo
wegenwacht	autómentő	a-oetomenteu
praatpaal	segélykérő telefon	sjegheejkereu telleffon

overnachten

onderdak zoeken in Hongarije

Ieder hotel *szálloda, szálló* behoort tot een van de 5 categorieën die van overheidswege worden gehanteerd. De categorie met een aanduiding met 1 ster is de laagste, de categorie ☆☆☆☆☆ de hoogste. Een bijzonder soort hotels, met vaak een ouderwetse sfeer en dito bediening, vormen de kuurhotels in de vele kuurbadplaatsen. De hotelprijzen liggen iets lager dan bij ons, in de provincie zelfs beduidend lager. Met een wat kleiner budget bent u aangewezen op het *panzió*; de pensions zijn ingedeeld in 2 categorieën, groep I biedt het meeste comfort. De kamers zijn meestal voor meer dan twee personen ingericht.
Bij de campings bieden alleen de categorieën 3 en 4 een behoorlijk comfort.

Waar is hotel 'Phoenix'?
Merre van a Főnix Hotel?
merre wan a 'Feuniex' Hotel

Is hier in de buurt een camping?
Van a közelben kemping?
wan a kuzzelben kempieng

Kunnen we hier bij een boer terecht?
Megszállhatunk itt egy tanyán?
meksaalhattoenk iett edj tanjnjaan

Waar ligt de camping 'Dunakanyar'?
Hol van a 'Dunakanyar' kemping?
hol wan a doennakanjnjar kempieng

Waar is het VVV-kantoor?
Hol van az idegenforgalmi hivatal?
hol wan az ieddeghghenforghalmie hiewwatta

Is hier in de buurt een hotel/pension?
Van itt a közelben egy szálloda/panzió?
wan iett a kuzelben edj saalloda/panzieoo

Kunt u het op de kaart aanwijzen?
Megmutatná a térképen?
meghmoettatnaa a teerkeepen

bij de receptie van het hotel

Ik heb een kamer gereserveerd
Foglaltattam Önöknél egy szobát
foglaltattam unukneel edj sobaat

◄ **Hebt u een voucher/reserveringsbevestiging?**
Van szobautalványa/papírja a helyfoglalásról?
wan sobaoetalwaanja/papierja a hejfoglalaasjrool

Mijn naam is ...
A nevem ...
a newem ...

Heeft u nog kamers vrij?
Van szabad szobájuk?
wan sabbad sobbaajoek

◄ **Nee, het hotel is volgeboekt**
Sajnos nincsen, minden szoba foglalt
sajnosj nientsjen, mienden sobba foglalt

Ik wil graag een ...
Szeretnék egy ...
seretneek edj ...

eenpersoonskamer	egyágyas szobát	edjaadjas sobbaat
tweepersoonskamer	kétágyas szobát	keetaadjasj sobbaat
appartement	lakosztályt	lakostaajt
met bad	fürdőszobával	fuurdeusobbaawal
met douche	zuhannyal	zuhannjal
met toilet	toalettel	toalettel
met stromend water	folyóvízzel	fojoowiezzel
met tweepersoonsbed	franciaággyal	franciaaagdjal
met een extra bed	egy pótággyal	edj pootaagdjal
met een kinderbedje	egy gyerekággyal	edj extra aagdjal
met airconditioning	légkondicionálóval	leeg-kondietsieonaaloowal
met telefoon	telefonnal	tellefonnal
met radio	rádióval	raadieoowal
met televisie	televízióval	tellewiezioowal
met balkon	erkéllyel	erkeeljel
met terras	terasszal	terrassal
met minibar	minibárral	mieniebaral
met zicht op het meer	kilátással a tóra	kielaataasjsjal a toora
aan de straatzijde	utcára néző ablakkal	oettsaara neezeu abblakkal
aan de achterzijde	a hátsó oldalon	a haatsjooo oldalon
op de begane grond	a földszinten	a fuldsienten
op een lage verdieping	alacsonyan fekvőt	alatsjonan fekweut
op een hoge verdieping	magasan fekvőt	maggasjan fekweut

opschriften

PORTA/RECEPCIÓ	RECEPTIE
KULCSMEGŐRZŐ	SLEUTELBEWAARDER
PÉNZTÁROS	KASSIER
REGGELIZŐ HELYISÉG	ONTBIJTZAAL
ÉTTEREM	RESTAURANT
ADMINISZTRÁCIÓ	ADMINISTRATIE
NŐI	DAMES
FÉRFI	HEREN
FODRÁSZ	KAPPER
UTAZÁSI IRODA	REISBUREAU
LIFT	LIFT

OVERNACHTEN

Ik wil graag ...
... kérek
... keerek

alleen logies	csak szállást	tsjak saallaasjt
logies en ontbijt	szobát reggelivel	sobbaat reggeliewel
half pension	félpanziót	feelpanzieoot
volledig pension	teljes panziót	tejesj panzieoot

Hoeveel kost de kamer ...?
Mibe kerül a szoba?
miebe keruul a sobba

per nacht	egy éjszakára	edj eejsakaara
per week	egy hétre	edj heetre
per 2 weken	két hétre	keet heetre

Ik blijf/we blijven alleen deze nacht/... nachten
Egy/...éjszakára maradok/maradunk
edj/...eejsakaara maradok/maradunk

Ik weet nog niet hoe lang we zullen blijven
Még nem tudom meddig maradunk
meeg nem toedom meddieg maradunk

Kan ik betalen met een creditcard?
Fizethetek hitelkártyával?
fiezethetek hietelkaartjaawal

Moet ik een aantal nachten vooruit betalen?
Kell előleget fizetnem néhány éjszakára?
kellf eleuleget fiezetnem neehaanj eejsakaara

◀ **Wilt u dit formulier invullen?**
Kérem, töltse ki a bejelentkezőívet!
keerem, tultsje kie a bejelentkezeu-iewet!

◀ **Mag ik uw paspoort hebben?**
Kérem az útlevelét!
keerem az oeteweleet

◀ **Uw kamernummer is ...**
Az Ön szobaszáma ...
az un sobbasaama ...

◀ **De kamer is helaas nog niet vrij**
A szoba sajnos még nem szabad
a sobba sajnosj meeg nem sabbad

◀ **U kunt vanaf ... uur op uw kamer terecht**
... órakor el lehet foglalni a szobát
... oorakor el lehet foglalnie a sobbaat

◀ **Hier is uw sleutel**
Parancsoljon, itt a kulcsa
parantsjojon, iett a koeltsja

◀ **Het is op de ... verdieping**
A szoba a ...-adik/edik emeleten van
a sobba a ...-adiek/ediek emeleten wan

◀ **Daar vindt u de lift**
A lift arra van
a lieft arra wan

Kan iemand mij met mijn bagage helpen?
Segítene valaki a poggyászommal?
sjegietene walaki a pogdjaasommal

◀ **Uw bagage wordt gebracht**
A poggyászát mi visszük
a poddjaasaat mie wiessuuk

Hoe laat kan ik ontbijten?
Mikor van a reggeli?
miekor wan a reggelie

Waar wordt het ontbijt geserveerd?
Hol szolgálják fel a reggelit?
hol solgaaljaak fel a reggeliet

Mag ik mijn sleutel hebben? Nummer ...
Kérem a ...as/es kulcsot
keerem a ...asj/esj koeltsjot

Ik wil uitchecken
Szeretnék kijelentkezni
seretneek kiejelentkeznie

Wilt u de rekening voor mij opmaken?
Készítse el, kérem, a számlámat!
keesietsje el, keerem, a saamlaamat

Wilt u de rekening sturen naar dit adres?
Küldje, kérem, a számlát erre a címre!
kuuldje, keerem, a saamlaat erre a tsiemre

gehandicapten

Is er een rolstoelingang?
Van bejárat tolókocsi részére?
wan bejjarat tollokotsjie resere

Ik ben/ik heb ...
Én... vagyok/Nekem van ...
een wadjok/nekkem wan

lichamelijk/verstandelijk gehandicapt	testi/értelmi fogyaték	tesjtie/eertelmie fodjateek
slechthorend	nagyothalló	nadjothalloo
slechtziend	gyengén látó	djengheen latoo
afhankelijk van een rolstoel	tolókocsihoz kötött	tollokotsjiehoz kuttut
ME/een vermoeidheidsziekte	ME/krónikus fáradtság	me/kroniekoesj faratsjaagh
epilepsie	epilepszia	eppielepsie-a
rsi	rsi	erressie

Wilt u alstublieft wat langzamer/duidelijker praten?
Kérem beszéljen lassabban/érthetőbben!
kerem bessejen lasjabban/eerthetteuben

aanwijzen	megmutat	meghmoettat
invalidenvignet	matrica rokkantaknak	matrietsa rokkantaknak
parkeerplaats voor invaliden	rokkant parkoló	rokkant parkolloo
gelijkvloers	lépcső nélkül	leeptsjeu neelkuul
blindengeleidehond	vakvezető kutya	wakwezzetteu kuutja
automatische deur	automatikus ajtó	a-oetomattiekoesj ajtoo
(rolstoel) oprit	(tolókocsi) feljáró	tollokotsjie feljaroo
helling	emelkedő	emmelkeddeu
trap	lépcső	leeptsjeu

Is dit gebouw rolstoeltoegankelijk?
Be lehet menni ebbe az épületbe tolókocsival?
be lehhet mennie ebbe az epuletbe tolokotsjiewal

Wilt u de deur alstublieft voor mij open houden?
Kérem tartsa nyitva nekem az ajtót!
kerem tartsja njietwa nekkem az ajtoot

Wilt u ... even voor mij pakken?
Felvenné nekem ...?
felwennee nekkem

Waar is de dichtstbijzijnde lift?
Hol van a legközelebbi lift?
hol wan a leghkuzellebie lieft

Is er een invalidentoilet/-wasruimte?
Van rokkant WC/mosdó?
wan rokkant weetsee/mosjdoo

De deur is te smal.
Az ajtó túl keskeny.
az ajtoo toel kesjkenj

inlichtingen, service, klachten

Waar kan ik de auto parkeren?
Hol parkolhatok az autómmal?
hol parkolhatok az aoetoommal

◄ **We hebben een eigen parkeerterrein/parkeergarage**
Van saját parkolóhelyünk/garázsunk
wan sjajaat parkoloo-hejuunk/garaazsjunk

◄ **Dat kost u ... forint extra per dag**
Ezért ...forint különköltséget számítunk fel naponta
ezeert ...forient kuulun-kultsjeeget saamietoenk fel naponta

Heeft het hotel een eigen restaurant?
Van a hotelnek saját étterme?
wan a hotelnek sajaat eetterme

Weet u een goed/goedkoop restaurant?
Tud egy jó/olcsó éttermet javasolni?
toed edj joo/oltsjoo eettermet jawasjolnie

Kunt u voor ons een tafel reserveren?
Rendelne egy asztalt a részünkre?
rendelne edj asztalt a reesuunkre

Kan ik gebruik maken van de roomservice?
Igénybe vehetem a room service-t?
iegeenjbe wehetem a room service-t

Heeft u een plattegrond van de stad?
Van Önöknek térképük a városról?
wan unuknek teerkeepuk a waarosrool

Heeft u een evenementenlijst?
Tudna adni egy program/műsorfüzetet?
toednie adnie edj program/muusjor-fuuzetet

Kunt u plaatskaarten reserveren?
Rendelne belépőjegyeket?
rendelnie beleepeujedjeket

Kan ik boeken voor een excursie ?
Be szeretnék jelentkezni egy kirándulásra
be szeretneek jelentkeznie edj kieraandoelaasjra

Kunt u voor mij een taxi bestellen?
Rendelne részemre egy taxit?
rendelne reesemre edj taxiet

Ik wil graag een telefoongesprek met ...
Telefonálni szeretnék...nak/nek
telefonaalnie- seretneek...nak/nek...

Ik wil graag een buitenlijn
Kérek egy interurbán vonalat
keerek edj ienteroerbaan wonalat

Wilt u mij morgen wekken om ...?
Kérem, ébresszen holnap ...órakor!
keerem, eebressen holnap...oorakor

Kan ik op de kamer ontbijten/lunchen/dineren?
Reggelizhetem/ebédelhetek/vacsorázhatom a szobámban?
reggeliezhetem/ebeedelhetek/watsjoraazhatom a sobaamban

Is er een boodschap voor mij achtergelaten/aangekomen?
Hagyott valaki üzenetet a számomra/jött üzenet a számomra?
hadjott walakie uzenetet a samomra/jutt uzenet a samomra

Ik verwacht een bezoeker
Látogatót várok
laatogatoot waarok

Kan ik hier geld wisselen?
Tudok Önöknél pénzt váltani?
toedok unnukneel peezt waaltanie

Ik heb een afspraak met ...; is hij/zij op zijn/haar kamer?
Találkozóm van ...-val/vel; a szobájában tartózkodik?
talaalkozoom wan ...-wal/wel; a sobbaajaaban tartoozkodiek

Ik wacht ...
... várakozom
... waarakozom

hier	itt	iett
in de bar	a bárban	a baarban
in de lounge	a hallban	a hallban
in het restaurant	az étteremben	az eetteremben
op mijn kamer	a szobámban	a sobbaamban

Kunt u dit in de safe bewaren?
El tudja helyezni ezt a széfben?
el toedja hejeznie ezt a seefben

Kan ik deze bagage hier laten staan?
Itt hagyhatom a poggyászomat?
iett hadjhatom a poddjaasomat

De kamer is niet schoongemaakt
Nem váltottak tiszta ágyneműt
nem waaltottak tiesta aadjnemeut

Het beddengoed is niet verschoond
Nem takarították ki a szobát
nem tarkarietottaak kie a sobbaat

Het raam kan niet open/dicht
Az ablak nem nyílik/záródik
az ablak nem njieliek/zaaroodiek

Kunt u een kamermeisje/reparateur sturen?
Küldene egy szobalányt/szerelőt
kuldene edj sobbalaanjt/sereleut

In mijn kamer is geen ...
A szobámban nincsen ...
a sobaamban nientsjen ...

handdoek	törülköző	turrulkuzzeut
badhanddoek	fürdőlepedő	fuurdeu-lepedeu
zeep	szappan	szappan
afvoerstop	lefolyócső-dugó	lefojootsjeu-doegoo
toiletpapier	WC-papír	WC-papier
prullenbak	szemétkosár	semeetkosjaar
kussensloop	párnahuzat	paarnahuzat
klerenhangers	vállfa	waallfa

Er is een defect aan de/het ...
A/az ... nem működik
a/az ... nem muukudiek

airconditioning	légkondicionáló	leegkondietsieonaaloo
verwarming	központi fűtés	kuzpontie fuuteesj
verlichting	világítás	wielaagietaasj
televisietoestel	televízió	tellewiezieoo
douche	zuhany	zoehanj
afvoer	lefolyó	lefojoo

Ik wil graag een extra deken/kussen
Kérek még egy takarót/párnát!
keerek meg edj takaroot/paarnaat

Er is bij mij ingebroken/er is iets gestolen
Betörtek a szobámba/elloptak valamit
beturtek a sobbaamba/elloptak walamiet

Ik wil graag een andere kamer
Szeretnék egy másik szobát
seretneek edj maasjiek sobbaat

Ik neem een ander hotel
Keresek egy másik szállodát
keresjek edj maasjiek saallodaat

kamperen buiten de camping

Mag men hier vrij kamperen?
Szabad itt kempingezni?
sabbad iett kempiengezni

◄ **Nee, alleen op een officiële camping**
Nem, csak a fizető kempingben
nem, tsjak a fiezzetteu kempiengben

◄ **Ja, met toestemming van de eigenaar van de grond**
Igen, a tulajdonos engedélyével
iegen, a toellajdonnosj engheddeejeewel

◄ Nee, alleen op een camping
Nem, csak egy kempingben
nem, tsjak edj kempiengben

Mogen we hier een tent opslaan/de caravan neerzetten?
Felállíthatunk itt egy sátrat?/Beállhatunk ide a lakókocsival?
felaalliethattoenk iett edj sjaatrat/beaalhattoenk iede a lakkookotsjtsjiewal

Mogen we hier in de auto/caravan overnachten?
Eltölthetjük itt az éjszakát az autóban/a lakókocsiban?
eltulthetjtjuk iett az eejsakkaat az aoettooban/a lakkookotsjtsjieban

Wie is/Waar woont de eigenaar van deze grond?
Ki/Hol lakik a telek tulajdonosa?
kie/hoel lakkiek a tellek toellajdonnosja

Mogen we op uw terrein overnachten?	**We blijven maar één nacht**
Eltölthetjük az éjszakát az Ön telkén?	Csak egy éjszakára maradunk
eltulthetjtjuk az eejsakkaat az un telkeen	tsjak edj eejsakkaara marradoenk

Hoeveel zijn we u hiervoor verschuldigd?
Mennyiért tartozunk ezért?
menjie-eert tartozzoenk ezzeert

Waar kunnen we ons wassen?
Hol mosakodhatunk meg?
hol mosjsjakkodhattoenk meg

Bedankt voor uw gastvrijheid	**Tot ziens!**
Köszönjük a szíves vendéglátást	Viszontlátásra!
kussunjuk a siewesj wendeeghlaataasjt	wiesontlaataasjra

◄ U mag hier niet kamperen
Itt nem szabad kempingezni
iett nem sabbad kempiengeznie

U krijgt hiervoor een waarschuwing/bekeuring
Ezért figyelmeztetést/büntetést kap
ezeert fiedjelmestetteesjt/buntetteesjt kap

bij de receptie van de camping

Goedemorgen / Goedemiddag / Goedenavond
Jó reggelt/Jó napot/Jó estét
joo reghghelt/joo nappot/joo esjteet

Ik zoek een plaats voor ...
Helyet keresek ...
hejjet kerresjek

een tent	egy sátornak	edj sjaatornak
een kleine tent	egy kisebb sátornak	edj kiesjsjebb sjaatornak
twee tenten	két sátornak	keet sjaatornak
een auto met caravan	egy autónak l akókocsival	edj aoettoonak lakkookotsjtsjiewwal
een auto met vouwwagen	egy autónak összecsukható lakókocsival	edj aoettoonak ussetsjoekhatoo lakkookotsjtsjiewwal
een camper	egy kempingautónak	edj kempiengaoettoonak

Het spijt mij, de camping is vol
Sajnálom, de a kemping megtelt
sjajnaalom, de a kempieng mektelt

Dat is mogelijk
Lehetséges
lehhetsjtsjeeghesj

Dit is een besloten camping
Ez zártkörű kemping/csak tagoknak
ez zaartkurruu kempieng/sjak taggoknak

Accepteert u de CCI?
Elfogadja a CCI-t?
elfoghghadja a tsee-tsee-ie-t

We blijven hier ...
... maradunk itt
marraddoenk iett

één nacht	Egy éjszakát	edj eejsakkaat
twee nachten	Két éjszakát	keet eejsakkaat
drie nachten	Három éjszakát	haarom eejsakkaat
vier nachten	Négy éjszakát	needj eejsakkaat
een week	Egy hetet	edj hettet
twee weken	Két hetet	keet hettet

We weten nog niet hoe lang we hier blijven
Nem tudjuk még, meddig maradunk
nem toedjdjoek meeg, meddiegh marraddoenk

Wat is de prijs per plaats?
Mennyibe kerül egy hely?
menjnjiebbe kerrul edj hej

Wat is bij die prijs inbegrepen?
Mi van benne az árban?
mie wan benne az aarban

Wat is de prijs per ...
Mennyit kell fizetni egy ...
menjnjiet kell fiezzetnie edj ...

volwassene	felnőttért	felneutteert
kind	gyerekért	djerrekeert
auto	autóért	aoettooeert
motor	motorért	mottoreert
fiets	kerékpárért	kerreekpaareert
caravan	lakókocsiért	lakkookotsjtsjieeert
camper	kempingautóért	kempinegaoettooeert
tent	sátorért	sjaatorreert
bijzettent	oldalsátorért	oldalsjaatorreert

◄ **Mag ik uw kampeercarnet/lidmaatschapkaart zien?**
Kérem mutassa meg a kempingigazolványát/tagsági igazolványát?
keerem moettasjsja megh a kempiengiegghazolwaanjaat/taghsjaaghie ieghghazolwaanjaat

◄ **Wilt u dit invullen?**
Kérem, töltse ki ezt
keerem, tultsje kie est

Heb ik hiermee recht op korting?
Kapok ezzel kedvezményt?
kappok ezzel kedwezmeenjt

Mag ik zelf een plaats uitkiezen?
Választhatok magam egy helyet?
waalasthattok maghgham edj hejjet

Waar mag ik staan?
Hová állhatok be?
howwaa aalhattok be

Mogen we bij elkaar staan?
Állhatunk egymás mellett?
aalhattoenk edjmaasj mellett

Heeft de plaats een nummer?
Számozott a hely?
saamozzott a hej

Mag de auto bij de tent staan?
Állhat az autó a sátor mellett?
aalhat az aoettoo a sjaator mellett

Is er een fietsenstalling?
Van itt kerékpármegőrző?
wan iett kerreekpaarmeghgheurzeu

Mag de hond op de camping?
Szabad kutyát hozni a kempingbe?
sabbad koetjaat hoznie a kempiengbe

◄ **Ja, maar alleen aan de lijn**
Igen, de csak pórázon
iegen, de tsjak pooraazon

Hoe gaat de slagboom omhoog?
Hogyan nyílik a sorompó?
hodjan njieliek a sjorrompoo

◄ **Met een sleutel/magneetkaart**
Kulccsal/mágneses kártyával
koeltsjal/maagnesjesj kaartjaawal

OVERNACHTEN

Tot hoe laat kunnen we nog binnenkomen?
Meddig van nyitva a kapu?
meddiegh wan njietwa a kappoe

Is de camping bewaakt?
őrzik a kempinget?
eurziek a kempienget

Mag ik aan de caravan een voortent zetten?
Állíthatok-elősátort a lakókocsihoz?
aalliethattok-elleusjaatort a lakkookotstsjiehoz

Mogen we op de camping vuur maken/barbecuen?
A kempingben gyújthatunk tüzet/főzhetünk a szabadban?
a kempinegben djoejthattoenk-tuzzet/feuzhettunk a sabbadban

We gaan vertrekken, mag ik afrekenen?
Elutazunk, kérem a számlát
elloetazzoenk, keerem a saamlaat

◄ **Hier is uw rekening**
Tessék a számla
tesjeek a saamla

Accepteert u eurocheques/creditcards?
Elfogad eurocsekket/hitelkártyát?
elfoghgad eoerrotsjekket/hiettelkaartjaat

◄ **Dank u wel en goede reis!**
Köszönöm és jó utat!
kussunnum eesj joo oettat

faciliteiten

Kunnen we hier ... huren?
Bérelhetünk itt ...
beerelhettunk iett

fietsen	kerékpárt	kerreekpaart
een tent	sátrat	sjaatrat
een kano	kenut	kennoet
een roeiboot	csónakot	tsjoonakkot
een zeilboot	vitorlást	wiettorlaasjt
een scooter	robogó	robboghoo
een mountainbike	egy mountainbike	edj montenbaajk

Werken de douches hier op muntjes?
A zuhanyozó érmével működik?
a zoehhanjnjozoo eermeewel muukuddiek

Kan ik die bij de receptie kopen?
Kapható érme a recepción?
kaphatoo eerme a retstseptsieoon

Kan het toilet van binnen op slot?
Zárható a vécé belülről?
zaarhatto a weetsee bellulreul

Is hier ...?/Waar is ...?
Van itt ...?/Hol van ...?
wan ieet/hoel wan

een afvalbak	egy szemetesláda	edj semmettesjlaada
een brievenbus	egy postaláda	edj posjtalaada
een discotheek	egy diszkó	edj dieskoo
een douchehok	egy zuhanyozó	edj zoehhanjnjozzoo
de kampwinkel	a bolt	a bolt
een kinderspeelplaats	egy játszótér	edj jaatsooteer
een kookgelegenheid	egy konyha	edj konjha
het restaurant	az étterem	az eetterrem
de spoelruimte	a mosogató	a mosjsjoggattoo
het sportveld	a sportpálya	a sjportpaaja
het strand	a strand	a sjtrand
een telefooncel	egy telefonfülke	edj telleffonfulke
de tennisbaan	a teniszpálya	a tenniespaaja
een toilet	egy vécé	edj weetsee
een vuiniscontainer	egy szemeteskonténer	edj semmettesjkonteener
een wasautomaat	egy mosógép	edj mosjsjoogheep
een wasbak	egy mosdókagyló	edj mozjdookadjloo
een waterkraan	egy vízcsap	edj wiestsjap
het wisselkantoor	a pénzváltó	a peenzwaaltoo
het zwembad	az uszoda	az oessodda

Moet hiervoor extra betaald worden?
Ezért külön kell fizetni?
ezzeert kullun kell fiezzetnie

Waar kan ik het chemisch toilet legen?
Hová üríthetem a kémiai vécét?
howwaa urriethettem a keemiejajie weetseet

Is er een serviceplaats voor campers?
Van itt lakókocsi-szervizhely?
wan iett lakkookotsjie-serwieshej

Kan ik hier gasflessen vullen/omruilen?
Lehet itt gázpalackot tölteni/cserélni?
lehhet iett ghaaspallatskot tultennie/tsjerreelnie

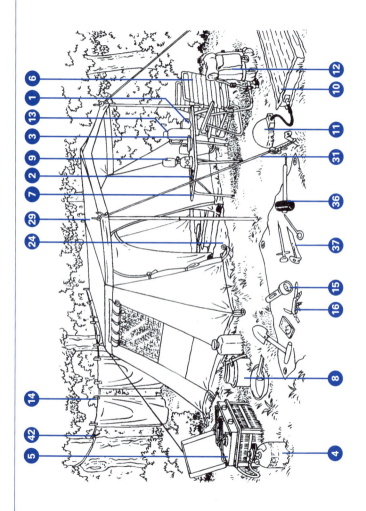

de uitrusting

1 beker	pohár	pohhaar
2 bestek	evőeszköz	ewweu-eskuz
blikopener	konzervnyitó	konzerfnjiettoo
3 bord	tányér	taanjeer
brandspiritus	spiritusz	sjpierriettoes
4 butagas	butángáz	boettaanghaaz
emmer	vödör	wuddur
flesopener	sörnyitó	sjurnjiettoo
5 gasbrander	gázégő	gaazeegeu
jerrycan	műanyag kanna	muu-anjagh kanna
6 klapstoel	kempingszék	kempiengseek
7 klaptafel	kempingasztal	kempiengastal
8 koelbox	hűtőtáska	huuteuttaasjka
kopje	csésze	tsjeese
kurkentrekker	dugóhúzó	doeghghoohoezoo
9 lamp	lámpa	laampa
lantaarn	lámpás	laampaasj
lepel	kanál	kannaal
ligstoel	nyugágy	njoeghghaadj
10 luchtbed	gumimatrac	ghoemmiematrats
11 luchtpomp	(kézi)pumpa	(keezie)poempa
opklapbaar bed	kempingágy	kempiengaadj
pan	serpenyő	sjerpenjnjeu
primus	spirituszégő	sjpierriettoesseegeu
12 rugzak	hátizsák	haatiezjzjaak
schaar	olló	olloo
schotel	tál	taal
13 thermosfles	termosz	termos
touw	kötél	kutteel
verbandkist	elsősegélycsomag	elsjeusjeghgheejtsjommagh
vork	villa	wiella
14 wasknijpers	csíptető	tsjieptetteu
15 zaklantaarn	zseblámpa	zjeblaampa
16 zakmes	zsebkés	zjepkeesj

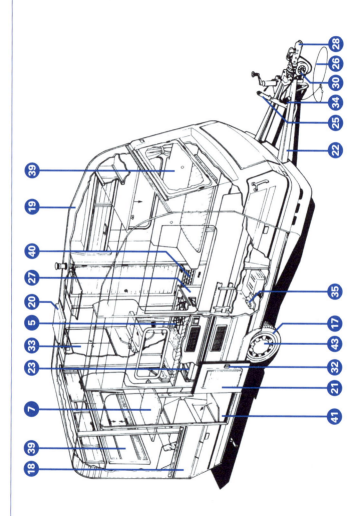

onderdelen van tent en caravan

aardlekschakelaar	földelő	fuldelleu
achterlicht	farlámpa	farlaampa
as	tengely	tenghej
17 band	gumi(abroncs)	ghoemmie(abrontsj)
18 buitenwand	külső burkolat	kulsjeu boerkollat
chassis	alváz	alwaaz
chemisch toilet	kémiai vécé	keemiejajie weetsee
19 dak	tető	tetteu
20 dakluik	tetőszellőző	tetteuselleuzeu
21 deur	ajtó	ajtoo
22 dissel	kocsirúd	kotsjtsjierroed
elektrische bedrading	huzalozás	hoezzallozzaasj
gasfles	gázpalack	ghaaspallatsk
23 gasslang	gumicső	ghoemmietsjtsjeu
gloeilamp	izzólámpa	iezzoolaampa
24 grondzeil	fenéklap	fenneeklap
25 handrem	kézifék	keezieffeek
26 handrembreekkabel	biztonsági lánc	biestonsjaaghie laants
koelelement	hűtőelem	huuteuellem
27 koelkast	hűtőszekrény	huuteusekreenj
28 koppeling	vonóháromszög	wonnoohaaromsugh
29 luifel	előtető	elleuttetteu
mat(je)	lábtörlő	laapturleu
30 neuswiel	orrkerék	orrkerreek
oplooprem	ráfutófék	raafoettoofeek
remkabel	fékhuzal	feekhoezzal
remlicht	féklámpa	feeklaampa
remtrommel	fékdob	feekdob
richtingaanwijzer	irányjelző	ierraanj-jelzeu
rollager	görgőscsapágy	ghurgheusj-tsjappaadj
31 scheerlijn	sátorkötél	sjaatorkutteel
schokdemper	lengéscsillapító	lengheesj-tsjiellappietoo
32 slot	zár	zaar
33 spiegel	tükör	tukkur
34 stekker	dugasz	doeghghas
35 stopcontact	konnektor	konnektor
36 tenthamer	cövekverő kalapács	tsuwwekwerreu kallappaatsj
37 tentharing	sátorcövek	sjaatortsuwwek
38 tentstok	sátorrúd	sjaatorroed
trekhaak	vonóhorog	wonnoohorrogh

39 **venster**	ablak	ablak
40 **verwarming**	fűtés	fuuteesj
41 **vloer**	padló	padloo
voortent	előtérsátor	elleuteersjaator
42 **waslijn**	ruhaszárító kötél	roehhassaarietoo kutteel
waterpomp	vízszivattyú	wiessiewatjtjoe
watertank	víztartály	wiestartaaj
43 **wiel**	kerék	kerreek
windscherm	szélernyő	seelernjeu
zekering	biztosíték	biestosjsjieteek
zijlicht	oldalfény	oldalfeenj

opschriften

SÁTOROZNI	HEREN/DAMES
ITT JELENTKEZZEN	HIER MELDEN
JÁTSZÓTÉR	KINDERSPEELPLAATS
KEMPINGEZNI TILOS	KAMPEREN VERBODEN
KUTYÁT BEHOZNI TILOS	HONDEN NIET TOEGELATEN
MAGÁNTERÜLET	PRIVÉ(TERREIN)
MOSDÓK	WASRUIMTE
MOSOGATÓK	SPOELRUIMTE
NYITVA	GEOPEND
RECEPCIÓ	RECEPTIE
TILOS A ...	VERBODEN TE ...
TILOS A BEMENET	VERBODEN TOEGANG
TILOS AZ ÁTJÁRÁS	GEEN DOORGANG
VÉCÉK	TOILETTEN
ZÁRVA	GESLOTEN
ZUHANYOZÓK	DOUCHERUIMTE

eten en drinken

Het Hongaarse ontbijt stelt niet veel voor: in de vroege ochtend eet men brood of broodjes besmeerd met boter. Hierop volgt thee of koffie "verkeerd".

Hongaren beschouwen de lunch (12.00-14.00 uur) als hun hoofdmaaltijd. Het liefst eten ze ook 's avonds warm.

Probeer als restaurantbezoeker niet later dan één uur 's middags aan tafel te gaan: alles is dan vers bereid en de keus is het grootst. In eenvoudige restaurants is er 's avonds vaak geen kok meer aanwezig, de hulpkok doet dan niets anders dan het door u bestelde in de oven te verwarmen (indien nog voorradig...).

Gezinnen van werkende ouders eten doordeweeks 's avonds vaak brood; men heeft dan al tussen de middag in het bedrijfsrestaurant warm gegeten. Op veel scholen kunnen de kinderen tussen de middag een warme maaltijd nuttigen.

Zonder soep vooraf is een Hongaarse maaltijd niet compleet. Daarop volgt vlees met een groentegerecht, in combinatie met aardappelen, rijst of pasta. Er wordt de gehele dag door espressokoffie gedronken, soms met een taartje erbij. 's Zomers eet men veel ijs en op straathoeken verkrijgbare, gekookte maïs. Er zijn veel worsttentjes voor dagjesmensen en in toeristencentra kan men flinterdunne flensjes voor een paar forinten kopen, evenals gebakken vis.

Eenvoudige eetgelegenheden en cafetaria's schenken meestal geen thee.

soorten eet- en drinkgelegenheden

Bisztró	dagschotels, thee en koffie door de hele dag, sfeerloos
Borozó	een proeflokaal, ruime keuze aan wijnen, meestal ook hapjes
Borpince	een echte wijnkelder (soms bovengronds) met plaatselijke wijnen, meestal van uitstekende kwaliteit, lichte maaltijden
Büfé	24 uur per dag broodjes, gebak, dranken; matig, goedkoop.
Csárda	plattelandsherberg meestal direct langs de hoofdweg, traditionele (boeren)maaltijden, 's avonds meestal volksmuziek, prijziger

Cukrászda	Hongaarse 'Konditorei', gebak, goed ijs, koffie
Drinkbár	alcoholica tegen stevige prijzen, vooral voor zakenlieden en toeristen
Eszpresszó	een koffiebar met espresso-koffie, ijs, snacks, goedkoop
Étkezo	restaurant met streekgerechten, landwijnen, bier, goedkoop
Étterem	een restaurant zoals u dat overal kunt aantreffen, vaak is er 's avonds muziek
Kifozés	soms verrassend goed plattelandsrestaurantje, streekgerechten tegen redelijke prijzen, vaak een familiebedrijfje aan huis
Mulató	een soort nachtclub, ruime keus aan geïmporteerde dranken, duur
Önkiszolgáló	cafetaria met zelfbediening, goedkoop, matig
Snackbár	een wat betere cafetaria, duurder, ook lichte maaltijden
Sörözo	een bierkelder of bierhal, druk, rumoerig
Tejbár, tejivó	een melkbar, geschikt voor een haastig ontbijt
Vendéglo	een groot restaurant, zelden sfeervol, vrij goedkoop, de televisie staat hier 's avonds vaak aan

gesprekken met het personeel

Heeft u een tafel vrij?
Van egy szabad asztal?
wan edj sabbad astal?

Een tafel voor 2 personen alstublieft
Szeretnénk egy kétszemélyes asztalt
serertneenk edj keetsemeejesj astalt

◄ **Heeft u gereserveerd?**
Foglalt előre asztalt?
foglalt eleurre astalt

Ik heb een tafel voor 2 personen gereserveerd
2 személyre rendeltem asztalt
keetsemeejre rendeltem astalt

◄ **We hebben helaas geen tafel meer vrij**
Sajnos pillanatnyilag nincsen szabad asztalunk
sjajnosj piellanatjielag nientsjen sabbad astalunk

◄ **U kunt over een half uur terugkomen**
Szíveskedjenek egy fél óra múlva visszajönni
siewesjkedjenek edj feel oora moelwa wiessa-junnie

◄ **Het restaurant gaat pas om 9 uur open**
Az étterem csak 9 órakor nyit
az eetterem tsjak 9 oorakor njiet

◄ **De keuken is al gesloten**
A konyha már bezárt
a konjha maar bezaart

De menukaart alstublieft
Az étlapot kérem
az eetlapot keerem

De wijnkaart alstublieft
Az itallapot kérem
az ietallapot keerem

Ik eet alleen vegetarische maaltijden
Csak vegetáriánus ételeket fogyasztok
tsjak wegetaarieaanus eetelleket fodjastok

Kunt u iets aanbevelen?
Mit tudna ajánlani?
miet toedna ajaanlanie

Ik heb een (streng) dieet
(Szigorú) Diétán élek.
siegoroe dieetaan eelek

Voor onze kinderen graag een kinderportie
A gyerekek részére gyermekadagot kérünk
a djerekek reeseere djermek- adagot keerunk

Een karakteristiek van de Hongaarse keuken

De echte Hongaarse keuken is veel gevarieerder dan de menukaarten van restaurants u willen doen geloven. De plattelandsherbergen *(csárda)* hebben traditionele Hongaarse gerechten op de kaart staan, maar de bewerkelijke doch overheerlijke groentegerechten *(fozelék)* bijvoorbeeld, treft u daar zelden aan. Daarvoor moet u in de *kifözés* (een familie-eethuisje) zijn of uw gastvrouw verzoeken om niet alleen gepaneerd vlees *(rántott hús),* hoe lekker het ook kan zijn, voor u te bereiden. De sterkste kant van de Hongaars keuken zijn de soepen. Zelfs in de goedkoopste restaurants zijn de soepen smakelijk, mits u de serveerster verzoekt die soep werkelijk heet *(forrón)* op te dienen. Hij wordt vaak gebonden met een roux (uit tarwebloem bereid) en is meestal stevig. Fruitsoepen zijn geliefd en worden vooral 's zomers koud geserveerd.

De Hongaren gebruiken vele soorten garneringen in hun soepen *levesbevalók* in de vorm van verschillende noedels en balletjes *(csipetke, daragaluska, májgombóc). Gulyás* (inderdaad, goelasj) is de bekendste Hongaarse soep. De bekende paprikaragout *(pörkölt),* bereid met paprika-poeder, gefruite uien met kip, varkens- of rundvlees, eet men veelvuldig en in combinatie met deegwaar, aardappelen of rijst. *Paprikás* is in wezen niets anders dan de net genoemde *pörkölt,* maar er wordt zure room aan de ragout toegevoegd. Fruit ziet er minder mooi uit dan het smaakt. En vergeet de taarten niet!

Hongaarse wijnen zijn weinig bekend in het Westen, maar kenners weten wel beter. Er zijn veel particulieren met een eigen wijngaardje en wijnkelder, waar ze soms ook hun zelfgestookte vruchtenjenever opslaan. Als u geluk hebt, wordt u misschien uitgenodigd. Bier van Hongaarse makelij heeft een veel hoger alcoholpercentage dan Nederlands bier; houd daar rekening mee.

Ik mag geen ... eten
Nem szabad ... ennem
nem sabbad ... ennem

zout	sót	sjoot
suiker	cukrot	tsoekrot
tarwebloem	búzalisztet	boezallistet
rogge	rozslisztet	rozjlistet
boter	vajat	wajjat
vet	zsírt	zjiert

Ik wil graag de wijn van de streek/een streekgerecht proeven
Meg szeretném kóstolni a helyi borfajtát/helyi specialitást
meg seretneem koosjtolnie a hejie borfajtaat/hejie spetsiealietaasjt

We hebben (nog) geen bestek/borden
(Még) hiányzanak az evőeszközök/tányérok
(meeg) hieaanjzanak az eweu-eskuzuk/taanjeerok

Wilt u deze fles voor mij openen?
Nyissa fel ezt az üveget, kérem!
njiesjsja fel ezt az uwegget, keerem

◄ **Eet smakelijk**
Jó étvágyat!
joo eetwaagjat!

◄ **Heeft het gesmaakt?**
Ízlett?
iezlett?

◄ **Kan ik afruimen?**
Leszedhetem az asztalt?
lesedhetetem az astalt

Ober!
Pincér!/Főúr!
pintseer/feuoer

De rekening alstublieft
Kérem a számlát!
keerem a saamlaat

Ik wil graag betalen
Szeretnék fizetni
seretneek fiezetnie

Voor ieder een aparte rekening alstublieft
Külön-külön fizetünk
kulun-kulun fiezetunk

Waar is het toilet/de garderobe?
Hol van a mosdó/ruhatár?
hol wan a mosjdoo/roehataar

enkele losse uitdrukkingen

asbak	hamutartó	hamoetartoo
bestek	evőeszköz	eweueskuz
fles	üveg/palack	uweg/palatsk
glas	pohár	pohaar
lepel	kanál	kanaal

mes	kés	kees
peper- en zoutstel	só és borsszóró	soo es bor-szooroo
servet	szalvéta	salweeta
vork	villa	willa
Eet smakelijk!	Jó étvágyat!	joo eetwadjat
Op uw gezondheid!	Egészségére!	egeessjeegeere
Op de uwe!	Az Önére!	az uneere
Moge het u wel bekomen!	Váljék egészségére!	waajeek egeessjeegeere

een Hongaarse menukaart

Om te beginnen een overzicht van de diverse rubrieken die u op een menukaart kunt tegenkomen:

Hideg ízelíto	Koude voorgerechten
Meleg eloételek	Warme voorgerechten
Apró falatok	Snacks
Tojásételek	Eiergerechten
Levesek	Soepen
Foételek	Hoofdgerechten
Húsételek	Vleesgerechten
Frissensültek	Vers gebraad
Halak	Vis
Fozelékek	Gekookte gebonden groenten (worden doorgaans apart geserveerd, soms samen met een vleesragout)
Mártások	Sausen
Köretek	Garnering bij een vleesschotel; dit kunnen aardappelen (burgonya), rijst (rizs) of deegwaar (galuska, tarhonya) zijn, soms vergezeld van een ragout en/of een slaatje
Belsoségek	Van ingewanden bereide gerechten
Vadak és szárnyasok	Wild en gevogelte
Tészták	Meelspijzen
Saláták	Salades
Édességek	Desserts
Gyümölcs	Fruit
Sajtok	Kaas
Vegetariánus ételek	Vegetarische gerechten
Itallap	Wijnkaart
Üdito italok	Alcoholvrije dranken
Borok	Wijnen
Szeszes italok	Sterke dranken

ELŐÉTELEK
gombafejek
májkrémmel töltve
rántva
tükörtojással
magyaros ízelíto
pástétom
piritós
sonka tormával
szardínia
szendvics
virsli mustárral

VOORGERECHTEN
champignons
gevuld met leverpastei
gepaneerd
met spiegelei
Hongaarse hors d'oeuvre: tong, salami, ham
pastei
toast
ham met mierikswortel
sardientjes
sandwich
Frankfurter met mosterd

LEVESEK
bableves
burgonyaleves
csontleves
eroleves
gombaleves
gulyásleves
húsleves
paradicsomleves
savanyútojásleves
ujházy tyúkleves
krémlevesek

SOEPEN
bonensoep
aardappelsoep met zure room
consommé
bouillon
champignonsoep
goelasjsoep
vleessoep
tomatensoep
zure eiersoep
maaltijdsoep van kip
verschillende soorten crème-soepen

HALAK
angolna
csuka
fogas
halikra
hering
kecsege
lazac
nyelv
pisztráng
ponty
süllo
tonhal
tokehal

VIS
paling
snoek
zander
kuit
haring
steur
zalm
tong
forel
karper
snoekbaars
tonijn
kabeljauw

VADAK ES SZÁRNYASOK	WILD EN GEVOGELTE
csirke	kip in vele variëteiten, bijv.: paprikás ragout met veel ui, paprikapoeder, zure room; pörkölt stoofpot, ui, paprikapoeder, geen room; rántottcsirke gepaneerde kip; sültcsirke gebraden kip; töltöttcsirke gevulde kip
fácán	fazant
fogoly	patrijs
galamb	duif
kacsa	eend
liba	gans
nyúl	konijn of haas
oz	ree
ozgerinc	reerug
vaddisznó	wild zwijn
vadkacsa	wilde eend
vadliba	wilde gans

FŐZELÉKEK, KÖRETEK	GEKOOKTE GROENTEN, GARNERING
burgonya	aardappelen: főtt gekookt, hasábburgonya pommes frites, pirított gebakken
burgonyafozelék	aardappelen, gebonden (roux), zure room
káposzta	kool, zoals: savanyú zuurkool, vörös rodekool, karfiol bloemkool, kelbimbó spruiten, kelvirág bloemkool
kelkáposztafozelék	gekookte savooiekool, karwijzaad
kukorica	mais
mártás	saus
paradicsom	tomaten
paraj, spenót	spinazie
rizs	rijst
saláta	sla
tökfozelék	pompoen, roux, zure room
töltöttkáposzta	kool gevuld met gehakt, kruiden, zure room
töltöttpaprika	gevulde paprika
uborka	komkommer
vegyes saláta	gemengde sla

ETEN EN DRINKEN

wijze van bereiden

rántás	roux
pirítva, pirított	geroosterd
dinsztelt, dinsztelve	gesmoord
rántott, rántva	gepaneerd
sült, sütve	gebraden, gebakken
roston sült (roston sütve)	gegrild
füstölt, füstölve	gerookt
fuszeres	gekruid
fott, fozve	gekookt
nyárson	van het spit
(félig) nyersen	(half) rauw
jól átsütve	goed doorbakken
párolt, párolva	gestoomd
töltött, töltve	gevuld
kevés sóval	zoutarm
cukor nélkül	suikervrij
só nélkül	zonder zout

HÚSÉTELEK — VLEESGERECHTEN

bárány	lam
birka	schaap
borjú	kalfsvlees: becsinált ragout, bécsiszelet Wiener Schnitzel, borjújava kalfsfilet, borjúmáj kalfslever, borjúszelet naturel, gebraden, borjúpaprikás kalfsragout met paprikapoeder
fasírozott	gehaktballen
kolbászfélék	worstjes
marha	rundvlees: bélszín biefstuk, bélszíntartár biefstuktartaar, felsál lendenstuk, hátszín rosbief, pörkölt ragout met ui, paprikapoeder, nyelv tong
sertés (disznó)	varkensvlees: sertésborda varkenskotelet, pörkölt ragout
sonka	ham
sültkolbász	gebraden worst
tüdo	long
velo	hersens
vese	nieren

ÉDESSÉGEK
felfújt
fagylalt
gesztenyepüré
palacsinta
rétes
sajt

NAGERECHTEN, ZOETIGHEDEN
soufflé
ijs
kastanjepuree
flensjes
strudel
kaas

GYÜMÖLCS
alma
barack
cseresznye
dió
görögdinnye
körte
sárgadinnye
szilva
szolo

FRUIT
appel
abrikoos
kersen
noot
watermeloen
peer
suikermeloen
pruim
druif

Op de vraag: Milyen boruk van? (Mijen boroek wan?) kunt u een van de volgende wijnen aanbevolen krijgen:

Zoete witte wijnen
Balatonfüredi rizling

Csopaki olasz rizling
Akali zöldszilváni
Tokaji aszu

Droge, lichte witte wijnen
Badacsonyi kéknyelű/
　szürkebarát/zöldszilváni
Egri leányka
Tokaji furmint
Tokaji szamorodni

Lichte rode wijnen
Vaskúti kadarka
Villányi burgundi
Villányi kadarka
Egri pinot noir

Volle rode wijnen
Egri bikavér
Villányi medoc noir
Tihanyi merlot

Mousserende wijnen (zoet)
Törley réserve
Pannonia

Mousserende wijnen (droog)
Pompadur, Pannonia: ook extra dry

> **Een Hongaars recept**

Gulyásleves (Goelasjsoep)

400 gram runderschenkel
1 teentje knoflook
2 tomaten
3 worteltjes
3 theelepels paprikapoeder
1 ui
1 paprika
750 gram aardappels
1 plak selderieknol
1/2 theelepel kummel
50 gram boter
zout

Maak het vlees schoon en snijd het in dobbelsteentjes. Fruit de ui glazig en voeg het vlees, paprikapoeder, en de uitgeperste knoflook toe. Met de deksel op de pan laten stoven tot het vleesnat bijna verdampt is. Roer vervolgens de kummel, de fijngesneden groente, de in repen gesneden paprika en fijngesneden tomaat erdoor heen. Voeg zout toe en vul het kooknat aan met water totdat alles onder staat. Schil de aardappels en snijd deze in blokjes. Wanneer het vlees half gaar is, de aardappels toevoegen en opnieuw met water aanlengen. In gesloten pan zo lang laten stoven tot vlees en aardappels helemaal zacht zijn.

uitgaan

In Hongarije kan men op allerlei manieren goed uitgaan. Uit eten is hier nog zeer betaalbaar en vele restaurants worden opgeluisterd door fraaie melancholieke zigeunermuziek.
Verder is Boedapest een zeer bruisende stad, waar altijd van alles te beleven is. Dit loopt uiteen van sfeervolle restaurants tot bruisende disco's en allerlei soorten concerten. Van klassiek tot rock. Natuurlijk zijn er ook volop bioscopen, waar u de meeste recente films kunt kijken. Op veel uitgaansgelegenheden is ook de 'Pesti est' gratis te krijgen. Hierin staat elke week wat er allemaal te doen is in Boedapest.

wat is er te doen?

Heeft u een lijst met evenementen/theatervoorstellingen?
Van műsorfüzete/szinházműsora?
wan muusjor-fuzete/sienhaazmuusjora

Is er vandaag/vanavond iets bijzonders te zien in de stad?
Van valami rendezvény ma este a városban?
wan walamie rendezweenj ma esjte a waarosjban

ballet	balett	balett
bar	bár	baar
bioscoop	mozi/filmszinház	mozie/fielmsienhaaz
café	kávéház	kawehaaz
circusvoorsteling	cirkusz	tsierkoes
concertzaal	hangversenyterem	hangwersjenj-terem
discotheek	diszkó	dieskoo
film	film	fielm
folkloristische voorstelling	folklórbemutató	folkloor-bemoetatoo
loungebar	szálloda bárja	salodda baarja

musical	musical	moesjiecal
opera	opera	opera
openluchtbioscoop	szabadtéri mozi	sabbadteerie mozzie
openluchtconcert	szabadtéri koncert	sabbadteerie kontsert
openluchttheater	szabadtéri színház	sabbadteerie kontsert
operette	operett	operett
optocht	felvonulás	felvonoelaasj
optreden van ...	...fellépésével	...felleepeesjeewel
popconcert	popkoncert	popkontsert
schouwburg	szinház	sienhaaz
terras	terasz	terras
toneelstuk	színdarab	siendarab
variété	varieté	varietee

bioscoop en theater

Is hier in de buurt een bioscoop?
Van itt a közelben egy mozi?
wan iett a kuzelben edj mozie?

Worden de films nagesynchroniseerd?
A filmek szinkronizáltak?
a fielmek szienkroniezaaltak?

◄ **Nee, ze hebben Hongaarse ondertitels**
Nem, magyar feliratosak
nem, madjar felieratosjak

Wat draait er vanavond?
Mit adnak ma este?
miet adnak ma esjte?

Wat is het voor een soort film?
Milyen film ez?
miejen fielm ez?

Amerikaans	amerikai	ameriekaie
avonturenfilm	kalandfilm	kallandfilm
drama	dráma	draama
Engels	angol	angol
Frans	francia	frantsiea
Hongaars	magyar	madjar
Italiaans	olasz	ollas
kinderfilm	mesefilm	mesjefielm
komedie	vígjáték	wiegjaateek
misdaadfilm	bűnügyi	buunudjie
musical	musical	moesjiecal
psychologisch drama	pszichológiai dráma	psiehollooghie-a-ie drama
romantische film	romantikus film	rommantiekoesj fielm

science fiction	science fiction	science fiction
tekenfilm	rajzfilm	rajzfielm
thriller	krimi	kriemie
western	western	western

Hoe laat begint de voorstelling?
Mikor kezdődik az előadás?
miekor kezdeudiek az eleuadasj?

Is de film geschikt voor
A film megtekinthető
a fielm meghtekkienthetteu

alle leeftijden	mindenki számára	miendenkie samara
12 jaar en ouder	12 éven felülieknek	tiezenkeet ewen fellullie-eknek
16 jaar en ouder	16 éven felülieknek	tiezenhat ewen fellullie-eknek

Is er een toneelstuk in een andere taal dan Hongaars?
Adnak nem magyar nyelvű darabot is?
adnak nem madjar njelwuu darabot iesj?

Wie treedt er op?
Ki lép fel?
kie leep fel?

Waar kan ik kaarten krijgen?
Hol lehet jegyet kapni?
hol lehet jedjet kapnie?

◄ **Aan de kassa/bij het bespreekbureau**
A pénztárnál/az előételi jegyirodában
a peenztaarnaal/az eleu-weetelie jedjierodaaban

Twee kaartjes alstublieft voor de voorstelling van vanavond
Két jegyet kérek a ma esti előadásra
keet jedjet keerek a ma esjtie eleuadaasjra

achteraan	hátsó sorok	haatsoo sjorok
vooraan	első sorok	elseu sjorok
in het midden	középen	kuzeepen
balkon	erkély	erkeej
loge	páholy	paahoj
zaal	terem	terem
pauze	szünet	sunet
garderobe	ruhatár	roehattaar
kassa	pénztár	peenztaar
première	bemutató	bemmoettatoo

UITGAAN

◄ **De voorstelling is uitverkocht**
Minden jegy elkelt
minden jedj elkelt

discotheek en nachtclub

Is hier een leuke discotheek?
Van itt egy kellemes táncos diszkó?
wan iett edj kellemesj taansosj diskoo

◄ **Dit is een besloten club**
Ez egy zártkörű klub
ez edj zaartkureu klub

Moet er entree betaald worden?
Kell fizetni belépődíjat?
kell fiezetnie beleepeu-diejat

Wat voor een muziek wordt er meestal gedraaid?
Milyen zene van általában?
miejen zenne wan aaltallaban

Is er live muziek?
Van élő zene?
wan eleu zenne

Is er een goede d.j.?
Jó a diskjockey/lemezlovas?
joo a dieskjockey/lemezlovasj

Wil je iets drinken?
Kérsz valamit inni?
keers wallamiet ienie?

Ga je mee naar de disco?
Akarsz jönni a diszkóba?
akars junnie a dieskooba

Wat een leuke/toffe/coole muziek!
Milyen jó/remek/baró zene!
miejen joo/remmek/barroo zenne

Laten we naar buiten gaan
Menjünk ki
menjunk kie

Laten we ergens anders heen gaan
Ne menjünk máshová?
ne menjunk maashowaa

Zal ik je naar huis/het hotel brengen?
Hazavihetlek?/Elvihetlek a szállodához?
hazawiehetlek/elwiehetlek a saallodaahoz

Bedankt voor de leuke avond
Köszönöm a szép estét
kussunnum a seep esjtet

Mag ik deze dans van u?
Szabad (egy táncot)?
szabbad (edj taantsot)

Mag ik u naar uw plaats brengen?
Visszakisérhetem?
wiessa-kieseerhetem

flirten en romantiek

Hallo, mag ik erbij komen zitten?
Helló, ideülhetek?
helloo iede-uulhettek

◄ **Nee, liever niet/deze plek is al bezet.**
Nem, inkább nem/ez a hely foglalt.
nem ienkaab nem ez a hej foghlalt

Vind je het hier leuk?
Tetszik itt neked?
tetsiek iet nekked

◄ **Ja, helemaal te gek!/Nee, ik verveel me.**
Igen, nagyon klassz! Nem, unatkozom.
ieghen nadjon klas. nem oenatkozzom

Heb je een vuurtje voor me?
Van tüzed?
wan tuzed

Ik kan je niet verstaan
Nem értelek
nem eertellek

Het is hier warm/vol/saai. Zullen we naar buiten gaan?
Itt meleg van/tele van/unalmas. Kimegyünk?
iet mellegh wan/telle wan/oenalmasj . kiemedjuunk

◄ **Nee, ik blijf liever hier/Ja, dat is goed**
Nem, inkább itt maradok. Jól van.
nem ienkaab iet marraddok. jool wan

Ik moet helaas nu gaan. Zullen we iets afspreken?
Most mennem kell, sajnos. Megbeszéljünk valamit?
mosjt mennem kel sjajnosj. meghbeseeljuunk wallamiet

Heb je al plannen voor morgen/vanavond?
Van valami terved holnapra/ma estére?
wan wallamie terwed holnapra/ma esjtere

Zullen we samen iets eten/drinken?
Igyunk/együnk valamit együtt?
iedjoenk/edjuunk wallamiet edjuut

◄ **Laten we afspreken om negen uur bij .../voor de ingang van ...**
Találkozzunk ...kor a ... bejáratánál.
tallaalkozoenk ...-kor a ... bejjarattaanaal

Heb je een vaste vriend/vriendin?
Van állandó barátod/barátnőd?
wan alandoo barratod/baraatneud

◄ **Ik ben getrouwd/ik heb kinderen.**
Házas vagyok/Vannak gyerekeim.
hazasj wadjok/wannak djerreke-iem

◄ **ik ben homo/lesbisch/hetero**
Homo/leszbikus/hetero vagyok.
homo/lesbiekousj/hetterroo wadjok

Ben je hier alleen/met anderen?
Egyedül/másokkal vagy?
edjeduul/masjokkal

Ik ben jaloers.
Féltékeny vagyok.
feeltekenj wadjok

Waar kom je vandaan?
Honnan jöttél?
honnan jeuteel

Wat doe je voor werk/wat studeer je?
Mit dolgozol/tanulsz?
miet dolghozzol/tannoels

Hoe oud ben je?
Hány éves vagy?
haanj ewasj vadj

◄ **Je houdt me voor de gek**
Te hülyének nézel engem.
te hujenek nezel enghem

Kom je hier vaker?
Gyakran jársz ide?
djakran jaars iede

Wat voor muziek vind je leuk?
Milyen zene tetszik neked?
miejen zenne tetsiek nekked

Wil je met me dansen?
Táncolsz velem?
taantsols wellem

Hoe lang blijf je nog in ...?
meddig maradsz még
meddiegh marrads meegh

Mag ik je een complimentje geven?
Megdicsérhetlek?
megdietsjeerhettlek

Je ziet er goed/leuk uit
Jól nézel ki.
jool nezel kie

◄ **Je maakt me verlegen**
Szégyenlős vagyok előtted.
seedjenleusj wadjok eleuted

Die blos staat je goed
Jól áll neked ez a pír az arcodon.
jool aal nekked ez a pier az artsodon

Wat lach je leuk
Milyen szépen nevetsz.
miejen sepen newwets

◄ **Dank je wel**
Köszönöm
kusunum

Ik vind je leuk/aantrekkelijk
Tetszel nekem.
tetsel nekkem

Ik geloof dat ik verliefd op je ben
Azt hiszem, hogy szeretlek.
azt hiesem hodj serretlek

Ik moet de hele dag aan je denken
Egész nap rád gondolok.
eghees nap raad ghondollok

◄ **Plaag me niet zo!**
Ne cikizz!
ne tsiekiz

Wat heb je mooie ogen/haar
Milyen szép szemeid vannak.
miejen seep semme-ied wannak

Volgens mij klikt het wel tussen ons
Szerintem mi összeillünk.
serrientem mie usse-ieluunk

Ik vind je erg aardig
Kedves vagy.
kedwesj vadj

◄ **Echt waar?**
Igazán?
ieghazzaan

Ik hou van je
Szeretlek.
serretlek

◄ **Ik ook van jou**
Én is téged.
een iesj teeghed

Ik ben gek op je
Imádlak.
iemmaadlak

◄ **Ga alsjeblieft weg!**
Menj el, kérlek.
menj el keerlek

◄ **Blijf van me af!**
Ne nyúlj hozzám!
ne nhoej hozaam

Zullen we samen naar het hotel/mijn kamer gaan?
Menjünk együtt a hotelba/a szobámba?
menjuunk edjuut a hottelba/a sobbaamba

Ik wil met je naar bed
Le akarok feküdni veled.
le akkarrok fekuudnie welled

◄ **Nee, dat wil ik niet**
Nem, azt nem akarom.
nem, azt nem akkarom

◄ **Je loopt te hard van stapel**
Túl gyors vagy.
toel djorsj wadj

◄ **Misschien een andere keer**
Talán máskor.
tallaan maasjkor

◄ **Niet hier**
Ne itt!
ne iet

◄ **Ik wil alleen veilig vrijen**
Csak biztonságosan szeretkezem.
tsjak bieztonsjaaghosjan serretkezzem

Heb je een condoom bij je?
Van nálad kondom?
wan nalad kondom

Vond je het leuk/lekker?
Jó volt?
Joo wolt

◄ **Ik wil je niet meer zien**
Nem akarlak többé látni.
nem akkarlak tubbee laatnie

◄ Het was geweldig
Nagyszerű volt
nadjserruu wolt

Ik vond het gezellig, maar ik hoef verder geen contact
Jó volt, de nem akarok további kapcsolatot.
joo wolt de nem akkarok towabie kaptsjollattot

Bedankt voor de leuke avond/nacht
Köszönöm a szép estét/éjszakát.
kussunnum a seep esjteet/eejsakkaat

Ik zal je missen
Hiányozni fogsz.
hie-aanjoznie foghs

Tot morgen/tot gauw
A holnapi/a mielőbbi viszontlátásig.
a holnappie/a mie-eleubie wiesontlataasjiegh

Mag ik je adres?
Megadod a címed?
meghaddod a tsiemed

◄ Dat is goed/Nee daar begin ik niet aan
Jó./Nem, erről szó sem lehet.
joo/nem erreul soo sjem lehhet

Ik neem wel contact op met jou
Én veszem fel veled a kapcsolatot.
een wessem fel welled a kaptsjollattot

aids	aids	eedz
chlamydia	chlamydia	klammiedie-a
condoom	kondom	kondom
HIV	HIV	hiew
klaarkomen	kielégül	kie-eleeghuul
ongesteld	menstruál	mensjtroe-aal
penis	pénisz	penies
pil	fogamzásgátló	foghamzaasjghaatloo
strelen	simogat	sjiemoghat
vagina	vagina	waghiena
voorbehoedsmiddel	óvszer	oowser
vrijen	szeretkezik	serretkeziek

UITGAAN

uit met de kinderen

Is er iets leuks voor kinderen?
Van valami program gyerekeknek?
wan walamie program djerekeknek?

aquarium	akvárium	akwaarieoem
circus	cirkusz	tsierkoes
dierentuin	állatkert	aallatkert
kinderbioscoop	mesemozi	mesjemozie
kinderspoorlijn	gyermekvasút	djermek-wasjoet
pretpark	vidámpark	wiedaampark
rondvaart	sétahajózás	sjeetahajoozaasj
speeltuin	játszótér	jaatsooteer
stoomtrein	gőzvonat	gheuzwonnat
terrarium	terrárium	terrarieoem
zwembad	uszoda, strand	oesoda, sjtrand

Hebt u ook een kindermenu?
Van gyerekmenü is?
wan djerrekmennuu isj

Is hier ook een crèche?
Van itt óvoda is?
wan iet owodda isj

Ik kom mijn kind om .. uur ophalen
...-kor jövök a gyerekemért.
...-kor juwuk a djerrekkemmeert

babyfoon	gyermekőrző	djermekeurzeu
ballenbak	labdázó	labdazoo
commode	komód	kommood
fles	(cumis)üveg	tsoemiesjuwegh
kinderstoel	gyerekszék	djerrekseek
slab	előke	eleuke
speen	cumi	tsoemie

problemen in de stad

de weg vragen

Kunt u mij de weg wijzen naar de/het/een ... ?
Megmondaná merre van a/az/egy ...?
megmondanaa merre wan a/az/edj ...

bank	bank	bank
bushalte	buszmegálló	boesmegaalloo
centrum	városközpont	waarosj-kuzpont
dit adres	ez a cím	ez a tsiem
dokter	orvos	orwosj
kathedraal	székesegyház	seekesj-edjhaaz
markt	piac	pieats
metrostation	metró állomás	metroo allommaasj
museum	múzeum	moezeum
openluchtmuseum	szabadtéri múzeum	sabbaadteerie moezejum
postkantoor	postahivatal	posjtahiewatal
politiebureau	rendőrőrs	rendeureursj
pretpark	vidámpark	wiedaampark
station	pályaudvar, állomás	paaja-oedwar, allomaasj
uitgang	kijárat	kiejaarat
VVV-kantoor,	Idegenforgalmi	iedegen-forgalmie
IBUSZ-kantoor	Hivatal, IBUSZ	hiewatal, ieboes
ziekenhuis	kórház	koorhaaz

◄ **Nee, ik ben hier helaas niet bekend**
Sajnos nem ismerem ezt a környéket
sjajnosj nem isjmerem ezt a kurnjeeket

◄ **U gaat hier ...**
Itt ...
iett ...

rechtuit	menjen előre	menjen eleure
rechtsaf	forduljon jobbra	fordoeljon jobbra
linksaf	forduljon balra	fordoeljon balra
de hoek om	forduljon be a	fordoeljon be a

◀ **... en dan tot aan ...**
... és utána menjen el a ...
... eesj oetaana menjen el a ,...

de kruising	kereszteződésig	kerestezeudeesj-ieg
het grote plein	nagy térig	nadj teerieg
de rotonde	körtérig	kurteerieg
de brug	hídig	hiedieg
de kerk	templomig	templomieg
de eerste zijstraat rechts	az első jobboldali mellékutcáig	az elsjeu jobboldalie melleek-oetsaaieg
de derde zijstraat links	a harmadik baloldali mellékutcáig	a harmadiek baloldalie melleek-oetsaaieg
aan uw linkerhand	balkéz felől	balkeez feleul
aan uw rechterhand	jobbkéz felől	jobbkeez feleul
recht vóór u	egyenesen előre	edjenesjen eleure
schuin aan de overzijde	átlósan a túloldalon	aatloosjan a toel-odalon
daarachter	amögött	amugutt
daarnaast	amellett	amellett
na 200 meter	200 méterre	keetsaaz meeterre
een half uur lopen	fél óra gyalog	feel oora djalog
om de hoek	a sarkon	a sjarkon

◀ **Vraag het dan nog maar een keer**
Kérdezzen meg ott még egyszer valakit
keerdezzen meg ott meeg edjser valakiet

Hoe ver is het lopen?
Milyen messze van gyalog?
miejen messe wan djalog

Is het ver van hier?
Messze van innen?
messe wan iennen

◀ **U kunt beter met bus/tram/metro nummer 3 gaan**
Inkább menjen busszal/villamossal/vagy a hármas metróval
ienkabb menjen boessal/wiellamosjsjal/wadj a haarmasj metrooval

◀ **U kunt beter een taxi nemen**
Inkább szálljon taxiba
ienkaabb saalljon taxieba

Ik ben de weg kwijt
Eltévedtem
elteewedtem

◀ **U bent verkeerd gelopen**
Rossz útvonalon jött
ross oetwonalon jutt

◀ **Men heeft u de verkeerde weg gewezen**
Rosszul mutatták meg Önnek az utat
rosszoel moetattaak meg unnek az oetat

Kunt u op de plattegrond aanwijzen waar ik nu ben?
Meg tudná mutatni a térképen, hogy most hol vagyok?
meg toednaa moetatnie a teerkeepen hodj mosjt hol wadjok

◄ **U staat nu hier**
Ön most itt áll
un mosjt iett aall

Kunt u een eindje met mij meelopen?
Elkísérne egy darabon?
elkieseerne edj darabon

er is iets gebeurd/bij de politie

Er is brand uitgebroken/een ongeluk gebeurd
Tűz ütött ki/baleset történt
tuuz ututt kie/balesjet turteent

Wilt u de politie/ambulance/brandweer bellen?
Hívja kérem a rendőrséget/mentőket/tűzoltókat!
hiewjaa keerem a rendeur-sjeeget/menteuket/tuuzoltookat

Ik heb snel hulp nodig
Sürgősen segítségre van szükségem
sjureusjen sjegiet-sjeegre wan suksjeegem

Help! Houd de dief!
Segítség! Tolvaj, fogják meg!
sjegietsjeeg! tolwaj, fogjaak meg!

Waar is het politiebureau?
Hol van a rendőrség?
hol wan a rendeur-sjeeg

Ik wil aangifte doen van ...
Bejelentést akarok tenni ...
bejelenteesjt akarok tennie ...

aanranding	támadásról	taamadaasjrool
afpersing	zsarolásról	zsjarolaasjrool
beroving	kifosztásról	kiefostaarsjrool
brandstichting	gyújtogatásról	djuujtogataasjrool
diefstal	lopásról	loopaasjrool
inbraak	betörésről	betureesjreul
mishandeling	bántalmazásról	baantalmazaasjrool
openbreken van de auto	autó feltöréséről	aoetoo feltureesjreul
oplichting	csalásról	tsjalaasjrool
schade	megkárosításról	megkaarosjietaasjrool
verkrachting	erőszakos nemi közösülésről	ereusakosj nemmie kuzosjuleesj-reul
verlies	valaminek az elvesztéséről	walamienek az elwestee-sjeereul

PROBLEMEN IN DE STAD

vernieling	rongálásról	rongaalaasjrool
winkeldiefstal	bolti lopásról	boltie lopaasjrool
zakkenrollerij	zsebtolvajlásról	zjeb-tolwajlaasjrool

Ik ben beroofd van mijn .../mijn ... verloren
Ellopták a .../elvesztettem a/az ...
elloptaak a .../elwestettem a/az ...

autoradio	autórádiómat	aoetooraadieoomat
bagage	poggyászomat	poddjaasomat
betaalpas	fizetőkártyámat	fiezeteu-kaartjaamat
cheques	csekkjeimet	tsjekkjeiemet
creditcard	hitelkártyámat	hietel-kaartjaamat
digitale camera	digitális fényképező	dieghietaliesj feenjkepezzeu
fototoestel	fényképezőgépemet	feenjkeepezeu-geepemet
handtasje	kézitáskámat	keezie-tasjkaamat
koffer	bőröndömet	beurundumet
mobiele telefoon	mobil telefon	mobbiel telleffon
paspoort	útlevelemet	oetlewwelemet
pinpas	pin bankkártya	pien bankkaartja
portefeuille	tárcámat	taartsaamat
portemonnee	pénztárcámat	peenztaartsaamat
reisdocumenten	útiokmányaimat	oetie-okmaanjaiemat
videocamera	videó felvevő	wiede-oo felwewweu

Mijn auto/fiets/caravan/aanhanger is gestolen
Ellopták az autómat/kerékpáromat/lakókocsimat/utánfutómat
elloptaak az aoetoomat/kerreek-paaromat/lakoo- kotsjiemat/oetaan-futoomat

Ik ben lastig gevallen
Molesztáltak
molestaaltak

Ik word achtervolgd
Követnek
kuwetnek

◄ **Wilt u aangifte doen/een verklaring afleggen?**
Akar bejelentést tenni/nyilatkozatot tenni?
akar bejelenteesjt tennie/njielatkozzatot

◄ **Hebt u getuigen?**
Vannak tanui?
wannak tanoeie

◄ **Wij zullen proces-verbaal opmaken**
Felvesszük a jegyzőkönyvet
felwessuk a jedjzeu-kunjwet

◄ **Wij kunnen er voorlopig niets aan doen**
Egyenlőre semmit sem tehetünk
edjenleure sjemmiet sjem tehetunk

◄ **Wij zullen de zaak onderzoeken**
Ki fogjuk vizsgálni az ügyet
kie fogjoek wiezjgaalnie az udjet

◄ **Wilt u dit formulier invullen/ondertekenen?**
Kérem töltse ki/írja alá ezt az űrlapot!
keerem tultsje kie/ierja alaa ezt uurlapot

◄ **U kunt navraag doen bij het bureau voor gevonden voorwerpen**
Érdeklődjék a talált tárgyak osztályán
eerdekleudjeek a talaalt taardjak ostaaljaan

Ik kan het niet lezen
Nem tudom elolvasni
nem toedom elolwasjnie

Kan er een tolk/vrouwelijke agent bijkomen?
Kérek egy tolmácsot/női rendőrt!
keerek edj tolmaatsjot/neuie rendeurt

Ik kan dit niet ondertekenen
Ezt nem írhatom alá
ezt nem ierhatom alaa

Ik trek de aangifte/verklaring in
Visszavonom a bejelentést/nyilatkozatot
wiessawonom a bejelenteesjt/njilatkozzatot

◄ **Uw auto is weggesleept**
Az autóját elvontották
az aoetoojaat elwontattaak

◄ **U kunt hem daar afhalen**
Ott átveheti
ott aatwehetie

◄ **Mag ik uw paspoort/rijbewijs/een legitimatie zien?**
Kérem az útlevelét/a jogosítványát/egy személyazonossági igazolást
keerem az oet-lewwelet/a jogosjiet-waanjaat/edj szemeej- azonosjsjaagie iegazolaast

◄ **U moet mee naar het bureau**
Velem kell jönnie a rendőrkapitányságra
welem kell junnie a rendeur-kapietaanj-sjaagra

◄ **U bevindt zich op verboden terrein**
Ön tiltott területen tartózkodik
un tieltott teruleten tartoozkodiek

◄ **U mag hier niet fotograferen**
Itt tilos a fényképezés
iett tielosj a feenj-keepezeesj

Ik wil een advocaat/iemand van de de ambassade spreken
Szeretnék beszélni egy ügyvéddel/a konzulátussal
szeretneek beseelnie edj udjweeddel/a konzoelaatoesjsjal

◄ **U wordt verdacht van .../gearresteerd wegens ...**
Gyanusítjuk ...bűntettével/őrizetbe vesszük ... miatt
djanoesietjoek ...buutetteewel/eurieztbe wessuk...mieatt

bezit van verdovende middelen	kábítószer birtoklása	kaabietooser biertoklaasja
diefstal	lopás	lopaasj
geweldpleging	erőszak alkalmazása	ereusak alkalmazaasja
illegale grensoverschrijding	illegális határátlépés	iellegaalies hataar-aatleepeesj
openbare dronkenschap	nyilvános ittasság	njielwaanosj iettasjsjaag
schuld aan een ongeval	baleset előidézése	balesjet eleuiedeezeesje
smokkel	csempészés	tsjeempeeseesj
vernieling	rongálás	rongaalaasj
verstoring van de orde	rendbontás	rendbontaasj

◄ **Wij nemen u in (voorlopige) hechtenis**
(Előzetes) letartóztatásba helyezzük
(eleuzetes) letartooz-tataasba hejezzuuk

◄ **U wordt voorgeleid**
Magát bíróság elé állítják
magaat bieroosaag elee aallietjaak

Ik ben onschuldig/heb hier niets mee te maken
Ártatlan vagyok/semmi közöm ehhez az ügyhöz
aartatlan wadjok/sjemmie kuzum ehhez az udjhuz

beklaagde	vádlott	waadlott
kinderrechter	fiatalkorúak bírósága	fieatal-koroeak bieroo-sjaaga
officier van justitie	államügyész	aallamudjees
recherche	bűnügyi rendőrség	buunudjie rendeur-sjeeg
rechter	bíró	bieroo
verdachte	gyanúsított	djanoesietott
verkeerspolitie	közlekedési rendészet	kuzlekedeesjie rendeesset
zedenpolitie	erkölcsrendészet	erkultsj-rendeeset

medische hulp

hulp vragen

Ik heb (dringend) een dokter/tandarts nodig
Orvosra/Fogorvosra van (sürgősen) szükségem
orwosjra/fogorwosjra wan (sjuurgeusjen) suuksjegem

Wat is het alarmnummer?
Mi a segélykérő telefonszám?
mie a sjegheejkereu telleffoonsaam

Kunt u voor mij een dokter/ambulance bellen?
Kérem hívjon orvost/egy mentőautót!
keerem hiewjon orwosjt/edj menteuaoetoot!

Ik moet snel naar een ziekenhuis
Sürgősen kórházba kell jutnom
sjuurgeusjen koorhaazba kell joetnom

Waar is een eerstehulppost/de polikliniek?
Hol van a legközelebbi elsősegélynyújtó-állomás/rendelő intézet?
hol wan a legkuzelebbie elsjeu-sjegeej- njoejtoo-aallomaasj/rendeleu-ienteezet?

Is er een nachtdienst/weekenddienst?
Van éjszakai/hétvégi ügyelet?
wan eejsakaie/heet-weegie udjelet?

Waar woont de dokter?
Hol lakik az orvos?
hol lakiek az orwosj?

Ik wil een afspraak maken met de/een ...
Be szeretnék jelentkezni a ... rendelésre
be seretneek jelentkeznie a ... rendeleesjre

(huis)arts	kezelő orvosi	kezeleu orwosjie
chirurg	sebész	sjebbees
gynaecoloog	nőgyógyász	neudjoodjaas
huidarts	bőrgyógyászati	beur-djoodjaa-satie
internist	belgyógyászati	bel-djoodjaasatie
keel-, neus- en oorarts	fül-orr-gégészeti	ful-orr-geegeesetie
kinderarts	gyermekgyógyászati	djermek-djoodjaasatie
oogarts	szemészeti	semeesetie
tandarts	fogászati	fogaasatie
uroloog	urológiai	oeroloogieaie
zenuwarts	ideggyógyászati	iedeg-djoodjasatie

Hoe laat heeft de dokter spreekuur?
Mikor rendel az orvos?
miekor rendel az orwosj?

Is de dokter aanwezig?
Bent van az orvos?
bent wan az orwosj?

bij de arts/tandarts

Spreekt de dokter Duits/Engels/Frans?
Beszél az orvos németül/angolul/franciául?
beseel az orwosj neemettuul/angolloel/frantsieaaoel?

◄ **Wilt u in de wachtkamer plaats nemen?**
Kérem, foglaljon helyet a várószobában!
keerem, foglaljon hejjet a waaroo-sobaaban!

Ik heb last van ...
Fájdalmat érzek a ... ban/ben
faajdalmat eerzek ... ban/ben

Ik kan mijn ... niet bewegen
Nem bírom megmozdítani a/az ... -am/em/om/öm
nem bierom megmozdietanie a/az ... -am/em/om/um

Ik ben gebeten door een hond/insect
Megharapott egy kutya/megcsípett egy rovar
megharapott edj koetja/megtsjiepett edj rowar

Ik ben diabeticus/hartpatiënt/allergisch voor ...
Cukorbeteg/szívbeteg/allergiás vagyok
tsoekorbeteg/siewbeteg/allergieaasj wadjok

Ik ben hiervoor al eerder behandeld/geopereerd
Ezzel a betegséggel már korábban is kezeltek/operáltak
ezzel a betegsjeeggel maar koraabban isj kezeltek/operaaltak

◄ **Bent u verzekerd?**
Van betegbiztosítása?
wan beteg-bieztosjietaasja?

◄ **Volgende patiënt!**
Kérem a következő beteget!
kerem a kuwetkezeu bettegget!

Ik voel pijn in mijn ...
Fáj a ...-am/em/om/öm
faaj a ...-am/em/om/um/

Kunt u mij onderzoeken?
Megvizsgálna?
megwiezsjgaalna?

Ik ben ... maanden zwanger
... hónapos terhes vagyok
... hoonaposj terhesj wadjok

◄ **Gaat u hier zitten/liggen**
Üljön/feküdjön le ide!
uuljun/fekuudjun le iede!

◄ **U kunt zich daar uitkleden**
Ott szíveskedjék levetkőzni
ott siewesjkedjeek lewetkeuznie

◄ **Waar doet het pijn?**
Hol érez fájdalmat?
hol eerez faajdalmat?

◄ **Hoe lang hebt u hier al last van**
Mióta nem érzi jól magát?
mieoota nem eerzie jool magaat

◄ **Gebruikt u medicijnen?**
Ez fáj?
hasnaal djoodjsert?

◄ **Doet dit pijn?**
Használ gyógyszert?
ez faaj?

◄ **Zucht eens diep**
Vegyen mély lélegzetet!
wedjen meej leelegzetet!

◄ **Inademen, langzaam uitademen**
Sóhajtson, lassan engedje ki a levegőt!
sjoohajtsjon, lasjsjan engedje kie a lewwegeut!

◀ **U moet een röntgenfoto laten maken**
Röngenfelvételt kell csinálnunk
rungen-felweetelt kell tsjienaalnunk

◀ **Ik moet u naar een specialist verwijzen**
Szakorvoshoz kell küldenem
szakorwosjhoz kell kuuldenem

◀ **U moet hiermee naar een ziekenhuis …**
Ezzel kórházba kell mennie …
ezzel koorhaazba kell mennie

voor een bloedproef	vérvizsgálatra	weer-wiezsgaalatra
voor een urinetest	vizeletvizsgálatra	wiezelet-wiezsgaalatra
voor nader onderzoek	további vizsgálatra	towaabbie wiezsgaalatra

◀ **U moet een paar dagen rust houden**
Néhány napig pihennie kell
neehaanj nappieg piehenniee kell

◀ **U moet een paar dagen in bed blijven**
Néhány napig ágyban kell maradnia
neehaanj nappieg aadjban kell maradniea

◀ **U mag dit een paar dagen niet gebruiken/bewegen**
Néhány napig ezt nem veheti be/ne mozgassa!
neehaanj nappieg ezt nem wehhetie be/ne mozgasjsja

◀ **Het is niets ernstigs**   ◀ **U lijdt aan …**   ◀ **Ik zal u een recept geven**
Nincs semmi komoly baj   Önnek … -a/e/-ja/je van   Adok egy receptet
nientsj sjemmie kololj baj   unnek…-a/e/-ja/je wan   adok edj retseptet

Ik geef u een pijnstiller/kalmerend middel/slaapmiddel
Felírok Önnek egy fájdalomcsillapítót/nyugtatót/altatót
felierok unnek edj faajdalom- tsjiellapietoot/njoegtatoot/altatoot

◀ **U moet 3 x daags een tablet nemen**
Vegyen be ebből a tablettából naponta háromszor egyet
wedjen be ebbeul a tablettaabool napponta haaromsor edjet

op de nuchtere maag	éhgyomorra	eehdjomorrra
vóór elke maaltijd	étkezés előtt	eetkezees elleutt
na elke maaltijd	étkezés után	eetkezeesj oetaan
vóór het slapen gaan	lefekvés előtt	lefekvees elleutt
met wat water	egy pohár vízzel	edj pohaar wiezzel

◀ **Komt u over drie dagen nog eens terug**
Jöjjön vissza három nap múlva
jujjun wiessa haarom nap moelwa

Ik heb... ◄ **U hebt ...**
... -em/om van Önnek ...-a/e van
... -em/om wan unnek ...-a/e wan

kiespijn	zápfog-fájás	zaapfog-faajaasj
tandpijn	fogfájás	fogfaajaasj
bloedend tandvlees	fogíny-vérzés	fogienj-weerzeesj
ontstoken tandvlees	fogíny-gyulladás	fogienj-djoelladaasj
cariës		fog-soewasjodaasj
een zenuwontsteking	ideggyulladás	iedeg-djoellaadaasj
een afgebroken tand	letört fog	leturt fog

Ik heb een vulling verloren/mijn kunstgebit gebroken
Kiesett egy tömésem/eltörött a műfogsorom
kieesjett edj tumeesjem/elturutt a muu-fogsjorom

◄ **Ik moet deze kies trekken/vullen/boren**
Ezt a fogat ki kell húznom/be kell tömöm/ki kell fúrnom
ezt a fogat kie kell hoeznom/be kell tumnum/kie kell foernom

◄ **Ik geef u een ...**
Adok Önnek egy ...
adot unnek edj ...

fluorspoeling	fluoröblítést	fluor-ublieteesjt
injectie	injekciót	ienjektsieoot
noodvulling	ideiglenes tömést	iedeieglenesj tumeesjt
verdoving	érzéstelenítőt	eerzeesj-telenietuet
wortelkanaalbehandeling	gyökérkezelést	djukeer-kezeleesjt
zenuwbehandeling	idegkezelést	iedeg-kezeleesjt

◄ **Ik geef u een kroon** ◄ **U moet hiermee de mond spoelen**
Felteszek egy koronát Ezzel öblítsen!
feltesek edj koronaat ezzel ublietsjen!

◄ **U moet na thuiskomst uw huisarts/tandarts/specialist raadplegen**
Hazaérkezés után tájékoztassa a kezelőorvosát/fogorvosát/szakorvosát
haza-eerkezeesj oetaan taajeekoztasjsja a kezelu- orwosjaat/fogorwosjaat/sakorwosjaat

◄ **U moet contant betalen** **Kan ik een bewijsje krijgen voor de verzekering?**
Készpénz fizetést kérünk Tudna adni egy igazolást a biztosítóm részére?
keespeenzzel fiezeteest keeruunk toedna adnie edj iegazolaasjt a bieztosjietoom resere

ziekteverschijnselen

aambeien	aranyér	aranjeer
abces	tályog	taajog
AIDS	AIDS	eedz
allergie	allergia	allerghie-a
angina	torokgyulladás	torrokdjoelladdaasj
astma	asztma	astma
blindedarmontsteking	vakbélgyulladás	wakbeel-djoelladaasj
bloeding	vérzés	weerzeesj
bloeduitstorting	vérömleny	weerumlenj
braakneigingen	hányinger	haanjienger
brandwond	égési seb	eegeesie sjeb
buikgriep	bélhurut	beelhoeroet
buikpijn	hasfájás	hasjfaajaasj
diarree	hasmenés	hasjmenneesj
griep	nátha	naatha
hersenschudding	agyrázkódás	adj-raazkoodaasj
hoofdpijn	fejfájás	fejfaajaasj
infectie	fertőzés	ferteuzeesj
insectenbeet	rovarcsípés	rowar-tsjiepeesj
jeuk	viszketegség	wiesketegsjeeg
kaakontsteking	állkapocs	aallkapotsj
keelontsteking	torokgyulladás	torok-djulladaasj
kiespijn	fogfájás	fogfaajaasj
koorts (38°)	láz (38 fokos)	laaz (38 fokosj)
kramp	görcs	gurtsj
longontsteking	tüdőgyulladás	tudeu-djulladaasj
maagpijn	gyomorfájás	djommor-faajaasj
maagzweer	gyomorfekély	djommor-fekkeej
misselijkheid	rosszullét	rossulleet
neerslachtigheid	levertség	lewertsjeeg
oogontsteking	szemgyulladás	semdjoelladdaasj
oorpijn	fülfájás	fuulfaajaasj
rillerigheid	hidegrázás	hiedegraazaasj
rugpijn	hátfájás	haatfaajaas
SARS	SARS	sars
schaafwond	horzsolás	horzjolaasj
slapeloosheid	álmatlanság	aalmatlansjaag
spierpijn	izomláz	iezomlaaz
spit	derékfájás	dereek-faajaasj
tekenbeet	kullancs csípés	koelantsj tsjiepeesj

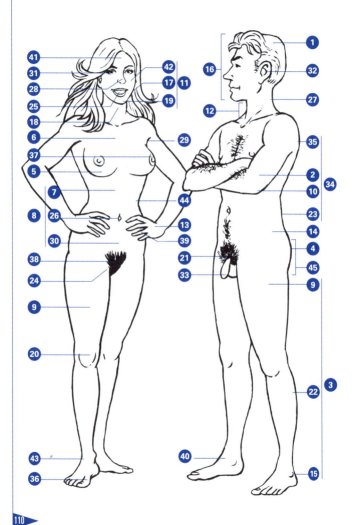

verkoudheid	megfázás	megfaazaasj
verstopping	szorulás	soroelaasj
voedselvergiftiging	ételmérgezés	eetel-meergezeesj
voorhoofdsholteontsteking	homloküreggyulladás	homlok-uregdjoelladaasj
wond	seb	sjeb
zonnebrand	leégés	leeegeesj
zonnesteek	napszúrás	napsoeraasj

◄ **Dit bot is gebroken/gescheurd/gekneusd**
Ez a csont eltörött/megrepedt/megzúzódott
ez a tsont elturutt/megrepedt/megzoezoodott

◄ **De spier is gescheurd/losgeraakt/verrekt**
Ez az izom elszakadt/megrándult/meghúzódott
ez az iezom elsakadt/megraandoelt/meghoezoodott

◄ **Dit moet worden ...**
Ezt ...
ezt ...

gehecht	össze kell varrni	usse kell warnie
geopereerd	meg kell műteni	meg kell muutenie
gespalkt	sínbe kell tenni	sjienbe kell tennie
ingesmeerd	be kell kenni	be kell kennie
verbonden	be kell kötözni	be kell kutuznie
verwijderd	el kell távolítani	el kell taawolietanie

(**lichaamsdelen**)

1	achterhoofd	tarkó	tarkoo
*	anus	végbélnyílás	weeghbeelnjielaasj
2	arm	kar	kar
3	been	lábszár	laabsaar
4	bil	fenék	feneek
5	borst	mell	mell
6	borst(kas)	mellkas	mellkasj
7	bovenbuik	felső has	felsjeu hasj
8	buik	has	hasj
9	dij	comb	tsomb
10	elleboog	könyök	kunjuk
11	gezicht	arc	arts
12	hals	nyak	njak

13 **hand**	kéz	keez
14 **heup**	csípő	tsjiepeu
15 **hiel**	sarok	sjarok
16 **hoofd**	fej	fej
17 **kaak**	állkapocs	aallkapotsj
18 **keel**	torok	torok
19 **kin**	áll	aall
20 **knie**	térd	teerd
21 **kruis**	ágyék	aadjeek
22 **kuit**	lábikra	laabiekra
23 **lende**	deréktáji rész	dereektaajie rees
24 **lies**	lágyék	laadjeek
25 **mond**	száj	saaj
26 **navel**	köldök	kulduk
27 **nek**	nyak	njak
28 **neus**	orr	orr
29 **oksel**	hónalj	hoonaj
30 **onderbuik**	alhas	alhasj
31 **oog**	szem	sem
32 **oor**	fül	fuul
33 **penis**	pénisz	penies
34 **rug**	hát	haat
35 **schouder**	váll	waall
36 **teen**	lábujj	laaboejj
37 **tepel**	mellbimbó	mellbiemboo
38 **vinger**	ujj	oejj
39 **vagina**	hüvely	huwej
40 **voet**	láb	laab
41 **voorhoofd**	homlok	homlok
42 **wang**	orca	ortsa
43 **wreef**	lábfej, rüszt	laabfej, ruust
44 **zij**	oldal	oldal
45 **zitvlak**	ülep	ulep

(**ingewanden**)

*1 **alvleesklier**	hasnyálmirigy	hasjnjaal-mieriedj
2 **blaas**	húgyhólyag	hoerdj-hoojag
3 **darm**	bél	beel
4 **(blinde darm)**	vakbél	wakbeel
5 **(dikke darm)**	vastagbél	wasjtagbeel

* niet op tekening

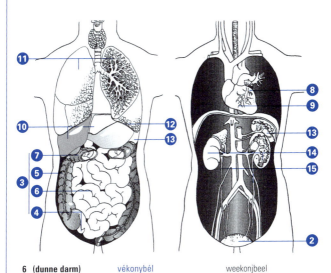

6 (dunne darm)	vékonybél	weekonjbeel
7 galblaas	epehólyag	eppehoojag
8 hart	szív	siew
9 hartklep	szívbillentyű	siew-biellentjuu
10 lever	máj	maaj
11 long	tüdő	tudeu
12 maag	gyomor	djomor
13 milt	lép	leep
14 nier	vese	wesje
15 urineleider	húgyvezeték	hoedj-wezeteek

beenderen, gewrichten, spieren, organen

achillespees	achilles-ín	achiellesj-ien
bekken	medence	medentse
bilspier	farizom	fariezom
borstkas	mellkas	mellkasj
bovenarm	felkar	felkar
buikspier	hasizom	hasjiezom

MEDISCHE HULP

dijbeen	combcsont	tsombtsjont
halswervel	nyakcsigolya	njak-tsiegoja
knieschijf	térdkalács	teerd-kalaatsj
kuitspier	vádli, lábikra	waadlie, laabiekra
jukbeen	járomcsont	jaaromtsjont
kuitbeen	szárkapocscsont	saarkapotsj-tsjont
middenhandsbeentje	középkéztőcsont	kuzeep-keezteu-tsjont
middenvoetsbeentje	középlábtőcsont	kuzeep-laabteu-tsjont
neusbeen	orrcsont	orrtsjont
neusholte	orrüreg	orrureg
rib	borda	borda
rugspier	hátizom	haatiezom
schedel	koponya	kopponja
scheenbeen	sípcsont	sjieptsjont
schouderblad	lapocka	lapotska
sleutelbeen	kulcscsont	koeltsj-tsjont
slokdarm	nyelőcső	njeleutsjeu
spier(stelsel)	izom(zat)	iezom(zat)
teen(kootje)	lábujj(perc)	laaboejj(perts)
tong	nyelv	njelw
trommelvlies	dobhártya	dobhaartja
vinger(kootje)	ujj(perc)	oejj(perts)
wervelkolom	gerincoszlop	gerients-oslop

bij de apotheek

(zie voor artikelen uit de handverkoop de rubriek 'Drogisterijartikelen' in het hoofdstuk 'Winkelen')

Is er een apotheek met nachtdienst/weekenddienst?
Hol van az ügyeletes gyógyszertár?
hol van az udjeletesj djoodjsertaar?

Wanneer kan ik het afhalen?
Mikor lesz készen?
miekor les keesen?

Kunt u dit recept voor mij klaarmaken?
Készítse el kérem ezt a receptet!
keesietsje el keerem ezt a retseptet!

◄ **U kunt erop wachten**
Megvárhatja
megwaarhatja

◄ **Dit middel beïnvloedt de rijvaardigheid**
Ez a gyógyszer befolyásolja a reakcióképességet
ez a djoodjser befojaasjolja a reaktsieoo-keepesjsjeeget

Wilt u een kwitantie uitschrijven?
Kérek egy számlát!
keerek edj saamlaat!

◄ **Buiten bereik van kinderen houden**
Gyerekek elől elzárva tartandó
djerekek elleul elzaarwa tartandoo

◄ **Niet om in te nemen**
Külsőleg (használandó)
koelseuleg (hasnaalandoo)

in het ziekenhuis

◄ **U wordt hier opgenomen op de afdeling ...**
Felvesszük (Önt) a ... osztályra
felwesszuk (unt) a ... ostaajra

◄ **U wordt poliklinisch behandeld**
Rendelőintézeti kezelésben részesül
rendeleu-ienteezetie kezzelleesben reesesjuul

◄ **U moet waarschijnlijk ... dagen blijven**
Előreláthatólag ... napot kell maradnia
elleure-laathatoolag ... nappot kell maradniea

◄ **U wordt ... geopereerd**
Önt operálni kell a ...-val/ve
unt operaalnie kell a ...-val/vel

◄ **U blijft alleen voor onderzoek**
Csak kivizsgálásra kell maradnia
tsjak kiewiezjgaalaasjra kell maradniea

◄ **U mag ... weer het ziekenhuis verlaten**
... -n/on/en/ön elhagyhatja a kórházat
... -n/on/e/n/un/ elhadjhatja a koorhaazat

◄ **U mag naar Nederland/België worden vervoerd**
Önt haza lehet szállíttatni Hollandiába/Belgiumba
unt hazza lehet saalliettatnie Hollandiaaba/Belgieoemba

Wanneer is het bezoekuur?
Mikor van látogatási idő?
miekor wan laatogataasjie iedeu

Mogen kinderen meekomen?
Megengedett a látogatás gyerekeknek?
megengedett a laatogataasj djerekkeknek?

◄ **De patiënt mag geen bezoek ontvangen**
A beteg nem fogadhat látogatót
a betteg nem fogadhat laatogattoot

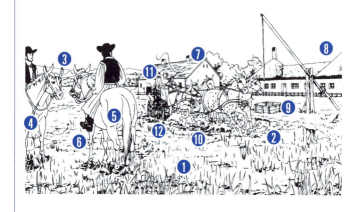

A pusztan

1	a legelő	het grasland
2	egy mocsár	een moeras
3	a lovasok	de ruiter
4	a népviselet	de klederdracht
5	a fajló	het raspaard
6	a kengyel	de stijgbeugel
7	az istállók	de stallen
8	a fogadó	de herberg
9	a gémeskút	de waterput
10	a négyesfogat	het vierspan
11	a fogatos	de doetsier
12	a fogat	het rijtuig

Op de poesta

bank/post/telefoon/internet

bij de bank

Waar kan ik een bank vinden?
Hol találok a közelben egy bankot?
hol talaalok a kuzelben edj bankot?

Wilt u deze euro's voor mij wisselen?
Szeretnék eurós beváltani
seretneek e-eoroosj bewaaltanie

Het liefst in kleine coupures
Lehetőleg kis címletekben
lehetteuleg kiesj tsiemletekben

Wat is de wisselkoers?
Mi a váltási árfolyam?
mie a waaltaasjie aarfojam?

Hoeveel forint krijg ik voor 100 euro?
Hány forintot kapok száz eurós?
haanj forientot kapok saaz e-eoroosj?

Neemt u ook munten aan?
Beváltanak pénzérmét is?
bewaaltanak peenzeermet iesj?

Kunt u deze reischeque verzilveren?
Beváltanak utazási csekket?
bewaaltanak oetazaasjie tsjekket?

Graag 3 biljetten van 1000 forint, 5 van 500 en de rest in kleingeld
Három darab ezerforintos, öt darab ötszázforintos bankjegyet, a többiért pedig aprót kérek
haarom darab ezer-forientosj, ut darab utsaaz-forientosj bankjedjet, a tubbieert peddieg aprootkeerek

Waar moet ik tekenen?
Hol kell aláírnom?
hol kell alaaiernom?

◄ **Wilt u hier tekenen?**
Sziveskedjék itt aláírni!
siewesj-kedjeek iett alaaiernie!

◄ **Mag ik uw paspoort/betaalpas zien?**
Szabad az útlevelét/fizetőkártyáját?
sabbad az oetlewwelleet/fiezeteukaartjaajaat?

◄ **U kunt het geld krijgen bij de kas**
A pénztárnál átveheti a pénzt
a peenztaarnaal aatwehetie a peenzt

> ### Hongaars geld
>
> De nationale munteenheid van Hongarije is de **forint** (afgekort als Ft. of - in het internationale bankverkeer - HUF). De forint is formeel nog onderverdeeld in 100 **fillér**. Munten zijn er van 1, 2, 5, 10 en 20 fillér. Bankbiljetten circuleren in coupures van 100, 500, 1000 en 5000 forint. Hongarije treedt in 2004 toe tot de EU. Onzeker is of en wanneer de euro zal worden ingevoerd. Hongarije zal hiervoor aan een aantal voorwaarden moeten voldoen.

Ik wil dit bedrag (telegrafisch/telefonisch) overmaken naar ...
Szeretném ezt az összeget (táviratilag) ...-ba/be átutalni
seretneem ezt az usseget (taawieratielag) ...-ba/be aatoetalnie

Is er geld voor mij overgemaakt?
Érkezett a nevemre pénzátutalás?
eerkezett a newemre peenzaatoetalaasj?

bankbiljetten	bankjegyek	bankjedjek
bankopdracht	banki megbízás	bankie megbiezaasj
bankprovisie	jutalék	joetaleek
bedrag	összeg	usseg
contant geld	készpénz	keespeenz
creditcard	hitelkártya	hietelkaartja
dagkoers	napi árfolyam	nappie aarfojam
deviezen	deviza	dewieza
effecten	értékpapírok	eerteek-papierok
formulier	űrlap, nyomtatvány	uurlap, njomtatwaanj
geldautomaat	pénzautómata	peenza-oetomatta
kasbewijs, kwitantie	nyugta, elismervény	njoegta, eliesjmerweenj
kleingeld	aprópénz	aproopeenz
legitimatie	személyazonosság igazolása	semeej-azonosjsjaag iegazolaasja
loket	ablak	ablak
munten	érmék	eermeek
openingstijden	nyitvatartási idő	njietwa-tartaasjie iedeu
opnemen	felvesz	felwes
overmaken	átutal	aatoetal
overschrijvingsformulier		
(bij de post)	átutalási post autalvány	aatoetallaasjie postaoetalwaanj
(bij de bank)	átutalási megbízás	aatoetallaasji megbiezaas
pinpas	pin bankártya	pien bankaartja

opschriften

PÉNZVÁLTÁS	GELD WISSELEN
(FŐ)PÉNZTÁR	(HOOFD)KAS
FELVILÁGOSÍTÁS	INLICHTINGEN
HITEL	KREDIETEN
TAKARÉKPÉNZTÁR	SPAARBANK
KI-ÉS BEFIZETÉS	UITBETALINGEN

rekening-courant	folyószámla	fojoo-saamla
spaarrekening	betétszámla	beteet-saamla
storten	befizetni	befiezetnie
wisselbriefje	átváltási nyugta	aatwaaltaasjie njugta
wisselkoers	váltási árfolyam	waaltaasjie aarfojam

op het postkantoor

Waar is het postkantoor?
Hol van a legközelebbi postahivatal?
hol wan a legkuzelebbie posjta-hiewatal?

Waar is een brievenbus?
Hol találok egy postaládát?
hol talaalok edj posjta-laadaat?

Hoeveel kan ik opnemen?
Milyen összeget vehetek fel?
miejen usseget wehetek fel?

◄ **Mag ik uw betaalpas en uw paspoort zien?**
Megmutatná a fizetőkártyáját és az útlevelét?
megmoetatnaa a fiezetteu-kaartjaajaat esj az oetlewwelleet?

Hoeveel moet er op een brief/ansichtkaart naar Nederland/België?
Mennyi bélyeg kell egy levélre/levelezőlapra Hollandiába/Belgiumba?
mennjie beejeg kell edj lewweelre/lewwelezeu-lapra hollandiaaba/belgieoemba?

Heeft u ook bijzondere postzegels?
Vannak különleges bélyegei is?
wannak kuulunlegesj beejeggei iesj

Drie zegels van 10 forint alstublieft
Három darab tízforintos bélyeget kérek
haarom darab tiezforientosj beejeget keerek

Drie postzegels van ... forint alstublieft
Három ... forintes bélyeget kérek
harrom ... forientesj bejeghet kerek

Ik wil graag deze serie
Ezt a bélyegsorozatot kérem
ezt a beejeg-sjorozatot keerem

Is er poste restante voor mij aangekomen?
Van postán maradó küldeményem?
posjtaan marado kuuldemeenjem?

adresseren

De adressering vraagt aandacht. Hongaren zeggen en schrijven hun namen andersom, zij beginnen n.l. met de vermelding van hun achternaam (familienaam). Ook in het algemeen gaan zij van de grotere eenheid uit: dus eerst de naam van het land, dan de stad en als laatste de straatnaam. Iets dergelijks geldt ook voor het aangeven van data: jaar, maand, dag.

Uw Hongaarse vriend Peter Molnar schrijft zijn naam dus zo: Molnár Péter. Het adres komt rechts onderaan de envelop te staan, als volgt aangegeven:

        Boedapest
        Sütő utca 27.
        1027

Let op de punt achter het huisnummer; het laatste cijfer is de postcode, waarvoor u op enveloppen en kaarten voorgedrukte vakjes vindt. Naam en adres van afzender staan links boven op de enveloppe, uiteraard in dezelfde volgorde vermeld.

De echtgenote van Molnár heet: Molnár Péterné of kortweg Molnárné. Die toevoeging *né* betekent dat zij de vrouw is van Molnár (Péter). Dit geldt dus uitsluitend voor gehuwde dames.

Ik wil een telegram verzenden
Táviratot szeretnék feladni
Taawieratot seretneek feladnie

◀ Wilt u dit formulier invullen?
Kérem töltse ki ezt a feladóvevényt!
keerem tultsje kie ezt a feladoo-weweenjt!

Wat is het tarief per woord?
Mennyibe kerül szavanként?
mennjiebe kerruul sawankeent?

aangetekend	ajánlott	ajaanlott
afzender	feladó	feladoo
ansichtkaart	képes levelezőlap	keepesj lewwellezzeu-lap
brief	levél	lewweel
briefkaart	(postai)levelezőlap	(posjtaie-)lewwellezzeu-lap
brievenbus	postaláda	posjtalaada
drukwerk	nyomtatvány	njomtatwaanj
exprespost	expressz küldemény	express kuuldemeenj
geadresseerde	címzett	tsiemzett
gelukstelegram	dísztávirat	dies-taawierat

kosten ontvanger	a címzett költségére	a tsiemzett kultsjegere
lichting	ürítés	uurieteesj
luchtpost	légiposta	leegie-posjta
monster zonder waarde	minta érték nélkül	mienta eertek neelkuul
ontvangstbevestiging	átvevővény	aatweweu-weenj
openingstijden	nyitvatartás	njietwatartaasj
pakket	csomag(küldemény)	tsjommag(-kuuldemeenj)
pakketpost	csomagszállítás	tsjommag-saallietaasj
postbus	postafiók	posjta-fieook
postcode	irányítószám	ieraanjietoo-saam
postwissel	postai(pénz)-utalvány	posjtaie(peenz)-oetalwaanj
postzegel	bélyeg	beejeg
postzegelautomaat	bélyegautomata	beejeg-aoetomata
telegram	távirat	taawierrat

telefoneren

Waar is het telefoonkantoor?
Hol van egy postahivatal?
hol wan edj posjta-hiewatal?

Waar is een telefooncel?
Hol találok egy telefonfülkét?
hol talaalok edj telefon-fuulkeet?

Waar kan ik telefoneren?
Hol tudok telefonálni?
hol toedok telefonaalnie?

Ik wil een gesprek met Nederland/België voeren
Hollandiába/Belgiumba szeretnék telefonálni
hollandieaaba/belgioemba seretneek telefonaalnie

Weet u het internationaal toegangsnummer/landnummer/kengetal?
Tudja a nemzetközi hívószámot/az ország hívószámát/körzetszámot?
toedja a nemzetkuzie hievoo-saamot/az orsaag hiewoo- saamaat/kurzet-saamot?

◄ **Cel 5 is vrij**
Az ötös fülke szabad
az uttusj fuulke sabbad

◄ **Dat duurt nog 30 minuten**
Legalább harminc percig eltart
legalaabb harmients pertsig eltart

◄ **U kunt zelf het nummer draaien**
Tárcsázhatja a számot
taartsjaazhatja a saamot

Hoeveel kost het gesprek per minuut?
Mennyibe kerül percenként?
mennjiebe kerruul pertsenkeent?

Kan ik hier bellen met een creditcard?:
Telefonálhatok innen hitelkártyával?
telleffonnaalhhattok ienen hietelkaartjawal

Hoeveel ben ik u schuldig?	**Ik krijg geen verbinding**
Mennyit kell fizetnem?	Nem kapok vonalat
mennjiet kell fiezetnem?	nem kapok wonalat
De lijn is bezet/overbelast	**Ik krijg geen gehoor**
A vonal foglalt/túlterhelt	A hívott nem jelentkezik
a wonal foglalt/tuulterhelt	a hiewott nem jelentkeziek
De verbinding is slecht/verbroken	**Kan ik met de heer/mevrouw Kovács spreken?**
Vonalzavar van/megszakadt a vonal	Beszélhetnék Kovács úrral/Kovácsnéval?
wonalzawar wan/megsakkadt a wonal	beseelhetneek kowaatsj oerral/kowaatsjneewal?

◄ **Blijft u aan de lijn** ◄ **Een moment a.u.b.** ◄ **Ik verbind u door**
Tartsa kérem a vonalat Egy pillanat türelmet Tovább kapcsolom
tartsja keerem a wonalat edj piellanat tuurelmet towaabb kaptsjolom

◄ **Hij/zij is niet aanwezig** **Kan hij/zij mij terugbellen?**
Sajnos házon kívül van Vissza tudna ő hívni?
sjajnosj haazon kiewuul wan? wiessa toedna eu hiewnie

opschriften

AJÁNLOTT KÜLDEMÉNYEK	AANGETEKENDE STUKKEN
BÉLYEG	FILATELIE
POSTAI FIZETŐCSEKK	GIROBETAALKAARTEN
(FŐ)PÉNZTÁR	(HOOFD)KAS
FELVILÁGOSÍTÁS	INLICHTINGEN
POSTÁNMARADÓ KÜLDEMÉNYEK	POSTE RESTANTE
CSOMAG(KÜLDEMÉNYEK)	POSTPAKKETTEN
TAKAKARÉKPÉNZTÁR	POSTSPAARBANK
POSTAUTALVÁNY	POSTWISSELS
TÁVHÍVÁS	TELEFONEREN
TELEFON	TELEFOON
KI- ÉS BEFIZETÉS	UITBETALINGEN

abonneenummer	előfizető száma	eleufiezeteu saama
automatisch	közvetlen	kuzwetlen
beltegoed	lebeszélhető idő	lebbesseelhetteu iedeu
bezet	foglalt	foglalt

centrale	központ	kuzpont
collectcall	R beszélgetés	er besseelghetteesj
defect	hiba, zavar	hiebba, zawar
gesprek	beszélgetés	beseelgeteesj
interlokaal	távhívás	taawhiewaasj
internationaal	nemzetközi távhívás	nemzetkuzie taawhiewaasj
inwerpen	dobjon be	dobjon be
mobiele telefoon	mobil telefon	mobbiel tellefon
netnummer	körzetszám	kurzetsaam
lokaal	helyi beszélgetés	hejjie beseelgesjteesj
munten	érme	eerme
opbellen	felhív	felhiew
opwaarderen	feltölteni	feltultennie
provider	szolgáltató	solghaaltattoo
sms'en	sms-t küldeni	esjemmesjt kuldennie
telefoonboek	telefonkönyv	telefon-kunjw
telefooncel	telefonfülke	telefon-fuulke
telefoonkaart	telefonkártya	telleffonkaartja
teruggave	vissza	wiessa
wappen	mobil telefonon internetezni	mobiel tellefjonnon ienternetteznie

het Hongaarse telefoonalfabet

A	András	andraasj	**N**	Nándor	naandor
B	Béla	beela	**O**	Olga	olga
C	Cecil	tsetsiel	**P**	Piroska	pierosjka
D	Dóra	doora	**Q**	Queen	kwien
E	Elemér	elemeer	**R**	Róbert	roobert
F	Ferenc	ferents	**S**	Sarolta	sjarolta
G	Gizella	giezel-la	**T**	Tímea	tiemeja
H	Hajnalka	hajnalka	**U**	Ubul	oeboel
I	István	iesjtwaan	**V**	Vilmos	wielmosj
J	János	jaanosj	**W**	Walter	walter
K	Katalin	katalien	**X**	Xénia	kseeniea
L	Luca	loetsa	**Y**	Ypsilon	iepsielon
M	Mátyás	maatjaasj	**Z**	Zoltan	zoltaan

internet

Waar vind ik een internetcafé?
Hol van egy internet kávéház?
hol wan edj internet kawehaaz

◄ Internetten kost ... per (half) uur
Az internetezés ... egy (fél) órára.
az internettezzeesj ... edj feel orara

Ik wil graag een paar pagina's uitprinten
Szeretnék néhány oldalt kinyomtatni.
serretneek nehaanj oldalt kienjomtattnie

De PC is vastgelopen
A computer megakadt.
a kompoeter meghakkat

Ik denk dat er een virus in deze computer zit
Szerintem vírus van ebben a computerben.
serrientem wieroesj wan ebben a kompoeterben

◄ Je mag hier niets downloaden
Itt nem szabad semmit letölteni.
iet nem sabbad sjemmiet lettultennie

Kan ik hier een cd'tje branden?
Tudok itt egy CD-t másolni?
toedok iet edj tsedeet maasjolnie

Kan ik op deze computer ook videobeelden bekijken?
Nézhetek videóképeket is ezen a computeren?
neezhettek wiede-ooképekket iesj ezzen a kompoeterren

Hoeveel kost het?
Mennyibe kerül?
menjiebe kerruul

Het lukt niet om in te loggen
Nem sikerül belépni.
nem sjiekerruul belleepnie

Het geluid doet het niet
A hang nem jó.
a hangh nem joo

chatten	csetelni	tsjettelnie
e-mailen	e-mailt küldeni	iemeelt kuuldennie
gebruikersnaam	felhasználó neve	felhasnaloo newwe
homepage	honlap	honlap
routeplanner	úttervező	oeterwezzeu
wachtwoord	jelszó	jelsoo
website	web oldal	web oldal

sport en recreatie

aan het strand, in het zwembad

Hoe ver is het naar het strand/zwembad?
Milyen messze van a strand/ az uszoda?
miejen messe wan a strand/az oesoda?

◄ **U mag hier niet zwemmen**
Itt tilos a fürdőzés
iett tielosj a fuurdeuzeesj

Loopt het strand steil af?
Hirtelen mélyül a part?
hiertelen meejul a part?

Hoe warm is het water?
Milyen meleg a víz?
miejen meeleg a wiez?

Mag hier worden gezwommen?
Szabad itt fürödni?
sabbad iett fuurudnie?

Is er een gevaarlijke stroming?
Nem örvényes?
nem eurweenjesj?

Hoe diep is het hier?
Milyen mély itt a víz?
miejen meej iett a wiez?

Is het hier gevaarlijk voor kinderen?
Veszélyes itt gyerekeknek fürödni?
weseejes iett djermekeknek fuurdudnie?

opschriften

STRANDFÜRDŐ	STRAND
SZABAD STRAND	VRIJ TOEGANKELIJK
TILOS A FÜRDŐZÉS	ZWEMMEN VERBODEN
FÜRÖDNI VESZÉLYES ÉS TILOS	GEVAARLIJKE STROMING
USZODA	ZWEMBAD
ÚSZÓMESTER	BADMEESTER
ÖLTÖZŐKABIN	KLEEDHOKJES
WC	TOILETTEN
ZUHANYOZÓ	DOUCHES
NŐI	DAMES
FÉRFI	HEREN
KUTYÁT BEVINNI TILOS	HONDEN NIET TOEGELATEN
GYERMEKMEDENCE	KINDERBAD
NUDISTA STRAND	NATURISTENSTRAND

Is er toezicht?
Van fürdőfelügyelet?
wan fuurdeu-feludjelet?

Het meer is kalm/woelig
A tó vize csendes/viharos
a too wieze tsjendesj/wieharosj

Er zijn hoge golven
Magasak a hullámok
magasjak a hoellaamok

Er komt storm
Vihar közeledik
wiehar kuzeledik

Mogen hier honden komen?
Szabad ide kutyát behozni?
sabbad iede koetjaat behoznie?

Ik kan niet zwemmen
Nem tudok úszni
nem toedok oesnie

Het water is mij te koud
Túl hideg a víz
toel hiedeg a wiez

Hoeveel is de entree voor twee volwassenen en een kind?
Mennyi a belépő két felnőttnek és egy gyereknek?
mennjie a beleepeuj keet felneuttnek esj edj djereknek?

Twee kaartjes a.u.b.
Két belépőjegyet kérek
keet beleepeu-jedjet keerek

Een kinderkaartje a.u.b.
Egy gyermekbelépőjegyet kérek
edj djermek-beleepeu-jedjet keerek

Is hier een kinderbadje?
Van itt gyermekmedence?
wan iett djermek-medentse?

Is het zwembad overdekt/onoverdekt/verwarmd?
Fedett/Fedetlen/Melegvizű az uszoda?
fedett/fedetlen/meleg-wiezuu az oesoda?

Ik wil graag ... huren
... szeretnék kölcsönözni
... seretneek kultsjunuznie

badkleding	fürdőruhát	fuurdeu-roehaat
een ligstoel	nyugágyat	njugaadjat
een luchtmatras	gumimatracot	goemmie-matratsot
een parasol	napernyőt	napernjeut
een waterfiets	vizibiciklit	wiezie-bietsiekliet
een windscherm	szélvédő ponyvát	seelweedeu ponjwaat

Wat kost dat per uur?
Mennyi a bérleti díj egy órára?
mennjie a beerlettie diej edj orara?

Kunt u even op mijn spullen letten?
Szemmel tartaná egy pillanatra a holmimat?
semmel tartanaa edj piellanatra a holmiemat?

badgast	fürdővendég	fuurdeu-wendeeg
badhanddoek	fürdőlepedő	fuurdeu-lepedeu
badmeester	úszómester	oesoo-mesjter
badmuts	úszósapka	oesoo-sjapka

(eendelig) badpak	(egyrészes) fürdőruha	(edjreesesj) fuurdeu-roeha
bikini	bikini	biekienie
branding	hullámverés	hoellaam-wereesj
douches	zuhanyozó	zoehanjozoo
eb	apály	appaaj
fijn zand	finom homok	fienom homok
golfslagbad	hullámfürdő	hoellaam-fuurdeu
kiezelstrand	kavicsos part	kawietsjosj part
kleedhokjes	öltözőkabin	ultuzeu-kabien
kwal	medúza	medoeza
openluchtbad	fedetlen uszoda	fedetlen oesoda
reddingsbrigade	mentő-szolgálat	menteu-solgalat
schelpen	kagyló	kadjloo
stenig strand	köves part	kuwesj part
strandwandeling	parti séta	partie sjeeta
vloed	dagály	daghaaj
waterglijbaan	(víz)csúszda	(wiez-)tsjoesda
watertemperatuur	vízhőmérséklet	wiez-heumeersjeeklet
windscherm	szélvédő	seelwedeu
zandstrand	homokos part	homokosj part
zwembroek	úszónadrág	oesoo-nadraag

watersport

canyoning	canyoning	kanjonniengh
duiken	búvárkodás	boewaarkodaasj
kanovaren	kajakozás	kajakozaasj
kitesurfen	repülő szörfölés	reppüleu surfuleesj
motorbootvaren	motorcsónakázás	mottor-tsjoonakaazaasj
parasailen	sárkányrepülés	sjaarkaanjreppulleesj
raften	vadvízi evezés	wadwiezie ewwezeesj
snorkelen	búvárkodik	boewaarkodiek
wakeboarden	wakeboerden	weekboorden
waterscooter	vízi robogó	wiezie roboghoo
waterskiën	vizisíelés	wieziesjieeleesj
windsurfen	deszkalovaglás	deska-lowaglaasj
zeilen	vitorlázás	wiettorlaazaasj

Is hier een jachthaven?
Van itt egy vitorláskikötő?
wan iett edj wietorlaasj-kiekuttu?

Waar is het havenkantoor?
Hol van a kikötőfelügyelőség?
hol wan a kiekuttu- feludjeleusjeeg?

Wat kost hier een ligplaats?
Mennyi itt egy kikötőhely bérleti díja?
mennjie iett edj kiekutteuhej beerletie dieja?

Kan ik ... huren?
Lehet itt ... bérelni?
lehhet iett ... beerelnie?

duikspullen	búvárfelszerelést	boewaar-felsereleesj
een motorboot	motorcsónakot	motor-tsjoonakot
een roeiboot	evezőscsónakot	ewezeusj-tsjoonakot
een surfplank	szörfdeszkát	surfdeskaat
waterski's	vizisít	wieziesjiet
een zeilboot	vitorláshajót	wiettorlaasj-hajoot

Mag hier gedoken worden?
Szabad itt búvárkodni?
sabbad iett buuwaarkodnie?

Is daar een vergunning voor nodig?
Engedély kell hozzá?
engedeej kell hozzaa?

Is hier een zeilschool?
Van itt vitorlásiskola?
wan iet wietorlaasjiesjkolla

Wat kost een les?
Mibe kerül egy lecke?
miebe kerruul edj letske?

boei	bólya	booja
buitenboordmotor	oldalmotor	oldalmotor
catamaran	katamarán	kattammaraan
decompressiekamer	nyomásszabályozó fülke	njomaasj-sabbajozoo fuulke
duikbril	úszószemüveg	oesoo-semuweg
flippers (zwemvliezen)	békatalp	bekattalp
havenhoofd	kikötőfelügyelő	kiekutteu-feludjeleu
havenmeester	kikötőmester	kiekutteu-mesjter
ligplaats	kikötőhely	kiekutteu-hej
peddels	evezőlapát	ewezeu-lapaat
reddingsboei	mentőbólya	menteubooja
roeiboot	evezős csónak	ewezeus-tsjoonak
roeiriemen	evező	ewezeu
snorkel	légzőcső, pipa	leegzeutsjeu, piepa
speedboat	motoros siklócsónak	mottorosj siekloo-tsjoonak
steiger	kikötő híd	kiekutteu hied
zeilboot	vitorlás hajó	wiettorlaasj-hajoo
zwemvest	úszómellény	oesoo-melleenj
zuurstoffles	oxigénpalack	oksiegeen-palatsk

paardrijden

Is hier een manege/rijschool?
Van itt egy lovasiskola?
wan iett edj lowasj-iesjkola?

Kunnen kinderen hier les krijgen?
Adnak leckét gyerekeknek?
adnak lett djerekeknek?

Ik kan nog niet paardrijden
Én még nem tudok lovagolni
een meeg nem toedok lowagolnie

Kan ik een paard/pony huren?
Lehet itt lovat/pónilovat bérelni?
lehhet iett lowat/poonie lowat beerelnie?

Wat kost de huur/les per uur?
Mennyi a bérlet/a lecke óránként?
mennjie a beerlet/a letske ooraankeent?

Het paard is mij te wild
Ez a ló túl vad
ez a loo toel wad

een fiets huren

Waar kan ik een fiets huren?
Hol lehet kerékpárt kölcsönözni?
hol lehhet kerreekpaart kultsjunuznie?

◄ **U moet een borgsom betalen**
Letétet kell fizetni
leteetet kell fiezetnie

Ik wil een fiets met (3) versnellingen
Szeretnék egy sebváltós biciklit.
serretneek edj sjebwaaltoosj bietsiekliet

Wilt u het zadel voor mij afstellen?
Beállítaná nekem a nyerget?
beaallietanaa nekem a njerget?

Kan de fiets op slot?
Van zár/lakat a kerékpáron?
wan zaar/lakkat a kerreek-paaron?

Heeft u een fietskaart?
Van kerékpártúra-térképe?
wan kerreekpaar- toera-teerkeepe?

Wat kost dit per dag/uur?
Mibe kerül ez egy napra/órára?
miebe kerruul ez a napra/ooraara?

◄ **Kunt u zich legitimeren?**
Tudja igazolni magát?
toedja iegazolnie magaat?

Het staat te hoog/te laag
Nekem ez túl magas/alacsony
nekem ez toel magasj/alatsjonj

crossfiets	cross bicikli	kros bietsieklie
damesfiets	női kerékpár	neujie kerreekpaar
fietshelm	védősisak biciklire	wedeusjiesjak bietsiekliere
fietspomp	biciklipumpa	bietsiekliepoempa
fietsverhuur	kerékpár kölcsönzés	kerreekpaar kultsjunzeesj
herenfiets	férfikerékpár	feerfie-kerreekpaar
kabelslot	kábelzár	kaabelzaar
kinderfiets	gyermekkerékpár	djermek-kerreekpaar
kinderzitje	gyermekülés	djermekuleesj
mountainbike	mountainbiek	montenbaik
ringslot	körlakat	kurlakat
tandem	kétüléses kerékpár	keetulesjesj kerreekpaar
terreinfiets	terepkerékpár	terrep-kerreekpaar

Heeft u informatie over fietsroutes?
Van tájékoztatója kerékpár utakról?
wan taajeekoztatooja kerreekpaar oetakrool?

wandelen en klimmen

abseilen	abseilen	absejjlen
(af)dalen	leereszkedik	le-erreskediek
bergbeek	hegyi patak	hedjie pattak
berghut	hegyi kunyhó	hedjie koenjhoo
bergtop	hegytető	hedjtetteu
bergklimmen	hegymászás	hedjmasaasj
dal	völgy	wuldj
gletsjer	gleccser	ghletsjer
gids	vezető	wezzeteu
markering	jelzés	jelzeesj
klimhal	falmászó terem	falmasoo terrem
klimmen	mászik	masiek
kloof	hasadék	hasjaddeek
stijgen	felemelkedik	fellemmelkediek
rotsen	sziklák	sieklaak
route	útvonal	oetwonnal
rugzak	hátizsák	katiezhaak
stijgijzers	biztosító szögek	bieztosjietoo sughek
uitzichtpunt	kilátási pont	kielataasjie pont
wandelpad	túrista ösvény	toeriesjta usjweenj
wandelschoenen	túracipő	toeratsiepeu

golf

buggy	sport babakocsi	sjport babbakotsjie
club	klub	kloeb
golfbaan	golfpálya	gholfpaja
green fee	green fee	ghrien fie
handicap	handicap	hendiekep
holes	holes	hoolz
parcours	versenypálya	wersjenjpaja
trolley	trolley	trollie

voetbal

Is er vandaag een leuke wedstrijd?
Van ma valami érdekes sportverseny?
wan ma wallammie eerdekesj sjportwersjenj

Hoe laat begint het?
Mikor kezdődik?
miekor kezdeudiek?

Een zitplaats/staanplaats a.u.b.
Egy ülőhely-/állóhelyjegyet kérek
edj uleuhej-/aalloohej-jedjet keerek

Wat een slechte scheidsrechter!
Milyen rossz a bíró/játékvezető!
miejen ros a bieroo/jaateekwezeteu!

Nederland/België speelt beter/slechter
A hollandok/belgák jobban/gyengébben játszanak
a holland/belga jobban/djengeebben jaatsanak

buitenspel	les	lesj
doel	kapu	kapoe
doelpunt	gól	gool
gele kaart	sárga lap	sjaarga lap
gelijk spel	döntetlen	duntetlen
grensrechter	partjelző	partjelzeu
hoekschop	szögletrúgás	suglet-roegaasj
keeper	kapus	kapoesj
lijnrechter	vonalbíró	wonalbieroo
middenveldspeler	középcsatár	kuzeptsjataar
nederlaag	vereség	weresjeeg
overwinning	győzelem	djeuzelem

pauze	szünet	sunet
rode kaart	piros lap	pierosj lap
scheidsrechter	döntőbíró	dunteubieroo
speelhelft	félidő	feeliedeu
spits	elővéd	eleuweed
strafschop	büntetőrúgás	buuntetteu-roegaasj
verdediging	védelem	weedelem
verlenging	hosszabbítás	hossabbietaasj
vrije schop/slag	szabadrúgás	sabbadroegaasj
wedstrijd	mérkőzés	meerkeuzeesj

andere takken van sport

Waar is de/het ...?
Hol van a/az ...?
hol wan a/az ...?

draf- en renbaan	ügető	ugeteu
circuit	körpálya	kurpaaja
golfbaan	golfpálya	golfpaaja
klimhal	falmászó terem	falmasoo terrem
sporthal	sportcsarnok	sjporttsjarnok
sportpark	sportpálya	sjportpaaja
tennisbaan	teniszpálya	tenniespaaja
(voetbal)stadion	futballstadion	foetball-sjtadieon
aerobics	aerobic	erobiek
atletiek	atlétika	atleetieka
autosport	autósport	aoetoosjport
badminton	tollaslabda	tollasjlabda
basketbal	kosárlabda	kosjaarlabda
bergklimmen	hegymászás	hedjmaasaasj
biljarten	biliárd	bielieaard
boksen	ökölvívás	ukulwiewaasj
bowling	teke	tekke
bungyjumpen	bungyjump	bundjzhiedjsump
draf- en rensport	lovassport	lovasjsjort
fitness	fitness	fietnies
golf	golf	golf
handbal	kézilabda	keezielabda
hockey	(gyep)hoki	(djep)hokkie
inline skaten	görkorcsolya	ghurkortsjoja

joggen	kocogás	kotsogaasj
judo	cselgáncs	tsjelgaantsj
karate	karate	karate
motorsport	motorsport	mottorsjport
paardrijden	lovaglás	lowaglaas
paragliding	paragliding	parraghlaajdiengh
parapente	parapente	parrapente
roeien	evezés	ewezeesj
schaken	sakk	sjakk
schermen	vívás	wiewaasj
tafeltennis	asztalitenisz	astallietennies
tennis	tenisz	tennies
voetbal	futball	foetball
volleybal	röplabda	ruplabda
wielrennen	kerékpárversenyzés	kerreekpaarwer-sjenjzeesj
zwemmen	úszás	oesaasj

ontspannen

massage	masszázs	massaazh
sauna	szauna	sa-oena
zonnebank	szolárium	sollarie-oem
solarium	szolárium	sollarie-oem
Turks stoombad	török gőzfürdő	turruk gheuzfuurdeu
bubbelbad	pezsgőfürdő	pezhgheufuurdeu
badhuis	fürdőház	fuurdeuhaaz

SPORT EN RECREATIE

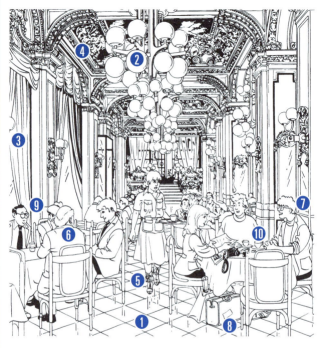

Egy budapesti kávéház · Een koffiehuis in Boedapest

1	gyönyörű enteriűr	een prachtig interieur
2	a világítás	de verlichting
3	a függönyök	de gordijnen
4	a díszes mennyezet	een versierd plafond
5	a felszolgálónő	de serveerster
6	a törzsvendégek	de stamgasten
7	egy turista-csoport	een groep toeristen
8	a csomagok	de bagage
9	kellemes társalgás	een gezellig gesprek
10	kávé süteménnyel	koffie met gebak

winkelen

Waar vind ik hier een winkelstraat/supermarkt/winkelcentrum?
Van itt a közelben egy vásárlóutca/ABC-áruház/üzletközpont?
wan iett a kuzelben edj waasjaarloo-oettsa/abc-aaroehaaz/uuzlet-kuzpont?

Hoe laat gaan de winkels hier open/dicht?
Mikor nyitnak/zárnak az üzletek?
miekor njietnak/zaarnak az uuzletek?

Is er een middagpauze/koopavond?
Van ebédszünet/hosszított nyitvatartás?
wan ebeedsunet/hossietott njietwa-tartaasj?

Is er een winkel die op zondag/'s avonds open is?
Van olyan üzlet, ami vasárnap/este is nyitva tart?
wan ojan uuzlet, amie wasjaarnap/esjte iesj njietwa tart?

gesprekken met het winkelpersoneel

Waar vind ik een markt/vlooienmarkt?
Hol találok egy piacot/bolhapiacot?
hol talaalok edj pieatsot/bolhapieatsot?

◄ Kan ik u ergens mee helpen?
Segíthetek?
sjegiethetek?

Ik kijk zo maar wat rond
Csak nézelődöm
tsak neezeleudum

Heeft u voor mij een ...?
Kaphatnék egy ...-t?
kaphatneek edj ...-t?

Heeft u ook ...?
Tudna adni ...-t is?
toedna adnie ...-t iesj?

◄ Nee, dat hebben wij niet/dat is helaas uitverkocht
Sajnos, azt nem tartunk/sajnos, kifogyott
sjajnosj, azt nem tartoenk/sjajnosj, kiefodjott

Heeft u een andere ...?
Kaphatnék egy másik ...-t?
kaphatneek edj maasjiek ...-t?

Wat kost dit/deze?
Mennyibe kerül ez?
mennjiebe keruul ez?

Nederlands - Hongaars

AANBIEDING	NAPI KÍNÁLAT
ANTIEK	ANTIK, RÉGISÉG
APOTHEEK	GYÓGYSZERTÁR
BAKKERIJ	PÉKSÉG
BANKET	CUKRÁSZSÜTEMÉNY
BIJOUX	BIZSU
BLOEMEN	VIRÁG
BOEKEN	KÖNYVEK
BOEKHANDEL	KÖNYVESBOLT
BROOD	KENYÉR
CADEAUARTIKELEN	AJÁNDÉKCIKKEK
CHEMISCH REINIGEN	VEGYTISZTITÁS
CURIOSA	KURIÓZITÁS, RITKASÁG
DAMESKAPPER	NŐI FODRÁSZ
DAMESKLEDING	NŐI DIVATCIKKEK, NŐI KONFEKCIÓ
DAMESKLEERMAKER	NŐI SZABÓSÁG
DEKENS	TAKARÓK
DELICATESSENHANDEL	CSEMEGEÜZLET
FRUIT	GYÜMÖLCS
GEOPEND	NYITVA
GESLOTEN	ZÁRVA
GLAS	ÜVEG
GOUD(SMID)	ARANY(MŰVES)
GROENTEHANDEL	ZÖLDSÉGKERESKEDÉS
HANDWERK	KÉZIMUNKA
HERENKAPPER	FÉRFIFODRÁSZ
HERENKLEDING	FÉRFIDIVATCIKKEK, FÉRFIKONFEKCIÓ
HORLOGER	ÓRÁS
INGANG	BEJÁRAT
JUWELEN	ÉKSZEREK
KANTOORBOEKHANDEL	PAPIR ÉS IRÓSZERBOLT
KAPPER	FODRÁSZAT
KINDERKLEDING	GYERMEKRUHÁZAT
KLEERMAKER	SZABÓ
KUNSTNIJVERHEID	IPARMŰVÉSZET
LEDERWAREN	BŐRÁRU
MELKHANDEL	TEJCSARNOK
MEUBELS	BÚTOROK
MUNTEN	ÉRMÉK

OPTICIEN	LÁTSZERÉSZ
OVERHEMDEN	INGEK
PAPIERWAREN	PAPIRÁRU
PORSELEIN	PORCELÁN
POSTZEGELS	BÉLYEGEK
REISARTIKELEN	UTAZÁSI CIKKEK
REISBUREAU	UTAZÁSI IRODA
ROOKWAREN	DOHÁNYÁRU
SCHOENEN	CIPŐ
SCHOENMAKER	CIPÉSZ
SCHOONHEIDSVERZORGING	ILLATSZER
SLAGER	HENTES, HÚSBOLT
SLIJTERIJ	ITALÁRU
SPEELGOED	JÁTÉK
STOMERIJ	PATYOLAT, RUHATISZTÍTÓ
TWEEDEHANDS ARTIKELEN	HASZNÁLT CIKKEK
TIJDSCHRIFTEN	HÍRLAP, FOLYÓIRAT
UITGANG	KIJÁRAT
UITVERKOCHT	KIFOGYOTT
UITVERKOOP	KIÁRUSITÁS, KEDVEZMÉNYES VÁSÁR
VISHANDEL	HALBOLT
VLEESWAREN	HENTESÁRU
WARENHUIS	ÁRUHÁZ
WASSERETTE	MOSODA, GYORSTISZTÍTÓ
WERKDAGEN	MUNKANAPOK
WONINGINRICHTING	LAKBERENDEZÉS
WIJNHANDEL	BORKERESKEDÉS
IJZERWAREN	VASBOLT
ZON- EN FEESTDAGEN	VASÁR- ÉS ÜNNEPNAP

WINKELEN

Hongaars - Nederlands

Hongaars	Nederlands
AJÁNDÉKCIKKEK	CADEAUARTIKELEN
ANTIK	ANTIEK
ARANY(MŰVES)	GOUD(SMID)
ÁRUHÁZ	WARENHUIS
BEJÁRAT	INGANG
BÉLYEGEK	POSTZEGELS
BIZSU	BIJOUX
BORKERESKEDÉS	WIJNHANDEL
BŐRÁRU	LEDERWAREN
BÚTOROK	MEUBELS
CIPÉSZ	SCHOENMAKER
CIPŐ	SCHOENEN
CUKRÁSZSÜTEMÉNY	BANKET
CSEMEGEÜZLET	DELICATESSENHANDEL
DOHÁNYÁRU	ROOKWAREN
ÉKSZEREK	JUWELEN
ÉRMÉK	MUNTEN
FÉRFIDIVATCIKKEK,, FÉRFIKONFEKCIÓ	HERENKLEDING
FÉRFIFODRÁSZ	HERENKAPPER
FODRÁSZAT	KAPPER
GYERMEKRUHÁZAT	KINDERKLEDING
GYÓGYSZERTÁR	APOTHEEK
GYÜMÖLCS	FRUIT
HALBOLT	VISHANDEL
HASZNÁLTCIKKEK	TWEEDEHANDS ARTIKELEN
HENTESÁRU	VLEESWAREN
HÍRLAP, FOLYÓIRAT	TIJDSCHRIFTEN
ILLATSZER	SCHOONHEIDSVERZORGING
FÉRFIINGEK	OVERHEMDEN
IPARMŰVÉSZET	KUNSTNIJVERHEID
ITALÁRU	SLIJTERIJ
JÁTÉK	SPEELGOED
KENYÉR	BROOD
KÉZIMUNKA	HANDWERK
KIÁRUSITÁS, KEDVEZMÉNYES VÁSÁR	UITVERKOOP
KIFOGYOTT	UITVERKOCHT
KIJÁRAT	UITGANG
KÖNYVEK	BOEKEN
KÖNYVESBOLT	BOEKHANDEL

KURIÓZITÁS, RITKASÁG	CURIOSA
LAKBERENDEZÉS	WONINGINRICHTING
LÁTSZERÉSZ	OPTICIEN
LELTÁR MIATT ZÁRVA	GESLOTEN I.V.M. INVENTARISATIE
MOSODA, GYORSTISZTÍTÓ	WASSERETTE
MUNKANAPOK	WERKDAGEN
(NAPI) KINÁLAT	AANBIEDING
NŐI DIVATCIKKEK, NŐI KONFEKCIÓ	DAMESKLEDING
NŐI FODRÁSZ	DAMESKAPPER
NYITVA	OPEN
ÓRÁS	HORLOGER
PAPÍRÁRU	PAPIERWAREN
PAPIR ÉS IRÓSZERBOLT	KANTOORBOEKHANDEL
PATYOLAT	STOMERIJ
PÉKSÉG	BAKKERIJ
PORCELÁN	PORSELEIN
SZABÓ	KLEERMAKER
TAKARÓK	DEKENS
TEJCSARNOK	MELKHANDEL
UTAZÁSI IRODA	REISBUREAU
UTAZÁSI CIKKEK	REISARTIKELEN
ÜVEG	GLAS
VASÁR- ÉS ÜNNEPNAP	ZON- EN FEESTDAGEN
VASBOLT	IJZERWAREN
VEGYTISZTITÁS	CHEMISCH REINIGEN
VIRÁG	BLOEMEN
ZÁRVA	GESLOTEN
ZÖLDSÉGKERESKEDÉS	GROENTEHANDEL

WINKELEN

Dat is mij te duur
Ez nekem túl drága
ez nekem toel draaga

Dit/Deze neem ik
Ezt kérem
ezt keerem

Hij/Het is te ...
Ez nekem túl ...
ez nekem toel ...

breed	széles	seelesj
klein	kicsi	kietsjie
kort	rövid	ruwwied
lang	hosszú	hossoe
nauw	szűk	suuk
smal	keskeny	kesjkenj
wijd	bő	beu

Wilt u het voor me inpakken?
Kérem, csomagolja be!
keerem, tsjomagolja be!

Kan dit rechtstreeks naar Nederland/België worden gestuurd?
El tudják ezt egyenesen Hollandiába/Belgiumba küldeni?
el toedjaak ezt edjenesjen hollandieaaba/belgieoemba kuuldenie?

Dit is het adres
Erre a címre
erre a tsiemre

Nee dank u, dit was het
Köszönöm, mást nem kérek
kussunnum, maasjt nem keerek

◄ **U kunt het binnen 8 dagen ruilen**
Nyolc napon belül visszacserélheti
njolts nappon beluul wiessa-tsjereelhetie

◄ **Hebt u hier een rekening?**
Van nálunk folyószámlája?
van naalunk fojoo-saamlaaja?

Heeft u iets goedkopers?
Tudna mutatni valami olcsóbbat?
toedna moetatnie walamie oltsjoobbat?

Dit/Deze past mij niet
Ez a méret nem jó
ez a meeret nem joo

◄ **Nog iets van uw dienst?**
Szolgálhatok még valamivel?
solgaalhatok meeg walamiewel?

◄ **U kunt betalen aan de kassa**
Szíveskedjék a pénztárnál fizetni
siewesjkedjeek a peenztaarnaal fiezetnie

Kan ik betalen met een creditcard?
Elfogadnak hitelkártyát?
elfogadnak hietelkaartjaat?

Hier is de kassabon
Itt van a számla/pénztári blokk
iett wan a saamla/peenztaarie blokk

◀ **U kunt dit doen bij de ruilbalie/klantenservice**
Ezt az ügyfélszolgálat intézi
ezt az uudjfeel-solgaalat ienteezie

Ik wil dit graag ruilen
Ezt ki szeretném cserélni
ezt kie seretneem tsjereelnie

◀ **Kan ik het geld terugkrijgen?**
Visszakaphatnám a pénzt?
wiessakaphatnaam a peenzt?

◀ **Nee, u krijgt een tegoedbon**
Sajnos nem, le kell vásárolnia az értékét
sjajnosj nem, le kell waasjaarolniea az eerteekeet

kleuren, variëteiten

Zie de lijst onder de kop 'Kleding en schoeisel'

maten, gewichten, hoeveelheden

een doos	egy doboz	edj dobboz
een blik	egy konzervdoboz	edj konzerwdobboz
een pak	egy csomag	edj tsjomag
één stuk	egy darab	edj darrab
een paar	egy pár	edj paar
een set	egy készlet	edj keeslet
een fles	egy üveg	edj uweg
een rol	egy tekercs	edj tekertsj
een tube	egy tubus	edj toeboes
een zak	egy zacskó	edj zatsjkoo
100 gram (ons)	tíz deka	tiez deka
250 gram (half pond)	huszonöt deka	hoessonut deka
500 gram (pond)	fél kiló	feel kieloo
1000 gram (kilo)	egy kiló	edj kieloo
liter	liter	lieter
meter	méter	meeter

levensmiddelen, groenten, fruit, enz.

(zie ook het hoofdstuk 'Eten en drinken')

aardappelen	krumpli	kroemplie
abrikozen	sárgabarack	sjaargabaratsk
appels	alma	alma
augurken	uborka	oeborka

souvenirtips

Wat kunt u zoal meenemen als aandenken aan uw verblijf in Hongarije? De uitvoer van etenswaren is aan banden gelegd, maar bij het zien van een stuk Hongaarse salami, wat paprikapoeder of een extra fles abrikozenbrandewijn *(barackpálinka)* knijpt de douanebeambte meestal een oogje toe.
Zeer gewild zijn de geborduurde blouses, kleden en kussenslopen van Kalocsa en van het Matyó-gebied rond Mezőkövesd. Hongaarstalige Roemenen bieden vaak op straat prachtig borduurwek aan uit Transsylvanië. Herend-porselein mag niet uitgevoerd worden zonder een certificaat ter bevestiging dat u uw aankoop met westerse valuta hebt betaald.
Boeken en cd's zijn goedkoop. Antiquarische boeken die langer dan 50 jaar geleden uitgegeven zijn mogen niet uitgevoerd worden. Uitvoer van schilderijen, kunstvoorwerpen en series postzegels vereist doorgaans ook goedkeuring van de Staat. Informeer even bij de winkelier hoe de geldende regels zijn.
Over het algemeen kan men zeggen dat behalve elektronica alles goedkoper is. Alle uit het westen geïmporteerde waren zijn behoorlijk prijzig.

azijn	ecet	etset
bananen	banán	banaan
bier	sör	sjur
boter	vaj	waj
brood	kenyér	kenjeer
broodjes	péksütemény	peeksjuuttemeenj
chocolade	csokoládé	tsjokolaadee
conserven	konzerv	konzerw
druiven	szőlő	seuleu
eieren	tojás	tojaasj
frambozen	málna	maalna
frisdranken	üdítőital	udieteu-ietal
gebak	sütemény	sjuuttemeenj
haantje	kakas	kakkasj
ham	sonka	sjonka
hamburger	hamburger	hamboerger
ijs	fagylalt	fadjlalt
kaas	sajt	sjajt

kassa	pénztár	peenztaar
kersen	cseresznye	tseresnje
kip	csirke	tsjierke
koek	kalács	kalaatsj
koekjes	aprósütemény	aproo-sjuuttemeenj
koffie	kávé	kaawee
oploskoffie	granulátum	grannoelatoem
filterkoffie	darált kávé	daraalt kaawee
koffiefilter	kávéfilter	kawefilter
kruiden	fűszerek	fuserrek
kwark	túró	toeroo
lucifers	gyufa	djoefa
mayonaise	majonéz	majoneez
meel	liszt	liest
(volle) melk	tej	tej
karnemelk	író	ieroo
halfvolle melk	félzsíros tej	feelzjieros tej
meloen	dinnye	diennje
suikermeloen	sárgadinnye	sjaargadiennje
watermeloen	görögdinnye	gurrugdiennje
mineraalwater	ásványvíz	aasjwaanjwiez
mosterd	mustár	moesjtaar
scherp/mild	csípős/nem csípős	tsjiepeusj/nem tsjiepeusj
olie	olaj	ollaj
pasta	tészta	teesta
peren	körte	kurte
perzik	őszibarack	eusiebaratsk
plastic zak	nejlonzacskó	nejlonzatsjkoo
room	tejszín	tejsien
zure room	tejföl	tejful
slagroom	tejszín	tejsien
salade	saláta	sjalaata
servetten	szalvéta	salweeta
sinaasappels	narancs	narantsj
sla	fejessaláta	fejesjsjalaata
snoep	édesség, cukorka	eedesjsjeeg, tsoekorka
soep	leves	lewesj
suiker	cukor	tsoekor
thee	tea	tea
theezakjes	tea-zacskó	tea-zatsjkoo
tomaten	paradicsom	paradietsjom
vleeswaren	hentesárú, felvágott	hentesjaaroe, felwaagott

WINKELEN

vruchtensap	gyümölcslé	djumultsjlee
winkelwagentje	bevásárló kocsi	bewaasjaarloo kotsjie
wijn	bor	bor
yoghurt	yoghurt	joghoert
zout	só	sjoo
zuivelwaren	tejtermék	tejtermeek

drogisterijartikelen

(zie ook onder 'Bij de kapper', 'In de schoonheidssalon' en 'Bij de apotheek')

Heeft u een middel tegen … ?
Kérek valamit … ellen!
keerek walamiet …ellen!

brandwonden	égési seb	eegeesjie sjeb
diarree	hasmenés	hasjmeneesj
griep	nátha	naatha
hoest	köhögés	kuhhuggeesj
hoofdpijn	fejfájás	fejfaajaasj
hooikoorts	allergia	allergiea
insectenbeten	rovarcsípés	rowar-tsjiepeesj
een kater	másnaposság	maasjnapposjsjaag
keelpijn	torokfájás	torokfaajaasj
koorts	láz	laaz
maag- en darmstoornissen	gyomor és bélzavarok	djommor esj beel-zawwarok
oorpijn	fülfájás	fulfaajaasj
verkoudheid	meghülés	meghuleesj
wagenziekte	útiszony	oetiesonj
wondinfectie	sebfertőzés	sjebferteuzeesj
zonnebrand	napszúrás	napsoeraasj

◄ **Dat is alleen verkrijgbaar bij een apotheek/op recept**
Sajnos, ez csak gyógyszertárban/receptre kapható
sjaajnosj, ez tsak djoodjser-taarban/retseptre kaphatoo

◄ **U kunt beter eerst een arts raadplegen**
Jól tenné ha először orvoshoz menne
jool tennee ha elleusur orwosjhoz menne

◄ **Dit mag niet aan kinderen verkocht worden**
Ezzel a szerrel gyermekeket nem szolgálunk ki
ezzel a serrel djermekkekket nem solgaalunk kie

◄ **Dit middel beïnvloedt de rijvaardigheid**
Autóvezetőknek tilos a gyógyszer bevétele
aoetoowezetuknek tielos a djoodser bevétele

◄ **Dit is giftig/brandbaar/gevaarlijk voor kinderen**
Méreg!/Gyúlékony!/Gyermekek részére veszélyes!
meereg!/djuuleekonj/djermekek reeseere weseejes!

after shave	borotválkozás utáni arcszesz	borotwaalkozaasj oetaanie artsjzes
borstel	kefe	keffe
condoom	kondom	kondom
deodorant	dezodor	dezzodor
eau de cologne	kölnivíz	kulniewiez
fopspeen	cumi	tsoemie
haarborstel	hajkefe	hajkeffe
hoestdrank	köhögéscsillapító	kuhhuggeesj-tsjiellapietoo
huidcrème	bőrápoló	beurraapoloo
jodium	jód	jood
kalmeringsmiddel	nyugtató	njoegtatoo
kam	fésű	feesjeu
kammetje	zsebfésű	dsjebfeesjuu
keelpastilles	torokfájás elleni cukorka	torokfaajaasj ellenie tsoekorka
koortsthermometer	lázmérő	laazmeereu
laxeermiddel	hashajtó	hasjhajtoo
lippenstift	rúzs	roezsj
lippenzalf	ajakbalzsam	ajjak-balzsjam
maandverband	egészségügyi betét	edjeessjeeg-ugjie beteet
muggenolie/muggenstick	szúnyogriasztószer	soenjog-rieastooser
nagelborstel	körömkefe	kurrumkeffe
nagellak	körömlakk	kurrumlakk
nagelvijl	körömráspoly	kurrum-raasjpolj
neusdruppels	orrcseppek	orrtsjeppek
oogschaduw	szemhéjpúder/krém	semheej-poeder/kreem
oordruppels	fülcsepp	fuultsjepp
oorwatjes	füldugó	fuuldoegoo
papieren zakdoekjes	papírzsebkendő	papier-zjebkendeu
parfum	parfüm	parfuum
pijnstiller	fájdalomcsillapító	faajdalom-tsjiellapietoo
pleisters	sebtapasz	sjebtapas
rekverband	elasztikus pólya	elastiekoes pooja
schaar	olló	olloo
scheermesjes	borotvapenge	borotwapenge

WINKELEN

scheerkwast	borotvapamacs	borotwapammatsj
scheerzeep	borotvaszappan	borotwassappan
shampoo	sampon	sjampon
slaaptabletten	altató	altatoo
speen	cumi	tsoemie
spons	szivacs	siewatsj
tampons	tampon	tampon
tandenborstel	fogkefe	fogkeffe
tandpasta	fogkrém	fogkreem
toiletpapier	WC-papír	wc-papier
verbandgaas	kötszer	kutser
verbandtrommel	kötszeres doboz	kutseresj dobboz
vitaminetabletten	vitamintabletta	wietamientabletta
vlekkenwater	folttisztító	folttiestietoo
voorbehoedsmiddel	óvszer	oowser
watten	vatta	watta
wegwerpluiers	eldobható pelenka	eldobhatoo pellenka
wondzalf	sebkenőcs	sjebkeneutsj
zeep	szappan	sappan
zonnebrandolie	napolaj	napollaj
zuigfles	cumisüveg	tsoemiesjuuwweg

kleding en schoeisel

Ik heb het liefst iets in het ...
Leginkább ... színben szeretném
legienkaabb ... sienben seretneem

beige	beige	bezj
blauw	kék	keek
bruin	barna	barna
geel	sárga	sjaarga
groen	zöld	zuld
grijs	szürke	suurke
lila	lila	liela
oranje	narancssárga	narantsj-sjaarga
rood	piros	pierosj
roze	rózsaszín	roozjasien
wit	fehér	feheer
zwart	fekete	fekete
bont	tarka	tarka
donkerblauw/lichtblauw	sötétkék/világoskék	sjutteetkeek/wielaagosjkeek

Ik geef de voorkeur aan ...
Nekem leginkább a/az ... tetszik
nekem legienkabb a/az ... tetsiek

een bloemmotief	virágos	wieraagosj
effen	egyszinű	edjsienuu
geruit	kockás	kotskaasj
geblokt	nagykockás	nadjkockaasjj
gestippeld	pettyes	puttjesj
gestreept	csíkos	tsjiekosj

Is dit gemaakt van ...?
Ez ...?
ez ...?

flanel	flanel	flanel
fluweel	bársony	baarsjonj
kamgaren	fésűsgyapjú	feesjeusj-djapjoe
kant	csipke	tsjiepke
katoen	karton	karton
kunstleer	műbőr	muubeur
kunststof	műanyag	muuanjag
kunstzijde	műselyem	muusjejem
kunstvezel	műszálas	muusaalasj
(rund)leer	(marha)bőr	(marha)beur
linnen	lenvászon	lenwaason
nylon	nejlon	nijlon
ribfluweel	kordbársony	kordbaarsjonj
scheerwol	gyapjú	djapjoe
stretch	stretch	stetsj
vilt	filc	fielts
zijde	selyem	sjejem

Is dit kleurecht/krimpvrij?
Színtartó/Formatartó?
sientartoo/formatartoo?

Kan dit worden gestreken/in de machine worden gewassen?
Vasalható/Gépben mosható?
wasjalhatoo/Geepben mosjhatoo?

Mijn maat is ...	**Dit is mij te groot/klein**
... -as/es a méretem	Ez túl nagy/kicsi
... -asj/esj a meeretem	ez toel nadj/kietsjie

WINKELEN

Hij valt te nauw/wijd
Ez túl szűk/bő
ez toel szuuk/beu

Heeft u een maatje groter/kleiner?
Tudna adni egy számmal nagyobbat/kisebbet?
toedna adnie edj saammal nadjobbatt/kiesjebbet?

Wanneer is het klaar?
Mikor lesz kész?
miekor les kees?

Mag ik het passen?
Felpróbálhatom?
felproobaalhatom?

Waar is een spiegel?
Hol van egy tükör?
hol wan edj tuukur?

Ik wil nieuwe zolen/hakken
Kérem, talpalja/sarkalja meg
keerem, talpalja/sjarkalja meg

Kunnen deze schoenen/kan deze schoen worden gerepareerd?
Megjavíthatók ezek a cipők?/Megjavítható ez a cipő?
megjawiethatook ezek a tsiepeuk?/megjawiethatoo ez a tsiepeu?

De schoenen knellen hier
Itt szorít a cipő
iett soriet a tsiepeu

Kan het vermaakt worden?
Meg lehet ezt igazíttatni?
meg lehhet ezt iegaziettatnie?

Waar is de paskamer?
Hol van a próbafülke?
hol wan a proobafuulke?

Waar is een schoenmaker?
Hol van egy cipőjavító?
hol wan edj tsiepeujawietoo?

beha	melltartó	melltartoo
blouse	blúz	bloez
bontjas	bunda	boenda
breiwol	gyapjúfonal	djapjoeufonal
broekriem	nadrágszíj	nadraagsiej
broekspijp	nadrágszár	nadraaghsaar
ceintuur	öv	oew
colbert	blézer	blezer
damesconfectie	női konfekció	neujie konfektsieoo
damesvest	női kardigán	neujie kardiegaan
das	sál	sjaal
garen	fonal, cérna	fonal, tseerna
handschoenen	kesztyű	kestjuu
hemd	ing	ieng
herenconfectie	férfikonfekció	feerfie-konfektsieoo
hoofddoek	fejkendő	fejkendeu
jurk	női ruha	neuie ruha

kamerjas	házikabát	haaziekabaat
kinderkleding	gyermekruházat	djermek-roehaazat
kniekousen	térdzokni	teerdzoknie
knopen	gomb	gomb
kostuum	kosztüm	kostoem
laarzen	csizma	tsjiezma
mantel	kabát	kabaat
mantelpak	kosztüm	kostuum
mouw	ujj	oej
muts	sapka	sjapka
nachtjapon	hálóing	haalloo-ieng
onderbroek	alsónadrág	alsjoonadraag
ondergoed	fehérnemű	feheer-nemuu
onderhemd	atlétatrikó	atleeta-triekoo
onderrok	alsószoknya	alsjoosoknja
overhemd	férfiing	feerfie-ieng
pantalon	nadrág	nadraag
pantoffels	papucs	pappoetsj
panty	harisnyanadrág	hariesjnja-nadraag
paraplu	esernyő	esjernjeu
pyama	pizsama	piezjama
regenjas	esőkabát	esjeukabaat
ritssluiting	cipzár	tsiepzaar
rok	szoknya	soknja
sandalen	szandál	sandaal
schoenen	cipő	tsiepeu
schoenlepel	cipőkanál	tsiepeukanaal
schoensmeer	cipőkrém	tsiepeukreem
schoenveters	cipőfűző	tsiepeufuuzeu
short	sort	sjort
slippers	papucs	pappoetsj
sokken	zokni	zoknie
spijkerbroek	farmernadrág	farmer-nadraag
spijkerjasje	farmerdzseki	farmer-dzjekie
sportkleding	sportruházat	sjportroehaazat
string	string	sztriengh
T-shirt	póló	poloo
trainingspak	tréningruha	treeniengroeha
trui	pulóver	poeloower
vest	mellény	melleenj
zakdoek	zsebkendő	zjebkendeu
zool	talp	talp

WINKELEN

foto-, film- en videoapparatuur

Ik wil graag een ...
Szeretnék egy ...
seretneek edj ...

kleurenfilm	színes filmet	sienesj fielmet
zwartwitfilm	fekete-fehér filmet	fekete-feheer fielmet
diafilm	diafilmet	dieafielmet
van 27 DIN/100ASA	27 DIN-est/100 ASA-st	hoesonheet dien-esjt/ saaz asaasjt
voor 20/36 opnamen	huszas, harminchatos felvételre	hoesasj, harmients-hatosj felweetelre
voor daglicht	napfényhez	napfeenjhez
voor kunstlicht	műfényhez	muufeenjhez

Ik wil graag een 8 mm/super 8 filmcassette/videofilmcassette
Kérek egy nyolc milliméteres/szupernyolcas kazettás filmet/videofilm-kazettát
keerek edj njolts mielliemeeteresj/supernjoltsasj kazettasj fielmet/wiedeofielm-kazettaat

Kunt u deze film voor mij ontwikkelen en afdrukken?
Ezt a filmet szeretném előhivattatni/másoltatni
ezt a fielmet seretneem eleuhiewattatnie/maasoltatnie

mat	matt	matt
glanzend	fényes	feenjesj
10 x 15 cm	10-szer 15 centiméter	tiezser tiezennut tsentiemeter

Ik wil de dia's ingeraamd hebben | **Wanneer zijn ze klaar?**
A diákat bekeretezve szeretném | Mikor lesznek készen?
a dieaakat bekeretezwe seretneemk | miekor lesnek keesen?

Kunt u 4 pasfoto's maken?
Négy darab igazolványképet szeretnék csináltatni
needj darrab iegazzolwaanj-kepet seretneek tsjienaaltatnie

Kan deze camera worden gerepareerd? | ◄ **Dit zal veel gaan kosten**
Meg tudná javítani ezt a fényképezőgépet? | Ez sokba fog kerülni
meg toednaa jawietanie ezt a feenjkeepezeu-geepet? | ez sjokba fog keruulnie

◄ **U moet de camera naar de fabriek sturen**
Vissza kell küldenie a fényképezőgépet a gyártónak
wiessa kell kuuldeniee a feenjkeepezeu-geepet a djaartoonak

Er is een defect aan de ...
Elromlott a ...
elromlott a ...

afstandsmeter	távolságmérő	taawolsjaag-meereu
APS	APS	aapee-es
batterij	elem	ellem
belichtingsmeter	fénymérő	feenjmeereu
dia	dia	diea
diaraampjes	diakeret	dieakerek
digitale camera	digitális fényképező	dieghietaliesj feenjkepezeu
filmcamera	filmfelvevő	fielmfelweweu
filmtransport	film	fielm
filter	filter, szűrő	fielter, suureu
kleurenfilter	színszűrő	siensuureu
UV-filter	ultraibolyaszűrő	oeltraieboljasuureu
flitsblokjes	(vaku-)villanóbetét	(wakoe-)wiellanno-beteet
flitser	vaku	wakoe
flitslampjes	vaku villanólámpák	wakoe wiellanno-laampaak
flitslicht	vakufény	wakoefeenj
formaat	méret	meeret
foto-cd	foto-CD	fotoo tsedee
fototoestel	fényképezőgép	feenjkeepezeu-geep
geluidsspoor	hangcsík	hangtsjiek
groothoeklens	nagylátószögű lencse	nadjlaatoo-sugui lentsje
lens	lencse	lentsje
lenskap	lencsefedél	lentsjefedeel
micro-objectief	mikro-objektív	miekroo-objektiew
negatief	negatív	negatiew
objectief	objektív	objektiew
35 mm	harmincöt milliméteres	harmientsut mielliemeeteresj
70 mm	hetven milliméteres	hetwen mielliemeeteresj
135 mm	százharmincöt milliméteres	saazharmientsut mielliemeeteres
onderwatercamera	víz alatti felvevő	wiez alattie felweweu
pixels	pont/pixel	punt/pieksel
resolutie	rezolúció	rezzolloetsie-oo
sluiter	blende	blende
smalfilm	keskenyfilm	kesjkenjfielm
snelle film	érzékenyfilm	erzekenjfilm
statief	állvány	aallwaanj
vergroting	nagyítás	nadjietaasj
videocamera	videokamera	wiedeokamera

WINKELEN

videocassette	videokazetta	wiedeokazetta
videorecorder	videorekorder	wiedeorekorder
zoeker	kereső	keresjeu
zonnekap	napárnyékoló	napaarnjekolloo
zoomlens	zoomlencse	zoomlentsje

boeken, tijdschriften, schrijfwaren

Waar is een boekhandel/kantoorboekhandel/kiosk?
Hol van egy könyvesbolt/papír és írószerbolt/kioszk?
hol wan edj kunjwesjbolt/papier eesj ierooserbolt/kieosk?

Heeft u boeken in het Nederlands/Duits/Engels over ...?
Vannak holland/német/angol nyelvű könyveik ...?
wannak holland/neemet/angol njelwuu kunjweiek ...?

Hongarije	Magyarországról	madjar-orsaagrool
deze streek	erről a vidékről	erreul a wiedeekreul
deze stad	erről a városról	erreul a waarosjrool
het natuurschoon	természeti-szépségekről	termesettie-seepsegekreul
geschiedenis	történelemről	turteenelemreul
monumenten	műemlékekről	muuemleekekreul
fietstochten	kerékpártúrákról	kerrekpaartoeraakrool
wandelingen	gyalogtúrákról	djalogtoeraakrool
met veel foto's	sok képpel	sjok keeppel

Heeft u vertaalde Hongaarse literatuur?
Kapható itt idegen nyelven megjelent magyar szépirodalom?
kaphattoo itt iedeggen njelwen megjelent madjar seep- ierodalom?

Heeft u Nederlandse/Duitse/Engelse kranten/tijdschriften ?
Vannak holland/német/angol újságjai/folyóirataik?
wannak holland/neemet/angol oejsjaagjaiek/fojoo-ierataiek?

ansichtkaarten	képeslevelezőlap	keepesj-leveezeulap
atlas	atlasz	atlas
balpen	golyóstoll	gojoosjtoll
boek	könyv	kunjw
buitenlandse kranten	külföldi hírlap	kuulfuldie hierlap
calculator	számológép	saamoloo-geep
dagblad	napilap	napielap
detectiveroman	detektívregény	detektiew-regeenj

elastiekjes	befőttesgumi	befeuttesjgoemie
enveloppen	boríték	borieteek
voor luchtpost	légipostaboríték	leegieposjta-borieteek
inkt(patronen)	tintabetét	tientabeteet
kinderboeken	gyermekkönyv	djermekkunjw
kleurpotloden	színesceruza	sienesjceroeza
kookboek	szakácskönyv	sakkaatsjkunjw
krant	újság	oejsjaag
kunstboeken	művészeti album	muuweesetie alboem
landkaart	térkép	teerkeep
lijm	ragasztó	ragastoo
lineaal	vonalzó	wonalzoo
literatuur	szépirodalom	seepierodalom
maandblad	havilap	havielap
opruiming	kiárusítás	kieaaroesjietaasj
pakpapier	csomagolópapír	tsjomagoloo-papier
paperclips	gemkapocs	gemkapotsj
papier	papír	papier
plakband	ragasztószalag	ragastoosalag
plattegrond	térkép	teerkeep
pockets	zsebkönyv, olcsó kiadású könyv	zjebkunjw, oltsjoo kieadaasjoe kunjw
potlood	ceruza	tseroeza
punaises	rajzszög	rajzjzug
puntenslijper	ceruzahegyező	tseroeza-hedjezeu
reisgids	útikalauz	oetiekalauz
kunstreisgids	művészeti kalauz	muuweesetie kalaoez
schrift	füzet	fuuzet
schrijfblok	jegyzettömb	jedjzettumb
speelkaarten	játékkártya	jaateekkaartja
topografische kaart	topográfiai térkép	topograafieaie teerkeep
tijdschrift	folyóirat	fojooierat
viltstift	filctoll	fieltstoll
vlakgom	radírgumi	radiergoemmie
vulpen	töltőtoll	tulteutoll
wandelgids	gyalogtúra-kalauz	djalogtoera-kalaoez
wandelkaart	túristatérkép	toeriesjta-teerkeep
weekblad	hetilap	hetielap
wegenkaart	autótérkép	aoetoo-teerkeep
woordenboek	szótár	sootaar
Ned.-Hongaars	holland-magyar	holland-madjar
Hongaars-Ned.	magyar-holland	madjar-holland

WINKELEN

juwelen en horloges

Kunt u dit horloge/deze armband/deze ketting repareren?
Meg tudná javítani ezt a karórát/karkötőt/nyakláncot?
meg toednaa jawietanie ezt a karooraat/karkutteut/njaklaantsot?

Het horloge loopt voor/achter
Siet/késik a karóra
sjiet/keesjiek a karoora

Kunt u dit schoonmaken?
Meg tudná tisztítani?
meg toednaa tiestietanie?

Wanneer is het klaar?
Mikor lesz készen?
miekor les keesen?

◄ **Dit is onherstelbaar**
Ezt sajnos nem lehet megjavítani
ezt sjajnosj nem lehhet megjawietanie

◄ **De batterij moet vervangen worden**
Ki kell cserélni az elemet
kie kell tsjereelnie az elemet

Hoeveel karaat is dit?
Hány karátos ez?
haanj karaatosj ez?

◄ **14/18 karaat**
Tizennégy/Tizennyolc karátos
tiezenneedj/Tiezennjolts karaatos

Kan deze naam erin gegraveerd worden?
Ezt a nevet szeretném bemetszetni
jezt a newet seretneem bemetsetnie

amulet	amulett	amoelett
armband	karkötő	karkutteu
batterij	elem	elem
briljant	briliáns	brielljeaansj
broche	brosstű	brosjsjtuu
bladgoud	aranylap	aranjlap
chroom	króm	kroom
dameshorloge	női óra	neuie oora
diamant	gyémánt	djeemaant
doublé	dublé	doeblee
glas	üveg	uweg
goud	arany	aranj
halsketting	nyaklánc	njaklaants
herenhorloge	férfióra	feerfieoora
horloge	karóra	karoora
digitaal	digitális	diegietaaliesj
met wijzers	számmutatós	saam-moetatoosj
horlogebandje	óraszíj	oorasiej
horlogeketting	óralánc	ooralaants
jade	zsád	zjaad

juwelenkistje	ékszerdoboz	eekser-dobboz
kristal	kristály	kriestaaj
kwartshorloge	kvarcóra	kwartsjoora
leer	bőr	beur
messing	sárgaréz pánt	sjaargareez paant
oorbellen	fülbevaló	fuulbewaloo
opwindknopje	felhúzócsavar	felhoezoo-tsjavar
parelmoer	gyöngyház	djundjhaaz
parelsnoer	gyöngysor	djundjsjor
platina	platina	platiena
polshorloge	karóra	karoora
(reis)wekker	(zseb)ébresztőóra	(zjeb-)eebresteu-oora
ring	gyűrű	djuuruu
trouwring	jeggyűrű	jedjdjuuruu
zegelring	pecsétgyűrű	petsjeetdjuuruu
robijn	rubint	roebient
roestvrij staal	rozsdamentes acél	rozjdamentesj atseel
(rood)koper	(vörös)réz	(wurrusj-)reez
saffier	zafír	zafier
schakelarmband	lánckarkötő	laants-karkutteu
smaragd	smaragd	smaragd
speld	melltű	melltuu
tabaksdoos	dohányos szelence	dohaanjosj selentse
tafelzilver	ezüst evőeszköz	ezusjt eweueskuz
tin	cin, ón	tsien, oon
topaas	topáz	topaaz
veer	rugó	roegoo
vestzakhorloge	zsebóra	zjebora
witgoud	fehérarany	feheeraranj
zilver	ezüst	ezusjt

munten en postzegels

blok	tömb	tumb
eerstedagenveloppe	elsőnapi bélyegzés	elsjeu nappie beejegzeesj
gelegenheidsmunten	alkalmi kiadású érme	alkalmie kieadaasuu eerme
gelegenheidspostzegels	alkalmi kiadású bélyeg	alkalmie kieadaasuu beejeg
gelegenheidsstempel	alkalmi pecsét	alkalmie petsjeet
gestempeld	lebélyegzett	lebeejegzett
getand	recézett	retseezett
gewone zegels	postabélyeg	posjtabeejeg

gouden munten	aranyérme	aranjeerme
jaarcollectie	éves kollekció	eewesj kollektsieoo
losbladig	fűzetlen	fuuzetlen
muntenalbum	érmealbum	eermealboem
muntproef	érmepróba	eermeprooba
ongetand	recézetlen	retseezetlen
postzegel	postabélyeg	posjta-beejeg
postzegelalbum	bélyegalbum	beejeg-alboem
serie	sorozat	sjorozat
vel	szelvény	selweenj
zeer fraai	nagyon szép	nadjon seep
zilveren munten	ezüstérmék	ezuusjteermeek

bij de opticiën

contactlenzen
kontaktlencse
kontakt-lentsje

vloeistof voor contactlenzen
kontaktlencsefertőtlenítőszer
kontaktlentsjeferteutlenieteu ser

harde lenzen	kemény kontaktlencse	kemeenj kontaktlentsje
zachte lenzen	puha kontaktlencse	poeha kontaktlentsje
bijziend	rövidlátó	ruwiedlatoo
verziend	távollátó	tawollatoo
opticien	optikus	optiekoesj

Ik heb + 1,5
Nekem plusz másfél van.
nekkem ploes maasjfeel wan

Ik heb − 2,25
Nekem minusz 2.25 van.
nekkem minoes ketteu eghees hoesonnut wan

Kan deze bril gerepareerd worden?
Meg tudná javítani ezt a szemüveget?
meg toednie jawietanie ezt a sem-uweget?

Heeft u voor mij een zonnebril?
Egy napszemüveget szeretnék
edy napsem-uweget seretneek?

in de tabakszaak

Heeft u buitenlandse sigaren/sigaretten?
Van külföldi cigarettájuk?
van kuulfoldie tsiegarettaajoek?

aansteker	öngyújtó	undjoejtoo
filtersigaretten	füstszűrős cigaretta	fuusjt-sureusj tsiegaretta
lucifers	gyufa	djoefa
pijp	pipa	piepa
shag	cigarettadohány	tsiegaretta-dohaanj
tabak	dohány	dohaanj
vloei	cigarettapapír	tsiegharrettappappier

wasserette en reiniging

Waar is een wasserette?
Hol találok egy gyorstisztító szalont?
hol talaalok djorsj-tiestietoo salont?

Waar kan ik kleding laten reinigen?
Hol tudok ruhát tisztíttatni?
hol toedok roehaat tiestiettatni?

Kan dit voor mij gereinigd/gestoomd worden?
Szeretném ezeket kitisztíttatni
seretneem ezeket kietiestiettatnie

◄ **Dit vraagt een speciale behandeling**
Ez különleges kezelést igényel
ez kulunlegeezzeleesjt iegeenjel

◄ **Deze vlek krijgen wij er niet uit**
Ezt a foltot nem tudjuk eltávolítani
ezt a foltot nem toedjoek eltaawolietanie

chemisch reinigen	vegytisztítás	wedjtiestietaasj
droogtrommel	szárítógép	saarietoo-geep
hoofdwas	főmosás	feumosjaasj
kreukvrij	gyűrődésmentes	djuureudeesj-mentesj
lauw wassen	kézmeleg vízben	keezmeleg wiezben
met de hand wassen	kézi mosás	keezie mosjaasj
niet strijken	ne vasaljuk	ne wasjaljoek
op 40° wassen	40 fokon mossuk	nedjwen fokon mosjsjoek
stomen	átgőzölés	aat-geuzuleesj
strijken	vasalás	wasjalaasj
synthetisch	szintétikus	sienteetiekoesj
voorwas	előmosás	eleumosjaasj
wasautomaat	automata mosógép	aoetomata mosjoo-geep

WINKELEN

wassen	mosás	mosjaasj
waterdicht	vízhatlan	wiezhatlan
zeeppoeder	mosópor	mosjoopor
dameskapper	női fodrász	neujie fodraas
herenkapper	férfi fodrász	feerfie fodraas

bij de kapper

Kan ik een afspraak maken?
Szeretnék bejelentkezni
seretneek bejelentkeznie

Hoe lang kan het duren?
Mennyi ideig fog körülbelül tartani?
mennjie iedeieg fog kuruul- beluul tartanie?

Knipt u ook kinderen?
Gyerekeknek is vágnak hajat?
djerrekkeknek iesj waagnak hajjat?

Knippen en scheren a.u.b.
Hajvágást és borotválást kérek
hajwaagaasjt eesj borrot-waalaasjt keerek

Niet te kort
Ne túl rövidre
ne toel ruwiedre

Wassen en verven a.u.b.
Mosást és festés kérek
mosjaasjt eesj fesjteesj keerek

Iets korter ...
Valamivel rövidebbre ...
walamiewel ruwiedebbre ...

bovenop	a fejtetőn	a fejteteun
in de nek	a nyakban	a njakban
aan de achterkant	hátul	haatoel
aan de zijkanten	oldalt	oldalt
baard	szakáll	sakaall
bakkebaard	pofaszakáll	pofasakaall
brillantine	hajkenőcs	hajkeneutsj
coupe soleil	melírozott	melierozott
droog haar	száraz haj	saaraz haj
droogkap	szárítóbúra	saarietoo-boera
föhnen	szárítás	saarietaasj
gel	hajzselé	hajzjelee
haarlak	hajlakk	hajlakk
haaruitval	hajhullás	hajhoellaasj
haarversteviger	hajerősítő	hajereusjieteu
kam	fésű	feesjeu

kammen	fésülés	feesjuleesj
kapsel	frizura	friezoera
kleurspoeling	bemosás	bemosjaasj
knippen	vágás	waagaasj
krullen	csavarás	tsjawaraasj
lang haar	hosszú haj	hossoe haj
lotion	hajszesz	hajses
manicure	manikűr	maniekuur
opkammen	tupíroz	toepieroz
paardenstaart	lófarok	loofarok
permanent	tartóshullám	tartoosj-hoellaam
punkkapsel	punkfrizura	punkfriezoera
roos	korpás	korpaasj
shampoo	sampon	sjampon
snor	bajusz	bajoes
spoeling	öblítés	ublieteesj
verven	festés	fesjteesj
vet haar	zsíros haj	zjieros haj
vlecht	copf	tsopf
watergolf	vízhullám	wiezhullaam

Wilt u alleen de punten bijknippen?
Csak a hajvéget vágja le, kérem!
tsjak a hajweeget vaagja le, keerem!

in de schoonheidssalon

(zie ook de lijst onder 'Drogisterijartikelen')

Kan ik een afspraak maken?
Szeretnék bejelentkezni
seretneek bejelentkeznie

Hoe lang kan het duren?
Mennyi ideig fog körülbelül tartani?
mennjie iedeieg fog kurruulbeluul tartanie?

gezichtsmasker	arcpakolás	arts-pakolaasj
gezichtsverzorging	arcápolás	arts-aapolaasj
manicure	manikűr	maniekuur
modderbehandeling	iszapkezelés	iesap-kezeleesj
ontharen	szőrtelenítés	suurtelenie-teesj
pedicure	pedikűr	pediekuur
scheren	borotválás	borrotwaalaasj
volledige behandeling	teljes kezelés	tejes kezeleesj

in andere winkels

strandschepje	homokozó lapát	hommokkozzoo lappaat
zwemband	uszoda	oesodda
bal	labda	labda
kaartspel	kártyajáték	kaartjajateek
dobbelstenen	dobókocka	dobbokotska
puzzel	puzzel	puzzel
computerspelletje	computerjáték	kompoeterjateek
cd	CD	tsedee
cd-speler	CD-lejátszó	tsedee lejjaatsoo
walkman	walkman	wookman
dvd-speler	DVD-lejátszó	dewedee lejjaatsoo
mp 3-speler	mp 3-lejátszó	empee harom lejjaatsoo
barbiepop	barbi baba	barbie babba
knuffelbeest	játékállat	jatekalat

toerisme

op het verkeersbureau of VVV-kantoor

Waar is het VVV-kantoor/IBUSZ-reisbureau?
Hol van a legközelebbi idegenforgalmi iroda/IBUSZ kirendeltség?
hol wan a legkuzelebbie iedegen-forgalmie ieroda/iebus kierendeltsjeeg?

Spreekt u Duits/Engels/Frans?
Beszél Ön németül/angolul/franciául?
beseel un neemetuul/angoloel/francieaoel

Ik wil graag inlichtingen/een folder hebben over ...
Tájékoztatást/prospektust szeretnék kérni ...-ról/ről
taajeekoztataasjt/prosjpektoesjt seretneek keernie ...-rool/reul

amusement voor kinderen	gyermekrendezvények	djermek-rendezweenjek
autoverhuur	autóbérlés	aoetoo-beerleesj
busdiensten	buszjáratok	boesjaaratok
dagexcursies	egynapos kirándulások	edjnaposj kieraan-doelaasjok
evenementen	rendezvények	rendezweenjek
fietsverhuur	kerékpárkölcsönzés	kerreekpaar-kultsjunzeesj
hotels	szállodák	saallodaak
jeugdherbergen	ifjúsági turista-szállások	iefjoesjaagie toeriesjta-saallaasjok
kampeerterreinen	campingek	campiengek
meerdaagse excursies	többnapos kirándulások	tubbnaposj kieraan-doelaasjok
monumenten	műemlékek	muuemleekek
musea	múzeumok	moezeoemok
openbaar vervoer	közlekedési eszközök	kuzlekedeesjie eskuzuk
pensions	panziók	panzieook
rondvaarten	körutazások	kur-oetazaasjok
stadswandelingen	városnéző séták	waarosj-neezeu sjeetaak
treinen	vasút	wasjoet
uitgaansmogelijkheden	szórakozási lehetőségek	soorakozaasjie lehhetteu-sjeegek
vakantiehuisjes/bungalows	nyaralóházak/bungalók	njaraloohaazak/boengalook
vissen	pecázás	petsazaas
wandelingen	séta lehetőségek	sjeeta lehhetteusjeeget
watersport	vízisport lehetőségek	wieziesjport lehhetteusjeegek

TOERISME

Hebt u folders in het Nederlands/Duits/Engels/Frans?
Vannak holland/német/angol/francia nyelvű prospektusaik?
wannak holland/neemet/angol/frantsia njelwuu prosjpekt- oesjaiek?

Hebt u een stadsplattegrond/streekkaart?
Van várostérképük/térképük a környékről?
wan waarosj-teerkeepuuk/teerkeepuuk a kurnjeekreul?

Hebt u fietskaarten/wandelkaarten?
Vannak kerékpártúra/gyalogtúra-térképjeik?
wannak kerreekpaar-toera/djalog- toera-teerkeepjeiek?

Kunt u de route intekenen?
Szi veskedne bejelölni az útvonalat?
siewesjkedne bejelulnie az oetwonalat?

Waar vind ik de/het ...?
Hol találom meg a/az ...-t?
hol talaalom meg a/az ...-t

aquarium	akvárium	akwaarieoem
botanische tuin	botanikuskert	botaniekoesj-kert
dierentuin	állatkert	aallatkert
grotten	barlangok	barlangok
kapel	kápolna	kaapolna
kasteel	kastély	kasjteej
kathedraal, dom	katedrális, székesegyház	katedraaliesj, seekesj-edjhaaz
kerk	templom	templon
klooster	kolostor	kolosjtor
markt	piac	pieats
museum	múzeum	moezeoem
opera	operaház	operahaaz
paleis	palota	palota
park	park	park
parlementsgebouw	parlament épülete	parlament eepulete
raadhuis	tanácsháza	tanaatsj-haaza
ruïne	rom	rom
schouwburg	színház	sienhaaz
(t.v.-)toren	(t.v.)torony	(t.w.-)toronj
uitzichtpunt	kilátó	kielaatoo
vesting	erőd	ereud

Kunt u het op de plattegrond aanwijzen?
Meg tudná mutatni a térképen?
meg toednaa moetatnie a teerkeepen?

Is het vandaag geopend?
Ma nyitva van?
ma njietwa van?

Wat zijn de belangrijkste bezienswaardigheden?
Melyek a főbb látnivalók?
mejjek a feubb laatnie-walook?

Moet er entree betaald worden?
Kell belépődíjat fizetni?
kell beleepeu-diejat fiezetnie?

Verkoopt u ook gidsen/kaarten/plattegronden?
Árulnak Önök útikalauzt/jegyeket/térképeket?
aroelnak unuk oetie-kalaoezt/jedjeket/teerkeepeket?

Van waar vertrekken de bussen?
Honnan indulnak a buszok?
honnan iendoelnak a boesok?

◀ **U wordt bij uw hotel afgehaald**
Felvesszük Önt a szállodánál
felwesuuk unt a saallodaanaal

museumbezoek

Waar is het ...-museum/museum voor ...?
Hol van a ... múzeum?
hol wan a ... moezeoem?

beeldende kunst	szépművészeti	seep-muuweesettie
beeldhouwkunst	szobrászművészeti	sobraas-muuweesettie
folklore	néprajzi	neeprajzie
geologie	földtani, geológiai	fuldtanie, geoloogieaie
geschiedenis	történeti	turteenetie
keramiek	kerámiai	keraamieaie
kunstnijverheid	iparművészeti	iepar-muuweesettie
landbouw	mezőgazdasági	mezeu-gazdasjaagie
leger	hadtörténeti	had-turteenettie
letterkunde	irodalmi	ierodalmie
muziekgeschiedenis	zenetörténeti	zene-turteenettie
natuurwetenschappen	természettudományi	termeeset-toedomaanjie
oosterse kunst	kelet-ázsiai	kelet-azjieeaie
openluchtmuseum	szabadtéri	sabbad-teerie
oudheidkunde	régészeti	reegesetie
post	posta	posjta
postzegels	bélyeg	beejeg
prehistorie	őstörténeti	eusj-turteenettie
rijtuigen	járműtörténeti	jaarmuu-turteenettie
scheepvaart	hajózástörténeti	hajoozaasj-turteenettie

TOERISME

spoorwegen	vasúttörténeti	wasjoet-turteenettie
stadsgeschiedenis	várostörténeti	waarosj-turteenettie
streekgeschiedenis	helytörténeti	hej-turteenettie
textielnijverheid	textiltörténeti	textiel-turteenettie
verkeer	közlekedési	kuzlekedeesjie
visserij	halászati	hallaasjattie
volkenkundig	néprajzi	neeprajzie
volkskunst	népművészeti	neep-muuweesettie
toegepaste kunst	alkalmazott művészeti	alkalmazott muuweesettie
techniek	műszaki	muuweesettie
zoölogie	állattani	aallattanie

Is het museum vrij toegankelijk?
Megtekinthető egyénileg is a múzeum?
meg-tekintheteu edjeenieleg iesj a moezeoem?

◄ **Nee, alleen met een rondleiding**
Nem, csak tárlatvezetéssel
nem, tsjak taarlat-wezeteesjsjel

Hoeveel bedraagt de entree?
Mennyi a belépődíj?
mennjie a beleepeudiej?

◄ **Het bezoek is gratis**
A belépés díjtalan
a belleepeesj diejtalan

Twee kaartjes voor volwassenen
Két jegyet kérek, felnőttek részére
keet jedjet keerek, felneuttek reeseere

Twee kinderkaartjes
Két gyermekbelépőt kérek
keet djermek- belleepeut keerek

Is er een bijzondere tentoonstelling?
Van valami különleges kiállítás?
wan wallammie kulunlegesj kieaallietaasj?

Mag ik fotograferen?
Szabad itt fényképezni?
sabbad iett feenjkeepeznie?

◄ **Alleen tegen betaling**
Csak fizetés ellenében
tsak fiezeteesj elleneeben

◄ **Alleen zonder flitslicht en zonder statief**
Csak villanófény és állvány nélkül
tsjak wiellanoo-feenj eesj aallwaanj neelkuul

Heeft u een plattegrond/gids/catalogus?
Kaphatok egy múzeumi térképet/múzeumkalauzt/katalógust?
kaphatok edj moezeoemie teerkeepet/moezeoem- kalaoezt/kataloogoesjt?

opschriften

FÉNYKÉPEZNI TILOS	VERBODEN TE FOTOGRAFEREN
BELÉPÉS DIJTALAN	VRIJ TOEGANKELIJK
TILOS A BEMENET	GEEN TOEGANG
HOZZÁNYULNI TILOS	NIET AANRAKEN

Is er een .../Waar is de/het ...?
Van itt egy .../ Hol van a/az ...?
wan iett edj .../ hol wan a/az ...?

cafetaria	kávézó	kaaweezoo
crèche	gyermekmegőrző	djermek-megeurzeu
filmvoorstelling	filmbemutató	fielm-bemoetatoo
garderobe	ruhatár	roehataar
koffieautomaat	kávéautomata	kaawee-aoetomata
lezing	előadás	elleuadaasj
museumwinkel	souvenir üzlet	souwenier uzlet
restaurant	étterem	eetterrem
suppoost	teremőr	terremeur
toilet	WC, mosdó	WC, mosjdoo
uitgang	kijárat	kiejjaarat

in kastelen, kerken enz.

(zie voor de vragen over entree onder 'Museumbezoek')

Hoe laat begint de rondleiding?
Mikor kezdődik az idegenvezetés?
miekkor kezdeudiek az iedegen-wezeteesj

Is er een rondleiding in het Duits/Engels?
Van német/angol nyelvű idegenvezetés?
wan neemet/angol njelwuu iedegen-wezeteesj?

Mogen we hier vrij rondkijken?
Szabad itt körülnézni?
sabbad iett kuruul-neeznie?

kasteel	kastély	kasjteej
paleis	palota	pallotta
koninklijk	királyi	kieraajie
hertogelijk	hercegi	hertsegie
grafelijk	grófi	groofie
bisschoppelijk	püspöki	puusjpukkie

TOERISME

ridderzaal	lovagterem	lowag-terrem
ontvangsthal	fogadóterem	foggadoo-terrem
balzaal	bálterem	baalterrem
vesting	erőd	ereud
vestingwal	vársánc	waarsjaants
bastion	bástya	baasjtja
rondeel	körbástya	kurbaastja
munitiekamer	lőszerraktár	leuser-raktaar
kerker	börtön	burtun
klooster	kolostor	kolosjtor
abdij	apátság	apaatsjaag
kathedraal	katedrális	kattedraaliesj
kerk	templom	templom
moskee	mecset	metsjet
synagoge	zsinagóga	zjienagooga
schip	hajó	hajoo
koor	kórus	koorroes
altaar	oltár	oltaar
gewelf	boltív	boltiew
schatkamer	kincstár	kientsjtaar
benedictijnen	bencések	bentsesjek
cisterciënzers	ciszterciták	tsiestertsietaak
dominicanen	domonkosok	domonkosjok
franciscanen	ferencesek	ferentsesjek
jezuïeten	jezsuiták	jezjoeietaak
prehistorisch	őstörténeti	eusj-turteenettie
Romeins	római	roomaie
Turks	török	turruk
middeleeuws	középkori	kuzeepkorie
preromaans	preromán	preromaan
romaans	román	romaan
gotisch	gótikus	gootiekoes
Byzantijns	bizánci	biezaantsie
renaissance	reneszánsz	renesaans
barok	barokk	barokk
rococo	rokokó	rokokoo
classicistisch	klasszicista	klassietsiesjta
neogotisch	neogótikus	neogootiekoes
eigentijds	mai	maie
16de-eeuws	tizenhatodik századi	tiezen-hatodiek saazadie

Hongaarse spreekwoorden en gezegden

Mindenütt jó, de legjobb otthon.
Overal is goed maar thuis is het het beste.
Oost west, thuis best

Kicsi a bors de erős.
De peper is klein maar sterk.
De sterkte is niet afhankelijk van de maat.

Az alma nem esik messze a fájától.
De appel valt niet ver van zijn boom.
De appel valt niet ver van de boom.

Jó bornak nem kell cégér.
Goede wijn heeft geen reclame nodig.
Goede wijn behoeft geen krans

Ártatlan, mint a ma született bárány.
Onschuldig als een pasgeboren lammetje.
Zo onschuldig als een lammetje

Kutyára bízza a szalonnát.
De spek aan de hond toevertrouwen.
De kat op het spek binden

Bagoly mondja verénbek, hogy nagyfejű.
De uil zegt tegen de mus, dat hij een groot hoofd heeft.
De pot verwijt de ketel, dat hij zwart ziet.

Ki korán kel, aranyat lel.
Wie vroeg opstaat vindt goud.
Morgenstond heeft goed in de mond

Előre iszik a medve bőrére.
Hij drinkt eerst op de huid van de beer.
Je moet de huid van de beer niet verkopen, voordat hij geschoten is.

Rossz fát tesz a tűzre.
Slecht hout op het vuur gooien.
Een kind doet stoute dingen.

Kilóg a lóláb.
De paardenvoet steekt uit.
De aap komt uit de mouw

Ravasz, mint a róka.
Sluw als een vos.
Sluw als een vos.

Szegény, mint a templom egere.
Arm als een kerkmuis.
Iemand is erg arm.

Kutya baja sincs.
Hij heeft geen hondenkwaal.
Hij is kerngezond.

Fehér, mint a hó.
Wit als de sneeuw.
Zo wit als sneeuw

Jobb későn, mint soha.
Beter laat, dan nooit.
Beter laat, dan nooit

Hallgatni arany.
Zwijgen is goud.
Zwijgen is goud

A rövidebbet húzza.
Aan het korte eind trekken.
Aan het korte eind trekken

Bakot ő.
Een bok schieten.
Een fout/vegissing maken.

Nederlands - Hongaars

A

aanbevelen	ajánl	ajjaanl
aanbieden	felajánl, megkínál	fellajjaanl, meghkienaal
aanbieding	ajánlat	ajjaanlat
aangebrand	égett	eeghet
aangenaam (behaaglijk)	kellemes	kellemesj
aangenaam!	örvendek!	urwendek
aangetekend	ajánlott	ajjaanlot
aanhangwagen	utánfutó	oetaanfoetoo
aankomen (in gewicht)	meghízik	meghhiezik
aankomen (ter plekke)	megérkezik	megheerkezzik
aankomst(tijd)	érkezés	eerkezeesj
aannemen (accepteren)	elfogad	elfoghad
aannemen (veronderstellen)	feltételez	felteetellez
aanrijding	ütközés	uutkuzeesj
aansteker	öngyújtó	undjuejtoo
aantal	(darab)szám	darrabsaam
aantrekken (kleding)	felvesz	felwes
aanvragen	kér(elmez)	keerelmez
aanwijzen	megmutat	meghmoetat
aardbeien	földieper	fuldie-epper
aarde (planeet)	Föld	fuld
aarde (grond)	föld	fuld
aardewerk	cserép	tsereep
aardig	kedves	kedwesj
achter (waar?)	mögött	mughut
achter (waarheen?)	mögé	mughee
achteraf	utólag	oetoolagh
achterkant	hátsó rész	haatsjooreesj
achterlopen	lemarad	lemmarad
achternaam	családi név	tsalaadi neew
achteruit	hátra, vissza	haatra, wisa
adem	lélegzet	leeleghzet
adres	cím	tsiem
advocaat	ügyvéd	uudjweed
afdalen	lemegy	lemmedj

afdeling	osztály	ostaaj
afdruk (foto)	másolat	maasjolat
afgesloten (beëindigd)	befejezett	beffejezzet
afgesloten (versperd)	lezárva	lezzaarwa
afgesproken	rendben van!	renndben wan
afrekenen	fizet	fiezzet
afspraak (formeel)	találkozó	tallaalkozoo
afspreken	megbeszél	meghbesseel
afstand	távolság	taawwolsjaagh
afval	szemét	semmeet
afwijken	eltér	elteer
afzeggen	lemond	lemmond
afzender	feladó	felladdoo
agent (vertegenwoordiger)	ügynök	uudjnuk
agent (politie)	rendőr	rendeur
algemeen	általános	aaltalaanosj
alleen (slechts)	csak	tsak
alleen (uitsluitend)	kizárólag	kiezaaroolagh
alleen	egyedül	edjedul
alles	minden	mienden
alstublieft (geven)	tessék	tesjeek
alstublieft (vragen)	kérem	kerem
altijd	mindig	miendiegh
ambassade	nagykövetség	nadjkuwetseegh
ambtenaar	hivatalnok	hiewatalnok
ambulance	mentők	menteuk
ander(e)	másik	maasjiek
anders (verschillend)	más	maasj
anders, iemand	más valaki	maasjwallakie
anders, ergens	máshol	maasjhol
andersom	fordítva	fordietwa
angst	félelem	feelellem
angstig	félénk	feleenk
ansichtkaart	képeslap	kepesjlap
antenne	antenna	antenna
antiek	antik	antiek
antivries	fagyálló	fadjaloo
antwoord	válasz	walas
antwoorden	válaszol	walassol
apotheek	gyógyszertár	djoodjsertaar
appel	alma	alma
appelsap	almalé	almalee

arm (lichaamsdeel)	kar	kar
arm (financieel)	szegény	segheenj
armband	karkötő	karkuteu
as (wiel)	tengely	tenghelj
as (sigaret)	hamu	hammoe
asbak	hamutartó	hamoetartoo
auto	autó	a-oetoo
automaat	automata	aoetomatta
automatisch	automatikusan	aoetomattiekousjan
autosnelweg	autópálya	aoetoopaaja
avond	este	esjte
avondeten	vacsora	watsorra
avonds, 's	este	esjte

B

baard	szakáll	sakkaal
baas	főnök	feuneuk
baby	kisbaba	kisjbabba
babyvoeding	tápszer	taapser
bad (kuip)	fürdőkád	fuurdeukaad
bad (in zee)	strand	sjtrand
baden	fürdik	fuurdiek
badhanddoek	fürdőlepedő	fuurdeuleppeddou
badkamer	fürdőszoba	fuurdeusobba
badpak	fürdőruha	fuurdeuroeha
bagage	poggyász	podjaas
bagagedepot	poggyászmegőrző	podjaasmeghurzeu
bakken	süt	sjuut
bakker	pék	peek
bal (speelgoed)	labda	labda
balkon	erkély	erkeej
balpen	golyóstoll	ghojoosjtol
band (wiel)	gumi, abroncs	ghoemi, abronch
band (relatie)	kapcsolat	kapchollat
bang zijn	fél	feel
bank (zitplaats)	pad	pad
bank (kantoor)	bank	bank
bankbiljet	bankjegy	bankjedj
barst	repedés	reppedeesj
barsten	reped	repped
batterij	elem	ellem
bed	ágy	aadj
bedanken	megköszön	meghkusun

bedienen	kiszolgál	kiesolghaal
bediening	kiszolgálás	kiesolghalasj
bedoelen	vél	weel
bedoeling	szándék	saandeek
bedorven	romlott	romlot
bedrag	összeg	usegh
been	lábszár	laabsaar
beest	állat	alat
beet (hap)	falat	fallat
beetje, een	egy kicsi	edj kietsie
begane grond	földszint	fuldsient
begin	kezdet	kezdet
beginnen	kezd	kezd
begrijpen	megért	megheert
behalve	kivéve	kieweewe
behandeling	kezelés	kezzelleesj
beide	mindkettő	mindketeu
bekend	ismert	iesjmert
bekeuring	büntetés	buuntetteesj
bel	csengő	tsengheu
belangrijk	fontos	fontosj
Belg	belga	belgha
België	Belgium	belghioem
Belgisch	belga	belgha
bellen (aanbellen)	becsönget	betseunghet
bellen (opbellen)	felhív	felhiew
belofte	ígéret	iegheret
beloven	ígér	iegheer
benauwd (in ademnood)	fulladozik	foeladdoziek
benauwd (bedompt)	fojtott	fojtot
benauwdheid	fulladás	foeladdaasj
beneden (bijwoord)	lent	lent
beneden (voorzetsel)	alatt	allat
benzine	benzin	benzien
benzinestation	benzinkút	benzienkoet
berg	hegy	hedj
bergafwaarts	lefelé	leffellee
bericht	hír	hier
berm	útpadka	oetpadka
beroemd	híres	hieresj
beroep (juridisch)	fellebbezés	fellebezeesj
beroep (vak)	foglalkozás	foghlalkozaasj

beschadigd	sérült	sjeruult
beschadigen	megrongál	meghrongaal
beschadiging	rongálás	rongaalaasj
besmettelijk	ragályos	raghaajosj
bespreken (erover praten)	megbeszél	meghbesseel
bespreken (reserveren)	foglal	foghlal
best(e)	legjobb	leghjob
beste ... (aanhef)	kedves	kedwesj
bestek (tafelgerei)	evőeszköz	eweueskuz
bestellen (order)	rendel	rendel
bestelling (order)	rendelés	rendeleesj
bestemming	rendeltetés	rendeltetteesj
betalen	fizet	fiezet
betekenen	jelent	jellent
beter (... dan)	jobb (mint)	job mient
beter worden (genezen)	gyógyul	djoodjoel
betrouwbaar	megbízható	meghbiezhattoo
bevolking (volk)	nép	neep
bevolking (inwoners)	lakosság	lakkosjaagh
bewaakt	őrzött	eurzeut
bewaker	őr	eur
bewaking	felügyelet	felluudjellet
bewijs	bizonyíték	biezonjieteek
bewijsje (reçu)	igazolás	ighazollaasj
bewolkt	felhős	fellheusj
bewusteloos	eszméletlen	esmeletlen
bezichtigen	megnéz	meghneez
bezienswaardigheid	látnivaló	laatniewalloo
bezoek	látogatás	latoghattaasj
bezoeken	meglátogat	meghlatoghat
bezwaar	kifogás	kiefoghaasj
bezwaarschrift	panasz	pannas
bieden	ajánl	ajjaanl
bier	sör	sjeur
bij (voorz.)	-nál, -nél	naal, neel
bij (insekt)	méh	meeh
bijna	majdnem	majdnem
bijten	harap	harrap
bijzonder	különös	kuulunusj
biljet (bank-)	papírpénz	papierpeenz
biljet (kaartje)	jegy	jedj
binnen (in huis)	bent	bent

binnen (een grens)	belül	belluul
binnenkomen	bejön	bejeun
binnenlands	belföldi	belfeuldi
binnenplaats	udvar	oedwar
bioscoop	mozi	mozzie
bitter	keserű	kesjeruu
blaar	hólyag	hoojagh
blad (papier)	papírlap	pappierlap
blad (boom)	falevél	fallewweel
blad (tijdschrift)	folyóirat	fojoo-ierat
blauw	kék	keek
blauwe plek	kék folt	keek folt
bleek (gelaat)	sápadt	sjapat
blij	boldog	boldogh
blijdschap	boldogság	boldoghsjaagh
blijven	marad	marrad
blik (verpakking)	konzervdoboz	konzerwdobboz
blik (oogopslag)	pillantás	pielantaasj
blik	konzerv	konzerw
blikopener	konzervnyitó	konzerwnyietoo
blind	vak	wak
bloed	vér	weer
bloem (meel)	liszt	liest
bloem (bloesem)	virág	wieraagh
bloot	meztelen	meztellen
blussen	olt	olt
bocht (kromming)	kanyar	kanjar
bochtig	kanyargós	kanjarghoosj
bodem (vloer)	padló	paddloo
bodem (aarde)	talaj	tallaj
boek	könyv	kunjw
boeken (reserveren)	lefoglal	leffoghlal
boekhandel	könyvesbolt	kunjwesjbolt
boer	földműves	fuldmuuwesj
boerderij	tanya	tanja
boete	büntetés	buuntetteesj
bonen	bab	bab
boodschap (bericht)	üzenet	uuzennet
boodschappen (doen)	bevásárol	bewwaasjarol
boom	fa	fa
boomgaard	gyümölcsös	djuumultsjusj
boord, aan	fedélzeten	feddeelzetten

boot	hajó	hajjoo
bord (eten)	tál	taal
bord (aan de wand)	tábla	taabla
borst	mell	mel
borstel	kefe	keffe
bos	erdő	erdeu
bosweg	erdei út	erdeieoet
bot (been)	csont	tsjont
bot (onscherp)	életlen	eletlen
boter	vaj	waj
boterham	szelet kenyér	sellet kenjeer
botsing	összeütközés	usse-uutkuzeesj
bouwen	épít	epiet
boven (bijwoord)	fent	fent
boven (voorzetsel)	felett	fellet
braden	süt	sjuut
braken	hány	haanj
brand	tűz	tuuz
brandblusser	tűzoltó készülék	tuuzoltoo kesuuleek
brandweer	tűzoltóság	tuuzoltoosjaagh
brandwond	égési seb	eeghesji sjeb
brandwondenzalf	kenőcs égési sebre	kenneutsj eegheesji sjebre
breed	széles	selesj
breken	törik	teuriek
brengen (daarheen)	odavisz	odawwies
brengen (hierheen)	idehoz	idehhoz
breuk	törés	teureesj
brief	levél	leweel
briefje (notitie)	feljegyzés	feljedjzeesj
briefkaart	levelezőlap	lewellezzeulap
briefpapier	levélpapír	leweelpapier
brievenbus	levélszekrény	leweelsekreenj
bril	szemüveg	semuuwegh
broeder (verpleger)	ápoló	apoloo
broek (kort)	rövid nadrág	ruwwied nadraagh
broek (lang)	hosszú nadrág	hosoe nadraagh
broer	fiú testvér	fioe tesjtweer
brood	kenyér	kenjeer
broodje	zsemle	zjemle
brug	híd	hied
bruiloft	esküvő	esjkuuweu
bruin	barna	barna

bruin (door de zon)	barna	barna
buik	has	hasj
buikpijn	hasfájás	hasjfaajaasj
buiten (niet in huis)	kint	kint
buitenland	külföld	kuulfuld
buitenlander	külföldi	kuulfuldie
bureau (schrijf-)	íróasztal	ierooastal
bureau (kantoor)	iroda	ierodda
bus (auto-)	autóbusz	a-oetooboes
bus (touring-)	városnéző busz	warosjnezue boes
bushalte	buszmegálló	boesmeghaloo
busstation	buszállomás	boesalommaasj
buurt (wijk)	környék	kurnjeek
buurt van, in de	környéken	kurnjeken

C

cadeau	ajándék	ajjaandeek
café	presszó	pressoo
café (koffiehuis)	kávéház	kawehaaz
cafetaria	kávézó	kawezoo
camera (foto)	fényképezőgép	feenjkepezeugheep
caravan	lakókocsi	lakkokotsji
centimeter	centiméter	tsentiemeter
centrale verwarming	központi fűtés	kuzpontie fuuteesj
centrale	központ	kuzpont
centrum	városközpont	warosjkuzpont
chartervlucht	charter ijárat	tsjarter jarat
chauffeur	sofőr	sjofeur
chef	főnök	feunuk
cheque	csekk	tsjek
chocolade (eten)	csokoládé	tsjokkolladee
citroen	citrom	tsietrom
compleet	teljes	teljesj
compliment (prijzend)	bók	book
concert	hangverseny	hanghwersjenj
condoom	kondom, óvszer	kondom, oowser
conducteur	kalauz	kallaoez
confectiekleding	készruha	keesroeha
contract	szerződés	serzeudeesj
controle	ellenőrzés	elleneurzeesj
correspondentievriend	levelezőtárs	lewellezeutaarsj
corresponderen (brieven)	levelezik	lewelleziek

D

daar (aanwijzing)	ott	ot
daarna	azután	azzoetaan
daarom	azért	azzeert
dadelijk	mindjárt, azonnal	mindjaart, azzonnal
dag	nap	nap
dag! (bij aankomst)	Jó napot kívánok! (overdag)	joo nappot kiewaanok
dagschotel	napi ajánlat	nappie ajjaanlat
dal	völgy	wuldj
dam	gát	ghaat
dames	női	nuie
damestoilet	női WC	nuieweetsee
dank	köszönet	kusunet
dansen	táncol	taantsol
darm	bél	beel
darminfectie	bélfertőzés	beelferteuzeesj
das (sjaal)	sál	sjaal
das (strop-)	nyakkendő	njakkendeu
dat (aanwijzend)	az	az
dat (voegwoord)	hogy	hodj
datum	dátum	datoem
deel	rész	rees
defect	hiba, zavar	hieba, zawwar
deken	takaró	takkaroo
demonstratie (protest)	tüntetés	tuuntetteesj
demonstratie (tonen)	bemutató	bemmoetatoo
dependance	részleg	reeslegh
dessert	deszert	dessert
deur	ajtó	ajtoo
deurknop	ajtózár	ajtoozaar
deze (aanwijzend)	ez	ez
dia	dia	dia
diaprojector	diaprojector	diaprojektor
diarree	hasmenés	hasjmenneesj
dicht bij	közel	kuzzel
dicht (op slot)	zárva	zaarwa
die (aanwijzend)	az	az
die (voegwoord)	ami, amely	ammie, ammej
dieet	diéta	dieeta
dieetvoeding	diétás étel	dieetaasj etel
dief	tolvaj	tolwaj
diefstal	lopás	loppaasj

dienstregeling	menetrend	mennetrend
diep	mély	meej
diepte	mélység	meejsjeegh
diepvries	mélyhűtött	meejhuuteut
dier	állat	alat
dierentuin	állatkert	alatkert
dierenvoedsel	állateledel	alatelleddel
dieselolie	dízelolaj	diezelolaj
dik (compact)	sűrű	sjuuruu
dik (corpulent)	kövér	kuwweer
ding	tárgy	taardj
direct (rechtstreeks)	közvetlenül	kuzwetlennuul
direct (onmiddellijk)	azonnal	azzonnal
dit	ez	ez
dochter	lánya	laanja
dodelijk	halálos	hallalosj
doel (bestemming)	cél	tseel
doen	tesz	tesj
dokter	orvos	orwosj
dood	halál	hallaal
doodlopend	zsákutca	zjakoetsa
doof	süket	sjuuket
door (oorzaak)	által	aaltal
door (beweging)	át	aat
doorgang (passage)	köz	kuz
doos	doboz	dobboz
dorp	falu	falloe
dorst hebben	szomjas	somjasj
douane	vám	waam
douche	zuhany	zoehanj
draad	fonal	fonnal
draaien	forog	forrog
dragen (verplaatsen)	hord, visz	hord, wies
dragen (kleding)	visel	wisjel
dringend	sürgős	sjuurgheusj
drinken	iszik	iesiek
drinkwater	ivóvíz	iewowiez
drogen	szárít	sariet
droog	száraz	saraz
druk hebben, het	elfoglalt	elfoglalt
druk (pressie)	nyomás	njommaasj
drukken	nyom, nyomtat	njom, njomtat

dubbel	dupla	doepla
duiken	búvárkodás	boewaarkodaasj
duim	nagyujj	nadjoej
duinen	dünék	duuneek
Duits	német	nemet
Duitser	német	nemet
Duitsland	Németország	nemetorsaagh
duizeligheid	szédülés	seduuleesj
dun	ritka	rietka
duren	tart	tart
durven	mer	mer
duur (prijs)	drága	draagha
duur (tijd)	időtartam	iedeutarrtam

E

echt	valódi	wallodie
echtgenoot	férj	feerj
eenrichtingverkeer	egyirányú forgalom	edjieraanjoe forghallom
eenvoudig	egyszerű	edjserruu
eergisteren	tegnapelőtt	teghnappelleut
eerlijk	őszinte, becsületes	eusiente, betsuulettesj
eerste	első	elsjeu
eetbaar	ehető	ehheteu
eeuw	század	sazad
ei (zacht)	lágy tojás	laadj tojjaasj
ei (hard)	kemény tojás	kemmeenj tojjaasj
eigenaar	tulajdonos	toelajjdonnosj
eiland	sziget	sieghet
eind(e)	vég	weegh
eindpunt	végállomás	weeghalommaasj
elastiekje	befőttesgumi	beffuttesjghoemie
elektrisch	elektromos	ellektrommosh
elk	mindegyik	miendedjiek
elleboog	könyök	kunjuk
emmer	vödör	wudur
Engeland	Anglia	anghliea
Engels	angol	anghol
Engelsman	angol	anghol
enige (unieke)	egyedüli	edjeddulie
enkele reis	egyszeri út	edjserrie oet
envelop	boríték	borrieteek
erg (vervelend)	rossz	ros
erg (zeer)	nagyon	nadjon

ergens	valahol	wallahol
ergens anders	máshol	maasjhol
etalage	kirakat	kierakkat
eten	eszik	essiek
eten(swaar)	étel	etel
even (getal)	páros	parosj
even(tjes)	egy pillanat	edj pielannat
evenwijdig aan	párhuzamos	paarhoezammosj
excuses	bocsánat	botsanat
expresse(trein)	expressz	ekspres
ezel	szamár	sammaar

F

fabriek	gyár	djaar
familie	rokonság, család	rokkonsjaagh, tsallaad
feest	ünnep	unep
feestdag	ünnepnap	unepnap
feestvieren	ünnepel	unepel
feliciteren	gratulál	ghratoelaal
fiets	kerékpár	kerreekpaar
fietspad	kerékpárút	kereekparoet
fijn (niet grof)	finom	fienom
fijn (plezierig)	kellemes	kellemesj
file	forgalmi dugó	forgalmie doeghoo
film (in camera)	film	fielm
film (bioscoop)	film	fielm
filmcamera	filmfelvevő	fielmfelweweu
filmrolletje	filmtekercs	fielmtekkerts
filter	filter	fielter
filtersigaretten	füstszűrős cigaretta	fuusjtsuureusj tsiegharretta
flat	lakás	lakkaasj
flauw (zoutarm)	ízetlen	iezettlen
flauwte	rosszullét	rosoeleet
flauwvallen	elájul	ellajoel
fles	üveg, palack	uuwegh, pallatsk
flets	színtelen	sientellen
fluiten	fütyül	fuutjuul
fontein	szökőkút	sukkeukoet
fooi	borravaló	borrawwalloo
formaat	méret	meret
foto	fénykép	feenjkeep
fotograaf	fényképész	feenjkepees
fotokopie	fénymásolat	feenjmaasjollat

fototoestel	fényképezőgép	feenjkepezzeugheep
fout (bijv. naamw.)	hibás	hiebaasj
fout (zelfst. naamw.)	hiba	hieba
foutloos	hibátlan	hiebaatlan
frame	keret	keret
frankeren	bérmentesít	beermentesjiet
Frankrijk	Franciaország	frantsiaorsaag
Frans	francia	frantsiea
Fransman	francia	frantsiea
fris (kil)	hűvös	huwusj
fris (vers)	friss	frisj
frisdrank	üdítőital	uudieteuietal
fruit	gyümölcs	djuumults
fruitstalletje	gyümölcsárus	djuumultsaruusj

G

gaan	megy	medj
gaar	puha	puha
gal	epe	eppe
gang (eten)	fogás	foghaasj
gang (gebouw)	folyosó	fojjosjoo
garage (werkplaats)	(autó)szervíz	aoetoserrwiez
garage (parkeerruimte)	garázs	gharraazj
garantie	garancia	gharrantsia
garderobe (bewaarplaats)	ruhatár	roehataar
garen	fonal	fonnal
gas	gáz	ghaaz
gasfles	gázpalack	ghaazpallatsk
gast	vendég	wendeegh
gastheer	háziúr	haazieoer
gastvrij	vendéglátó	wendeeghlatoo
gat	lyuk	joek
gauw	hamar	hammar
gebak	sütemény	sutemmeenj
gebakken	sült	suult
gebergte	hegység	hedjsjeegh
gebied (vakterrein)	terület	terrulet
gebied (regio)	terület	terruulet
geboortedatum	születés dátum	suletteeshi daatoem
geboren	született	sulettet
gebouw	épület	epulet
gebraden	sült	sjuult
gebruik (het benutten)	használat	hasnalat

gebruik (traditie)	szokásos	sokkasjosj
gebruiken	használ	hasnaal
gebruiksaanwijzing	használati utasítás	hasnalatie oetasjietaasj
gedachte	gondolat	ghondollat
gedeelte	rész	rees
geduld	türelem	turellem
geel	sárga	sjaargha
geen	nem, sem	nem, sjem
gehakt (vlees)	darált hús	darraalt hoesj
geheel (zelfst. naamw.)	egész	eghees
geheel (bijv. naamw.)	egész	eghees
gehoor (orgaan)	hallás	hallaasj
gehoor (publiek)	hallgatóság	halghattoosjaagh
gehoorapparaat	hallókészülék	hallokesuleek
gehuwd	házas	hazasj
geit	kecske	ketske
gekoeld	hűtött	hutut
gekookt	főtt	feut
geld	pénz	peenz
gelijk (hetzelfde)	azonos, egyforma	azzonnosj, edjforma
gelijk (meteen)	azonnal	azzonnal
gelijk hebben	igaza van	ighazza wan
geluid	hang	hangh
gemakkelijk	könnyű	kunjuu
gemeente (administratief)	járás	jaraasj
gemeente (kerkelijk)	gyülekezet	djulekkezet
gemeentehuis	városháza	warosjhaza
gemeenteraad	helyi tanács	hejie tanaats
gemengd	vegyes	wedjesj
geneesmiddel	gyógyszer	djodjser
genezen (hersteld)	gyógyult	djoodjoelt
genoeg	elég	elleegh
genoegen (plezier)	öröm	urrum
gepensioneerd	nyugdíjas	njoeghdiejasj
gerecht (maaltijd)	fogás	foghaasj
gerecht (rechtbank)	bíróság	bieroosjaagh
gereedschap	szerszám	sersaam
gereserveerd (besproken)	foglalt	foghlalt
gereserveerd (karakter)	zárkózott	zaarkozot
gering	csekély	tsekkeej
gerookt (vlees)	füstölt	fuusjtult
geroosterd	roston sült	rosjton sjult

gescheiden (afzonderlijk)	külön	kulun
gescheiden (juridisch)	elvált	elwaalt
geschenk	ajándék	ajjaandeek
gesp	csat	tsat
gestreept	csíkos	tsiekosj
getal	szám	saam
getuige	tanú	tannoe
geur	illat	ielat
geurig	illatos	ielattosj
gevaar	veszély	wesseej
gevaarlijk	veszélyes	wesseejesj
gevel	homlokzat	homlokkzat
geven	ad	ad
gevoel (sentiment)	érzés	eerzeesj
gevoel (zintuig)	észlelés	eeslelleesj
gevoelig	érzékeny	eerzekenj
gevogelte	szárnyas	saarnjasj
gevolg (resultaat)	következmény	kuwwetkezmeenj
gevonden	talált	tallaalt
gevuld	töltött	tultut
gewicht	súly	sjoej
gewond	sérült	sjeruult
gewonde	sebesült	sjebbesjuult
gewoon (normaal)	szokásos	sokkaasjosj
gewoonte	szokás	sokkaasj
gezellig	kedélyes	keddejesj
gezicht	arc	arts
gezin	család	tsjallaad
gezond	egészséges	egheesjeeghesj
gezondheid	egészség	egheesjeegh
gids (boek)	útikalauz	oetiekallaoez
gids (persoon)	vezető	wezzeteu
gif	méreg	meregh
giftig	mérgező	meerghezzeu
glad	síkos	sjiekosj
gladheid	síkosság	sjiekosjaagh
glas (materiaal)	üveg	uwegh
glas (voorwerp)	pohár	pohhaar
goed (bijv. naamw.)	jó	joo
goedkoop	olcsó	oltsoo
gordel	öv	uw
gordijn	függöny	fuughunj

goud	arany	arranj
graag	szívesen	siewesjen
graat	szálka	saalka
graden (temperatuur)	fok	fok
gras	fű	fuu
gratis	ingyen	iendjen
graven (werkw.)	ás	aasj
grens	határ	hattaar
griep	nátha	naatha
grijs	szürke	surke
groen	zöld	zuld
groente	zöldség	zuldseegh
groentehandelaar	zöldséges	zuldseegesj
groep	csoport	tsopport
groet	üdvözlet	uudwuzlet
groeten doen aan	üdvözöl	uudwuzul
groeten uit	üdvözlet...-ból	uudwuzlet ..-bool
grond (bodem)	talaj	tallaj
grond (reden)	ok	ok
grond (land)	föld	fuld
grondzeil	talajponyva	tallajponjwa
groot	nagy	nadj
grootte	nagyság	nadjsjaagh
grot	barlang	barlangh
gunstig	kedvező	kedwezzeu

H

haak	horog	horrogh
haar	haj	haj
haarlak	hajlakk	hajlak
haast	sietség	sjieetsjeegh
hagel	jégeső	jeeghesjeu
hak (schoenen)	cipősarok	tsiepeusjarrok
hakken	sarkal	sjarkal
hal	hall	hal
halen	hoz	hoz
half	fél	feel
hals	nyak	njak
halte	megálló	meghaloo
ham	sonka	sjonka
hamer	kalapács	kallappaats
hand	kéz	keez
handdoek	törülköző	turruulkuzeu

183

handel	kereskedelem	kerresjkeddellem
handig (bekwaam)	ügyes	uudjesj
handleiding	használati utasítás	hassnalattie oetasjietaasj
handtasje	kézitáska	kezietaasjka
handtekening	aláírás	allaaieraasj
handwerk	kézimunka	keziemoenka
hard (stevig)	kemény	kemmeenj
hard (snel)	gyors	djorsj
hard (luid)	hangos	hanghosj
hardhandig	durván	doerwaan
hart	szív	siew
hartig (zout)	sós	sjoosj
hartpatiënt	szívbeteg	siewbetteghsjeegh
haven	kikötő	kiekutteu
havenplaats	kikötőhely	kiekutteuhej
heel (intact)	egész	eghees
heer	úr	oer
heerlijk	nagyszerű	nadjserruu
heet	forró	forroo
hek	kerítés	kerrieteesj
helder	világos	wielaaghosj
helemaal niet	egyáltalán nem	edjaaltallaan nem
helemaal	egészen	eghesen
helft	fél	feel
helling	emelkedő	emmelkeddeu
hemd (overhemd)	ing	iengh
hemel	ég, menny	eegh, menj
herfst	ősz	eus
herhalen	ismétel	iesjmetel
herhaling	ismétlés	iesjmeetleesj
herstellen (repareren)	megjavít	meghjawiet
herstellen (genezen)	meggyógyul	meghdjoodjoel
hetzelfde	ugyanaz	oedjannaz
heup	csípő	tsjiepeu
heuvel	domb	domb
hier	itt	iet
hierheen	ide	iede
hoe (vragend)	hogy?	hodj
hoe lang (tijd)	meddig?	meddiegh
hoe (op welke wijze)	hogyan?	hodjan
hoed	kalap	kallap
hoesten	köhög	kuhugh

hoeveel	mennyi	menjie
hoeveel (vragend)	mennyi? hány?	menjie, haanj
hond	kutya	kuutja
honger	éhség	eesjeegh
honger hebben	éhes	ehesj
hoofd (lichaam)	fej	fej
hoofd (chef)	főnök	feuneuk
hoofdkantoor	központi iroda	kuzpontie ierodda
hoofdstraat	főutca	feuoetsa
hoofdweg	főút	feuoet
hoog	magas	maghasj
hoogte	magasság	maghasjaagh
hoogtevrees	tériszony	teriesonj
horen (werkw.)	hall	hal
horens (dier)	szarv	sarw
horloge	karóra	karrora
hotel	hotel, szálloda	hottel, salodda
houdbaar	tartható	tarthattoo
houden van (liefhebben)	szeret	serret
houden (bewaren)	tart	tart
houden van (lekker vinden)	szeret	serret
houden (vasthouden)	megfog	meghfogh
hout	fa	fa
huid	bőr	beur
huidarts	bőrgyógyász	beurdjoodjaas
huilen	sír	sjier
huis	ház	haaz
huisarts	orvos	orwosj
huishoudelijke artikelen	háztartási cikkek	haaztartaasjie tsiekek
huishouding	háztartás	haaztartaasj
huisvrouw	háziasszony	hazieassonj
huiswerk	házi feladat	hazie felladdat
hulp	segítség	sjeghietsjeegh
huren	bérel	berel
hut (gebouw)	kunyhó	koenjhoo
huur	bérlet	beerlet
huurauto	bérautó	beeraoetoo
huwelijk	házasság	haazasjaagh
huwelijksdatum	házasság kelte	haazasjaag kelte
ideaal (bijv. naamw.)	ideális	iedeaaliesj
identiteitsbewijs	személyi igazolvány	semmeji ieghazzolwaanj

iedereen	mindenki	miendenkie
iemand	valaki	wallakie
iets	valami	wallamie
ijs (bevroren water)	jég	jeegh
ijs (consumptie-)	fagylalt	fadjlalt
ijsblokjes	jégkockák	jeeghkotskaak
ijzel	ólmos eső	oolmosj esjeu
ijzer	vas	wasj
ijzerdraad	vasdrót	wasjdroot
ijzererts	vasérc	wasjeerts
imitatie	utánzat	oetaanzat
imperiaal	fenti csomagtartó	fentie tsjommaghtartoo
in orde	rendben van	rendben wan
inbegrepen	beleértve	belle-eertwe
indeling	felosztás	fellostaasj
inderdaad	valóban	walloban
ineens (plotseling)	hirtelen	hiertellen
ineens (in één keer)	egyszerre	edjserre
inenten	beolt	beolt
infectie	fertőzés	ferteuzeesj
infomeren naar	érdeklődik	eerdekleudiek
informatie	felvilágosítás	felwielaaghosjietaasj
informatiebureau	tudakozó iroda	toedakozoo ieroda
informeren (mededelen)	közöl	kuzzul
ingewanden	belső részek	belsjeu resek
inhaalverbod	előzési tilalom	eleuzeesjie tillalom
inhalen	előz	eleuz
inheems	honi	honnie
injectienaald	injekcióstű	injektsieoosjtuu
inkopen doen	bevásárol	bewaasjarol
inkt	tinta	tienta
inlichtingen(bureau)	információs iroda	ienformaatsie-oosj ierodda
innemen (medicijn)	bevesz	bewwes
innemen (afpakken)	beszed	besseed
inpakken	becsomagol	betsjommaghol
inrijden	behajt	behhajt
inrijverbod	behajtási tilalom	behhajtaasjie tielallom
inschenken	tölt	tult
inschrijven	beiratkozik	be-ieratkoziek
insect	rovar	rowwar
insectenbeet	rovarcsípés	rowwartsjiepeesj
instappen (bus, trein)	beszáll	bessaal

instappen (auto)	beszáll	bessaal
interessant	érdekes	eerdekkesj
interlokaal	távhívás	taawhiewaasj
internationaal	nemzetközi hívás	nemzettkuzzie hiewaasj
invalide	rokkant	rokkant
invalidenwagen	tolókocsi	tollokotsie
invoeren (importeren)	behoz	behhoz
invoeren (maatregel)	bevezet	bewwezzet
invoerrechten	vám	waam
invoervergunning	behozatali engedély	behhozzattalie engheddeej
invullen	kitölt	kietult
inwendig	belül	belluul

J

jaar	év	eew
jaarbeurs	országos vásár	orsaaghosj waasjaar
jaarlijks	évente	ewente
jacht (schip)	jacht	jaht
jacht (dieren doden)	vadászat	waddasat
jam	lekvár	lekwaar
jammer, het is	kár	kaar
jammeren	jajgat	jajghat
jarig zijn	születésnapja van	suletteesjnapja wan
jas (lang)	kabát	kabbaat
jas (kort)	kiskabát	kisjkabbaat
jeugdherberg	ifjúsági szállás	ifjoesjaagie salasj
jeuk	viszketés	wiesketteesj
jeuken	viszket	wiesket
jodium	jód	jood
jong (dier)	kölyök, fióka	kujjuk, fie-ooka
jong (leeftijd)	fiatal	fie-attal
jongen	fiú	fie-oe
juist	helyes	hejesj
jurk	női ruha	nu-ie roeha
juwelen	ékszer	eekser
juwelier	ékszerész	eekserrees

K

kaak	állkapocs	aalkapotsj
kaars	gyertya	djertja
kaart (speel-)	kártya	kaartja
kaart (brief-)	levelezőlap	lewwellezuelap
kaart (land-)	térkép	teerkeep
kaarten (spelen)	kártyázik	kaartjaziek

kaartje (biljet)	jegy	jedj
kaas	sajt	sjajt
kabel (dik touw)	kábel	kabel
kachel	kályha	kaajha
kade	rakpart	rakpart
kader (omlijsting)	keret	kerret
kalfsvlees	borjúhús	borjoehoesj
kam	fésű	feesjuu
kamer	szoba	sobba
kamermeisje	szobalány	sobballaanj
kamernummer	szobaszám	sobbasaam
kamp (leger)	tábor	tabor
kampeerterrein	kemping	kempiengh
kampeeruitrusting	kempingfelszerelés	kempinghfellserreleesj
kamperen	táborozik	taborozziek
kampvuur	tábortűz	tabortuuz
kan	kanna	kanna
kanaal	csatorna	tsjattorna
kandelaar	gyertyatartó	djertjattartoo
kano	kajak	kajjak
kanotocht	kajaktúra	kajjaktoera
kanovaren	kajakozás	kajjakozaasj
kans	esély	esjeej
kansspel	szerencsejáték	serrentsjejjateek
kant (materiaal)	csipke	tsjiepke
kant (richting)	irány	ieraanj
kantlijn	margó	marghoo
kantoor	iroda	ierodda
kantoorhoofd	irodafőnök	ieroddafeunuk
kantoorpersoneel	irodaszemélyzet	ieroddassemeejzet
kapot	elromlott	elromlot
kappen (bomen)	irt	iert
kapper	fodrász	fodraas
kar	kordé	kordee
karaf	üvegpalack	uuweghpalatsk
karnemelk	író	ieroo
kassa	pénztár	peenztaar
kast	szekrény	sekreenj
kasteel	kastély	kasjteej
kat	macska	matsjka
kathedraal	katedrális	kattedralisj
katholiek (rooms-)	római katolikus	roma-ie kattoliekoesh

katoen	pamut	pammoet
kauwen	rág	raagh
kauwgom	rágógumi	raaghooghoemie
keel	torok	torrok
keelpijn	torokfájás	torrokfajaasj
kelder	pince	pientse
kennis (bekende)	ismerős	iesjmerreusj
kennis (wetenschap)	ismeret	iesjmerret
kennismaken	megismerkedik	meghiesmerkeddiek
kennismaking	megismerkedés	meghiesjmerkeddeesj
kerk	templom	templom
kerkdienst	istentisztelet	iesjtentiestellet
kerkhof	temető	temmetteu
kermis	búcsu	boetsjoe
ketting	lánc	laants
keuken	konyha	konjha
keukengerei	konyhai eszközök	konjha-ie eskuzzuk
keus	választék	walasteek
kies	finom	fienom
kiespijn	fogfájás	foghfajaasj
kiezen (stem uitbrengen)	választ	walast
kiezen (een keus maken)	választ	walast
kijken	néz	neez
kikker	béka	beka
kilo	kiló	kieloo
kilometer	kilométer	kielometer
kin	áll	aal
kind	gyermek	djermek
kinderbedje	gyermekágy	djermekaadj
kinderoppas	gyerekre vigyázó	djerrekre wiedjazoo
kinderportie	gyerekadag	djerrekaddagh
kinderstoel	gyerekszék	djerrekseek
kinderwagen	gyerekkocsi	djerek-kotsjie
kiosk	kioszk	kie-osk
kip	csirke	tsjierke
kist	láda	lada
klaar	kész	kees
klacht	panasz	pannas
klachtenboek	panaszkönyv	pannaskunjw
klachtenbureau	panasziroda	pannasierodda
klagen (jammeren)	siránkozik	sjierraankozziek
klagen (klacht indienen)	panaszt tesz	pannast tes

klas (school)	osztály	ostaaj
klasse	minőség	mieneusjeegh
klederdracht	népviselet	neepwiesjellet
kleding	ruházat	roehazat
klein	kicsi	kietsjie
kleingeld	aprópénz	apropeenz
kleinkind	unoka	oenokka
klep	szelep	sellep
kleren	ruhanemű	roehhanemmuu
klerenhanger	ruhaakasztó	roehha-akastoo
klerenkast	ruhásszekrény	roehasjsekrenj
kleur	szín	sien
kleurboek	kifestőkönyv	kiefesjteukunjw
kleuren (blozen)	elpirul	elpieroel
klimaat	éghajlat	egh-hajlat
klip	zátony	zatonj
klok	harang	harrang
klokkentoren (met kerkklok)	harangtorony	harrangtoronj
klontje(suiker)	kockacukor	kotskatsoekor
kloppen (op de deur)	kopog	koppogh
klopt, het	egyezik	edjeziek
klosje	orsó	orsjoo
knie	térd	teerd
knieschijf	térdkalács	teerdkalaatsj
knippen	vág	waagh
knoflook	fokhagyma	fokhadjma
knoop (van kledingstuk)	gomb	ghomb
knoop (in draad)	csomó	tsjommoo
knop (druk-)	kapcsoló	kaptsjolloo
knop (bloem)	bimbó	biemboo
knop (deur-)	kilincs	kielientsj
koek	kalács	kallaatsj
koekje(s)	aprósütemény	aproosjutemmeenj
koel	hűvös	huwusj
koelkast	hűtő	huteu
koers (richting)	irány	ieraanj
koers (geld)	árfolyam	aarfojjam
koets	hintó	hientoo
koffer	bőrönd	beureund
koffie	kávé	kawee
koffieboon	kávészem	kaweesem
koffiekopje	kávéscsésze	kaweesj-tsjese

koffiepot	kávéskanna	kaweesjkanna
kok	szakács	sakkaatsj
koken	főz	feuz
komen	jön	jun
kompas	iránytű	ieraanjtuu
koning	király	kieraj
kool	káposzta	kaposta
koop, te	eladó	elladdoo
koorts	láz	laaz
kopen	vásárol	waasjarol
koper (metaal)	réz	reez
koper (die koopt)	vevő	wewweu
kopje	csésze	tsjese
kort	rövid	ruwied
korting	árkedvezmény	aarkedwezmeenj
kortsluiting	rövidzárlat	ruwwiedzaarlat
kosten (werkw.)	az ára	az ara
kostuum	kosztüm	kostuum
kostuummaat	kosztüm méret	kostuum meret
koud	hideg	hiedegh
kousen	harisnya	harriesj-nja
kraag	gallér	galleer
kraamkliniek	szülőotthon	suuleu-othon
kraampje	bódé	bodee
kraan (hijs-)	emelődaru	emmelleudaroe
kraan (water-)	vízcsap	wieztsjap
krant	újság	oejsjaagh
krijgen	kap	kap
krik	emelő	emmeleu
kruiden	fűszer	fuser
kruidenier	fűszeres	fuserresj
kruidenierswaren	fűszerfélék	fuserfeleek
kruik	korsó	korsjoo
kruis (teken)	kereszt	kerrest
kruising	kereszteződés	kerrestezeudeesj
kuil	gödör	ghuddur
kuit (been)	vádli	waadlie
kunnen (in de gelegenheid zijn)	tud	toed
kunst	művészet	muweset
kunstenaar	művész	muwees
kunstgebit	műfogsor	mufoghsjor

kunsthandel	műkereskedés	mukerresjkeddeesj
kunstmatig	mesterséges	mesjtersjeeghesj
kunstmatige ademhaling	mesterséges légzés	mesjtersjeeghesj leeghzeesj
kurk	(parafa)dugó	parrafadoeghoo
kurkentrekker	dugóhúzó	doeghohoezoo
kus	csók	tsjook
kussen (werkw.)	csókol	tsjokol
kussen (zelfst. naamw.)	párna	paarna
kussensloop	párnahuzat	paarnahoezat
kwaal	baj	baj
kwalijk, neem mij niet	ne haragudj	ne harraghoedj
kwalijk nemen (verwijten)	haragszik	harragsiek
kwaliteit	minőség	mieneusjeegh
kwart	negyed	nedjed
kwartier	negyed óra	nedjed ora
kwijt (verloren)	elveszett	elwesset
kwijtraken	elveszít	elwessiet
kwijtschelden	elenged	ellenged
kwitantie	nyugta	njoeghta

L

laag (zelfst. naamw.)	réteg	retegh
laag (bijv. naamw.)	alacsony	allatsjonj
laars	csizma	tsjiezma
laat	késő	keesjeu
laatst (onlangs)	legutóbb	leghoetoob
laatst (volgorde)	utolsó	oetolsjoo
laatste (meest recente)	utóbbi	oetobie
laatste (niets volgt meer)	legutolsó	leghoetolshoo
lachen	nevet	newwet
laken (beddegoed)	lepedő	leppedeu
lam (dier)	bárány	baranj
lam (verlamd)	béna	bena
lamp (huiskamer)	lámpa	laampa
lamsvlees	bárányhús	baranjhoesj
land	ország	orsaagh
landelijk (platteland)	vidéki	wiedekie
landen (luchtvaart)	leszáll	lessaal
landing	leszállás	lesalaasj
landkaart	térkép	teerkeep
landschap	táj	taaj
lang (tijd)	sokáig	sjokaa-iegh
lang (afstand)	messze	messe

lang (mens)	magas	maghasj
langdurig	hosszasan	hossasjan
langzaam	lassú	lasjoe
langzamerhand	lassanként	lasjankeent
lantaarn (straat-)	utcai lámpa	oetsa-ie laampa
lap grond	telek	tellek
lap (stof)	maradék anyag	marradeek anjagh
lassen	hegeszt	heghest
last hebben van	fáj	faaj
last (gewicht)	teher	tehher
lastig	fáradságos, nehéz	faratsjaaghosj, nehheez
lastigvallen	terhére van	terhere wan
lauw (temperatuur)	langyos	landjosj
lawaai	lárma	laarma
lawaaierig	lármás	laarmaasj
laxeermiddel	hashajtó	hasjhajtoo
leeg	üres	uuresj
leer (materiaal)	bőr	bor
leggen	helyez, rak	hejez, rak
legitimatiebewijs	személyi igazolvány	semejie ighazolwaanj
lek (zelfst. naamw.)	lyuk	joek
lek (bijv. naamw.)	lyukas	joekasj
lekke band	lyukas gumi	loekasj ghoemie
lekker	finom	fienom
lelijk	csúnya	tsjoenja
lenen van	kölcsönöz	kultsjunnuz
lengte (afstand)	hosszúság	hossoesjaagh
lengte (mens)	magasság	maghasjaagh
lens	lencse	lentsje
lente	tavasz	tawwas
lepel	kanál	kannaal
lepeltje	kiskanál	kisjkannaal
leren (studeren)	tanul	tanoel
leren (onderwijzen)	tanít	taniet
leunen	támaszkodik	tamaskodiek
leuning	támasz	tamas
leve ...	éljen	ejen
leven (zelfst. naamw.)	élet	elet
leven (werkw.)	él	eel
levend	élve	eelwe
levensduur	élettartam	elettartam
levensmiddelen	élelmiszer	elelmieser

lezen	olvas	olwasj
lichaam	test	tesjt
lichamelijk	testi	tesjtie
lichamelijke opvoeding	testnevelés	tesjtnewwelleesj
licht (zelfst. naamw.)	fény	feenj
licht (van kleur)	világos	wielaaghosj
licht (gemakkelijk)	könnyű	kunjuu
licht (gewicht)	könnyű	kunjuu
lief	kedves	kedwesj
liefde	szeretet	serrettet
liefhebberij	kedvenc szórakozás	kedwents sorakkozzaasj
liegen	hazudik	hazzoediek
liever hebben	inkább	ienkaab
lift (hijswerktuig)	lift	lieft
liften	autóstoppol	aoetoosjtoppol
liggen (op iets)	fekszik	feksiek
ligstoel	nyugágy	njoeghaadj
ligwagen	alvókocsi	alwokotsjie
lijm	ragasztó	raghasstoo
lijmen	ragaszt	raghast
lijn (draad)	vonal	wonnal
lijn (openbaar vervoer)	járat	jarat
lijn (streep)	vonal	wonnal
lijn (silhouet)	körvonal	kurrwonnal
likken	nyal	njal
links	bal	bal
linksaf	balra	balra
linksafslaan	balra behajtani	balra behhajtannie
linnen (zelfst. naamw.)	lenvászon	lenwason
linnengoed	ágynemű	adjnemmuu
lint	szalag	sallagh
lintje (onderscheiding)	kitüntetés	kietuuntetteesj
lip	ajak	ajjak
lippenstift	rúzs	roezj
liter	liter	lieter
literfles	literes üveg	lieterresj uwegh
logeren	megszáll	meghsaal
logies en ontbijt	szállás reggelivel	salasj reghelliewel
loket	ablak	ablak
loketbediende	pénztáros, hivatalnok	peenztarosj, hiewattalnok
long	tüdő	tudeu
lopen (mechaniek)	járás	jarasj

lopen (te voet)	gyalogol	djaloghol
los	laza	lazza
lossen (lading)	rakodik	rakkodiek
lucht (natuurk.)	levegő	lewwegheu
lucht (hemel)	égbolt	eeghbolt
luchtbed	gumimatrac	ghoemiematrats
luchten (vefrissen)	szellőztet	seleuztet
luchthaven	repülőtér	reppuleuteer
luchtpomp	pumpa	poempa
luchtpost, per	légiposta	leeghieposjta
luchtvaart	légi közlekedés	leeghiekuzlekkeddeesj
lucifer	gyufa	djoefa
luciferdoosje	gyufásdoboz	djoefaasjdobboz
lui	lusta	loesjta
luid	hangos	hangosj
luier (wegwerp-)	eldobható pelenka	eldobhattoo pellenka
luier	pelenka	pellenka
luis	tetű	tettuu
luisteren	hallgat	halghat
lunch	ebéd	ebeed
lunchpakket	ebédcsomag	ebeedtsjomagh

M

maag	gyomor	djommor
maagpijn	gyomorfájás	djommorfajasj
maagtabletten	gyomortabletta	djommortabbletta
maagzuur	gyomorsav	djommorsjaw
maand	hónap	honap
maandverband	egészségügyi betét	egheesjeeghuudjie betteet
maat (grootte)	méret	meret
machtiging	felhatalmazás	felhattalmazaasj
mager	sovány	sjowaanj
magneet	mágnes	maagnesj
makelaar	ügynök	uudjnuk
maken (vervaardigen)	készít	kesiet
maken (repareren)	javít	jawiet
makkelijk	könnyű	kunjuu
man (echtgenoot)	férj	feerj
man	férfi	feerfie
mand	kosár	kosjaar
mank	sánta	sjaanta
margarine	margarin	margharien
marmer	márvány	maarwaanj

massage	maszírozás	massierozzaasj
massief (gebergte)	hegység	hedjsjeegh
massief (compact)	tömör	tummur
mast	árbóc	aarboots
matras	matrac	matrats
maximumsnelheid	maximális sebesség	maksiemaliesj sjebbesjeegh
mayonaise	majonéz	majjoneez
mededeling	közlés	kuzzleesj
medicijn	gyógyszer	djoodjser
meel	liszt	liest
meer dan	több mint	tub mient
meer (hoeveelheid)	több	tub
meer (plas)	tó	too
meisje	lány	lanj
melk	tej	tej
melkpoeder	tejpor	tejpor
meloen	dinnye	dienje
menu	menü, étrend	mennuu, eetrend
mes	kés	keesh
mevrouw	asszony	assonj
middag	délután	deloetaan
middageten	ebéd	ebeed
midden	középen	kuzzepen
middernacht	éjfél	eejfeel
mier	hangya	handja
mijnbouw	bányászat	baanjasat
minder dan	kevesebb mint	kewwesjeb mient
minder	kevesebb	kewwesjeb
misschien	talán	tallaan
misselijk zijn	hányingere van	haanjiengerre wan
mist	köd	kud
misverstand	félreértés	feelre-eerteesj
modder	iszap	iesap
moe	fáradt	farat
moeder	anya	anja
moeilijk	nehéz	nehheez
moeilijkheden	nehézségek	nehheezsjeeghek
moer	anyacsavar	anjatsjawwar
moeras	mocsár	motsjaar
moeten	muszáj	moesaaj
mogelijk	lehetséges	lehhetsjeeghesj
molen	malom	mallom

mond	száj	saaj
mondeling	szóbeli	sobellie
monteur	szerelő	serrelleu
montuur (bril)	szemüvegkeret	semmuweghkerret
mooi	szép	seep
morgen (ochtend)	reggel	reghel
morgen (volgende dag)	holnap	hollnap
mosterd	mustár	moesjtaar
motor	motor	mottor
motorboot	motorcsónak	mottortsjonak
motorfiets	motorkerékpár	mottorkereekpaar
motorpech	motordefekt	mottordeffekt
mouw	ujj	oej
muggen	szúnyogok	soenjoghok
muggenolie/muggenstick	szúnyogriasztószer	soenjoghriastoser
muis	egér	egheer
munt	érme	eerme
muntenverzamelaar	érmegyűjtő	eermedjuujteu
museum	múzeum	meoze-oem
muur	fal	fal
muziek	zene	zenne

N

naaien	varr	war
naald	tű	tuu
naam	név	neew
naast	mellett	mellet
nacht	éjszaka	eejsakka
nachtclub	éjjeli mulató	ejelie moelattoo
nagel	köröm	kurrum
nagellak	körömlakk	kurrumlak
nakijken (controleren)	ellenőriz	elleneuriez
namaak	utánzat	oetaanzat
nat	nedves	nedwesj
nationaliteit	állampolgárság	alampolghaarsjaagh
natuur	természet	termeset
natuurbescherming	természetvédelem	termesetwedelem
natuurlijk (vanzelfsprekend)	természetesen	termwsettesjen
nauw	szűk	suuk
nauwelijks	alig	alliegh
nauwkeurig	pontos	pontosj
Nederland	Hollandia	hollandie-a
Nederlander	holland	holland

Nederlands	holland	holland
neef	fiú unokatestvér	fie-oe oenokkattesjtweer
neerzetten	letesz	lettes
negatief	negatív	neghattiew
net (zojuist)	az imént	az iemeent
net (systeem)	hálózat	halozat
net (gebruiksvoorwerp)	háló	haloo
net (keurig)	takaros	takkarosj
neus	orr	or
neusdruppels	orrcseppek	ortsjeppek
nicht (kind van oom)	lány unokatestvér	laanj oenokkattesjtweer
niemand	senki	sjenkie
niets	semmi	sjemmie
nieuw	új	oej
nieuws	újság	oejsjaagh
nieuwsberichten	hírek	hierek
nieuwsblad	újság	oejsjaagh
niezen	tüsszent	tusent
nodig zijn	szükséges	suuksjeeghesj
nodig hebben	szüksége van rá	suuksjeeghe wan raa
nog	még	meegh
nogal	elég	elleegh
nood	szükség	suuksjeeghesj
noodrem	vészfék	weesfeek
nooduitgang	vészkijárat	weeskiejarat
nooit	soha	sjohha
noorden	Észak	esak
normaal	normális, elfogadott	normaliesj, elfoghaddot
nota	jegyzék	jedjzeek
noteren	feljegyez	feljedjez
nu	most	mosjt
nummer	szám	saam
nummerplaat	rendszámtábla	rendsaamtaabla

O

ober	pincér	pientseer
ochtend	reggel	reghel
oever	part	part
of	vagy	wadj
officieel	hivatalos	hiewattallosj
officier	tiszt	tiest
ogenblik	pillanat	piellannat
oliepeil	olajszint	ollajsient

olie	olaj	ollaj
oliedruk	olajnyomás	ollajnjomaasj
olijf	olajbogyó	ollajbodjoo
olijfolie	olívaolaj	oliewaolaj
omdat	mert	mert
omgeving	környezet	kurnjezzet
omweg	kerülő	keruleu
onbeleefd	udvariatlan	oedwarie-atlan
onberijdbaar	nem járható	nem jaarhatoo
onbewaakt	őrizetlen	euriezettlen
onder	alatt	allat
onderbreken	megszakít	meghsakiet
onderbroek	alsónadrág	alsjoonadraagh
onderdeel (gedeelte)	rész	rees
onderdelen (mechanisme)	alkatrész	alkatrees
ondergrondse	földalatti	fuldallattie
onderkant	alj	alj
onderschrift	aláírás	allaa-ieraasj
ondertekenen	aláír	allaa-ier
onderzoek	vizsgálat	viezjghalat
ondiep	sekély	sjekkeelj
oneerlijk	nem őszinte/igazságtalan	nem usiente, ieghasjaagtallan
oneven (getal)	páratlan	paratlan
ongedierte	féreg	feregh
ongehuwd	nőtlen	nutlen
ongelijk hebben	nincs igaza	nietsj ieghazza
ongeluk	baleset	ballesjet
ongelukkig	boldogtalan	boldoghtallan
ongerust	nyugtalan	njoeghtallan
ongesteld	gyengélkedő	djengheelkedeu
ongeveer	körülbelül	kurrulbelluul
ongunstig	előnytelen	elleunjtellen
onkosten	kiadások	kie-addaasjok
onmiddellijk	azonnal	azzonnal
onmogelijk	lehetetlen	lehhettetlen
onschuldig	ártatlan	aartattlan
ontbijt	reggeli	reghelie
ontbreken	hiányzik	hie-aanjziek
ontdekken	felfedez	felfeddez
ontmoeten	találkozik	tallaalkozziek
ontmoeting	találkozás	tallaalkozzaasj
ontsmetten	fertőtlenít	ferteutlenniet

ontsmettingsmiddel	fertőtlenítő	ferteutlennieteu
ontsteking (infectie)	gyulladás	djoeladdaasj
ontsteking (elektrisch)	gyújtás	djoejtaasj
ontvangen	kap, fogad	kap, foghad
ontwikkelen (film)	előhív	eleuhiew
ontwikkelen (vormen)	kifejleszt	kiefejlest
onvoldoende	elégtelen	elleeghtellen
onweer	zivatar	ziewattar
oog	szem	sem
oogarts	szemész	semmees
oogst	aratás	arrataasj
oogstfeest	arató ünnep	arratoo unep
oogsttijd	aratási idő	arrataasjie iedoeu
ook	is, szintén	isj, sienteen
oor	fül	fuul
oorarts	fülész	fulees
oorsprong	eredet	erreddet
oorspronkelijk	eredetileg	erreddettielegh
oosten	Kelet	kellet
opbellen	felhív	felhiew
opdienen	feltálal	feltalal
open	nyitva	njietwa
openen	nyit	njiet
opengebroken	feltörve	felturwe
opeten	megeszik	meghessiek
opgeven (ophouden)	abbahagy	abbahadj
opgeven (melden)	jelentkezik	jellentkezziek
oplichten (bedriegen)	csal	tsjal
oplichten (optillen)	felemel	fellemmel
oplichting	csalás	tsjallaasj
opmaken (rekening)	kitölt	kietult
opmaken (voltooien)	elfogyaszt	elfodjast
oponthoud	időzés	iedeuzeesj
oppassen (bewaken)	felügyel	feluudjel
oppassen (opletten)	vigyáz	wiedjaaz
oppompen	felpumpál	felpoempaal
opruimen	takarít	takkariet
opruiming (uitverkoop)	kiárusítás	kie-aaroesjietaasj
opschrift	felirat	fellierat
opstaan	felkel	felkel
opstand	felkelés	felkelleesj
optelfout	számítási hiba	samietaasjie hieba

optellen	összead	ussead
opticien	látszerész	laatserrees
optillen	felemel	fellemmel
optocht	felvonulás	felwonnoelaasj
oud	régi	reeghie
oud (van persoon)	idős	iedeusj
ouders	szülők	suleuk
over (afgelopen)	vége	weeghe
over (voorbij, achter)	után	oetaan
over (richting)	keresztül, át	kerrestuul, aat
overbevolking	túlnépesedés	toelnepesjeddeesj
overdag	nappal	nappal
overgeven (capituleren)	megadja magát	meghadja maghaat
overgeven (braken)	hány	haanj
overhandigen	átad	atad
overkant, overzijde	túloldal	toeloldal
overmorgen	holnapután	holnapoetaan
overstappen	átszáll	aatsaal
oversteken (weg)	átkel	aatkel
overtocht	átkelés	aatkelleesj
overweg	átjáró	aatjaroo

P

paal	karó	karroo
paar (koppel)	pár	paar
paar (enkele)	néhány	nehaanj
paard	ló	loo
paardenkracht	lóerő	loo-ereu
paardenstal	istálló	iesjtaloo
paardrijden	lovaglás	lowwaghlaasj
pad (weg)	ösvény	usjweenj
paddestoel	gomba	ghomba
pak (kostuum)	kosztüm	kostuum
pak (pakket)	csomag	tsjommagh
pakket	csomag	tsommagh
pakketpost	csomagszállítás	tsommaghsalietaasj
paleis	palota	pallotta
paleistuin	palotakert	pallottakert
pan	lábos	labosj
panne	defekt	deffekt
pannenkoek	palacsinta	pallatsjienta
panty	harisnyanadrág	harriesjnjanadgraagh
papier	papír	pappier

papieren (documenten)	iratok	ierattok
papiergeld	bankjegy	bankjedj
paprika	paprika	papprieka
paraplu	esernyő	esjernjeu
parasol	napernyő	napparnjeu
pardon	pardon, bocsánat	pardon, botsjaanat
parfum	parfüm	parfuum
park	park	park
parkeermeter	parkolóóra	parkoloo-oora
parkeerplaats	parkolóhely	parkolohelj
parkeren	parkol	parkol
pas (bergen)	hágó	haghoo
pasfoto	igazolványkép	ighazollwaanjkeep
paskamer	próbafülke	probafuulke
paspoort	útlevél	oetlewweel
passen (kleding)	felpróbál	felprobaal
patates frites	hasábburgonya	hasjaaboerghonja
pauze	szünet	sunet
pech	pech	pech
pedaal	pedál	peddaal
peer	körte	kurte
pen (bal-)	golyóstoll	goljosjtol
pen (vilt-)	filctoll	fieltstol
pen (vul-)	töltőtoll	tulteutol
pension (huis)	panzió	panzie-oo
pension (verzorging)	ellátás	ellataasj
peper	bors	borsj
perron	peron	perron
persoon	személy	semmeelj
persoonlijk	személyesen	semmeeljesjen
persoonsbewijs	személyi igazolvány	semmeljie ieghazolwaanj
picknick	piknik	piekniek
pijl	nyíl	njiel
pijn	fájdalom	faajdalom
pijnloos	fájdalommentes	faajdalommentesj
pijnstiller	fájdalomcsillapító	faajdalomtsielapietoo
pijp (rookgerei)	pipa	piepa
pijptabak	pipadohány	piepadohaanj
pil	tabletta	tabletta
pilaar	oszlop	oslop
plaat (afbeelding)	kép	keep
plaat (muziek)	hanglemez	hanghlemmez

plaat (dun metaal)	lemez	lemmez
plaats (plek)	hely	helj
plaats (stoel)	ülőhely	uloeuhelj
plaats bespreken	helyet lefoglal	heljet lefoghlal
plaats (stad, dorp)	helyiség	heljiesjeegh
plaatskaarten	(hely)jegy	jedj
plaatsnemen	helyet foglal	heljet foghlal
plak (schijf)	szelet	sellet
plakband	ragasztószalag	raghastosallagh
plakken	ragaszt	raghast
plan zijn, van	tervez, szándékozik	terwez, saandekozziek
plan	terv	terw
plank	deszka	deska
plant	növény	nuwweenj
plantaardig	növényi	nuwweenjie
plastic	plasztik	plastiek
plat	lapos	lapposj
plattegrond	térkép	teerkeep
platteland	vidék	wiedeek
plein	tér	teer
pleister	ragtapasz	raghtappas
plezier	öröm	urrum
plezierjacht	sétahajó	sjetahhajjoo
poeder	púder	poeder
poes	macska	matska
poetsen	tisztít	tiesztiet
polis	(biztosítási) kötvény	kutweenj
politie	rendőrség	rendeursjeegh
politieagent	rendőr	rendeur
politieauto	rendőrautó	rendeura-oetoo
politiebureau	rendőrörs	rendeurursj
pols	csukló	tsoekloo
polshorloge	karóra	karrora
pomp	pumpa	poempa
pond	fél kiló	feelkieloo
pont	komp	komp
poort	porta, kapu	porta, kappoe
pop	bábú	baboe
poppentheater	bábszínház	baabsienhaaz
portefeuille	tárca	taartsa
portemonnee	pénztárca	peenztaartsa
portie	adag	addagh

portier (deurwacht)	portás	portaasj
porto	portó	portoo
post	posta	posjta
postbode	postás	posjtaasj
postbus	postafiók	posjtafie-ook
postkantoor	postahivatal	posjtahiewattal
postzegel	bélyeg	beeljegh
postzegelalbum	bélyegalbum	beeljeghalboem
pot	fazék	fazzeek
potlood	ceruza	tserroeza
prachtig	pompás	pompaasj
precies	pontos	pontosj
prijs (beloning)	díj	diej
prijs (kosten)	ár	aar
prijslijst	árlista	aarliesjta
proberen	próbál	probaal
procent	százalék	sazalleek
proces verbaal	jegyzőkönyv	jegjzeukunjw
proef (test)	próba	proba
proeven	megkóstol	meghkosjtool
programma	program	proghram
proost!	egészségére!	egheesjeeghere
protest	tiltakozás	tieltakozaash
protestant (hervormd)	protestáns	protesjtaansj
pruim	szilva	sielwa
pudding	puding	poedingh
puist	pattanás	pattanaasj
pyjama	pizsama	piezhamma

R

raam	ablak	ablak
radar	radar	raddar
radarcontrole	radar ellenőrzés	raddar elleneurzeesj
radijs	retek	rettek
radio	rádió	radie-oo
radiouitzending	rádióadás	radie-oo-addaasj
rand	szél	seel
rat	patkány	patkaanj
rauw	nyers	njersj
rauwkost	nyers étel	njersj etel
recept (dokter)	recept	retsept
recept (koken)	recept	retsept
recht	jog	jogh

rechtbank	bíróság	bieroosjaagh
rechtdoor	egyenesen	edjenesjen
rechter	bíró	bieroo
rechts	jobb	job
rechtsaf	jobbra	jobra
rechtuit	egyenesen előre	edjenesjen eleure
redden	(meg)ment	meghment
reddingsgordel	mentőöv	menteu-uw
rederij	hajózási vállalat	hajjozaasji valallat
reep	sáv, szelet	sjaaw, sellet
regen	eső	esjeu
regenen	esik	esjiek
regenjas	esőkabát	esjeukabbaat
register	jegyzék	jedjzeek
reinigen	tisztít	tiestiet
reis	utazás	oetazzaasj
reisartikelen	utazási cikkek	oetazzaasji tsiekek
reisbureau	utazási iroda	oetazzaasji ieroda
reisgids (boek)	útikalauz	oetiekalla-oez
reisleider	idegenvezető	iedeghenwezwtteu
rem	fék	feek
reparatie	javítás	jawwietaasj
reserveonderdelen	pótalkatrész	pootalkatrees
reservewiel	pótkerék	pootkerreek
retourtje	retúrjegy	retoerjedj
ribben	bordák	bordaak
richting	irány	ieraanj
richtingaanwijzer (auto)	index	iendeks
riem (veiligheids-)	biztonsági öv	bieztonsjaaghi uw
riem (ceintuur)	öv, szíj	uw, siej
rijbaan	úttsáv	oetsjaaw
rijbewijs	jogosítvány	joghosjietwaanj
rijden (in voertuig)	vezet	wezzet
rijp	érett	eret
rijweg	úttest	oettesjt
ring	gyűrű	djuruu
riolering	csatornázás	tsatornazaasj
rioolbuis	szennyvízcsatorna	senjwieztsattorna
risico	rizikó	rieziekoo
riskant	kockázatos	kotskazatosj
rit (in voertuig)	túra, menet	toera, mennet
ritssluiting	cipzár	tsiepzaar

rivier	folyó	foljoo
Rode-Kruispost	Vöröskereszt	wurusjkerrest
roeiboot	csónak	tsonak
roeien	evezés	ewwezeesj
roeiriemen	evező	ewwezeu
roepen	kiált, hív	kie-aalt, hiew
roer	kormány	kormaanj
roest	rozsda	rozhda
roesten	rozsdásodik	rozhdaasjoddik
rok	szoknya	soknja
roken	dohányzó	dohhaanjzoo
roltrap	mozgólépcső	mozgholeeptseu
rond (beweging)	körbe	kurbe
rond (vorm)	kerek	kerrek
rondrit	körutazás	kuroetazaasj
rondvaart	sétahajózás	sjetahhajjozaasj
rondweg	körút	kurroet
rood	piros	pierosj
rookcoupé	dohányzó/szakasz	dohhaanjzoo/sakkas
room	tejszín	tejsien
roos (bloem)	rózsa	roozha
roos (in het haar)	korpás	korpaasj
roosteren	roston süt	rosjton sjuult
rot	rohadt	rohatt
rots	szikla	siekla
rotsachtig	sziklás	sieklaasj
route	útirány	eotieraanj
routebeschrijving	útleírás	oetle-ieraasj
routine	rutin	roetien
rug	hát	haat
rugpijn	hátfájás	haatfajaasj
rugzak	hátizsák	hatiezhaak
ruilen	cserél	tsereel
rund	marha	marha
rundvlees	marhahús	marhahoesj
rustbank	heverő	hewwerreu
rusten	pihen	piehen
rustig	nyugodt	njoegot
ruw	durva	doerwa
ruzie	veszekedés	wessekeddeesj

S

salade	saláta	sjallata

salaris	fizetés	fiezeteesj
samen	együtt	edjuut
sap	lé	lee
saus	szósz	soos
schaafwond	horzsolás	horzhollaasj
schaap	juh	joeh
schaar	olló	olloo
schade	kár	kaar
schaduw	árnyék	aarnjeek
schakelaar	kapcsoló	kaptsolloo
schakelen	kapcsol	kaptsol
schaken	sakkozik	sjakkozzik
scheef	ferde	ferde
scheepvaart	hajózás	hajjozaasj
scheerapparaat	borotva	borrotwa
scheermesje	zsiletpenge	zhielettpenghe
schelp	kagyló	kadjloo
schep	merőkanál	merreukanaal
scheren	borotvál	borrotwaal
scherp	éles	elesj
scherven	szilánk	sielaank
scheur	repedés	reppeddeesj
scheuren	elszakít	elsakkiet
schilderij	festmény	fesjtmeenj
schip	hajó	hajjoo
schoen	cipő	tsiepeu
schoenenwinkel	cipőbolt	tsipeubolt
schoenlepel	cipőkanál	tsiepeukannaal
schoenmaker	cipész	cieppees
schoensmeer	cipőkrém	tseipeukreem
schoenveters	cipőfűző	tsiepeufuzeu
schokbreker	lökhárító	lukharietoo
school	iskola	iesjkolla
schoolkinderen	iskolások	iesjkollaasjok
schoolplein	iskolaudvar	ieskolla-oedwar
schoon	tiszta	tiesta
schoonmaken	takarít	takkariet
schoonmaker	takarító	takkarietoo
schotel	csészealj	tsese-alj
schouder	váll	waal
schouwburg	színház	sienhaaz
schrijfbloc	jegyzettömb	jedjzettumb

schrijfwaren	írószer	ieroser
schroef (schip)	hajócsavar	hajjootsawwar
schroef	csavar	tsawwar
schroevendraaier	csavarhúzó	tsawwarhoezoo
schroeven	csavarok	tsawwarok
schuld	tartozás	tartozzaasj
schuldig	vétkes	weetkes
seizoen	idény	iedeenj
serveerster	kiszolgálónő	kisolghaloneu
serveren	felszolgál	felsolghaal
servetje	szalvéta	salweta
shampoo	sampon	sjampon
sieraad	ékszer	eekser
sigaretten	cigaretta	tsiegharretta
sinaasappel	narancs	narrants
sinaasappelsap	narancslé	narrantslee
sla	saláta	sjallata
slaap	alvás	alwaasj
slaapplaats	alvóhely	alwohelj
slaapwagen	hálókocsi	halokotsie
slaapzak	hálózsák	haloozhaak
slachten	levág	lewwaagh
slagader	ütőér	uteu-eer
slager	hentes	hentesj
slagerij	hentesüzlet	hentesjuuzlet
slagroom	tejszín	tejsien
slak	csiga	tsiegha
slang (reptiel)	kígyó	kiedjoo
slaolie	étolaj	etollaj
slap	gyenge	djenghe
slecht	rossz	ros
slechthorend	nagyothalló	nadjothalloo
sleepkabel	vontatókötél	wontattokutteel
sleepwagen	vontató	wontattoo
slepen	vontat	wontat
sleutel	kulcs	koelts
sleutelgat	kulcslyuk	koelts-joek
sleutelmaker	lakatos	lakkattosj
slijm	nyálka	njaalka
slinger	indítókar, kurbli	iendietokar, koerblie
slipgevaar	csúszós úttest	tsoesoosj oetesjt
slipje	bugyi	boedjie

sloot	árok	arok
slot (kasteel)	kastély	kasjteelj
slot (deur)	zár	zaar
sluis	zsilip	zhieliep
sluiten	zár	zaar
sluitingstijd	záróra	zarora
smal	keskeny	kesjkenj
smeermiddel	kenőcs	keneuts
smeren	beken	bekken
smerig	mocskos	motskosj
snackbar	büfé	bufee
snee (wond)	vágás	waaghaasj
sneeuw	hó	ho
sneeuwketting	hólánc	holaants
sneeuwruimer	hólapát	holapaat
snel	gyors	djorsj
snelheid	sebesség	sjebbesjeegh
snelheidsbeperking	sebességkorlátozás	sjebbesjeeghkorlatozzaasj
snelheidsmeter	sebességmérő	sjebbesjeeghmereu
sneltrein	gyorsvonat	djorsjwonnat
snoepje	cukorka	tsoekorka
snoer	zsinór	zhienoor
snor	bajusz	bajjoes
soda	szóda	soda
soep	leves	lewwesj
soeplepel	evőkanál	eweukannaal
sok	zokni	zoknie
soort	fajta	fajta
souvenir	emléktárgy	emleektaardj
spaak	küllő	kuleu
spannend	izgalmas	iezghallmasj
spanning (emotie)	izgalom	iezghallom
spanning (druk)	nyomás	njommaasj
specialist	specialista	sjpetsie-alisjta
speelgoed	játékszer	jateekser
speelgoedwinkel	játékbolt	jateekbolt
speelkaarten	kártya	kaartja
speelplaats	játszótér	jaatsoteer
speeltuin	játszótér	jaatsoteer
spek	szalonna	sallonna
speld	melltű	meltuu
spelen	játszik	jaatsiek

spellen	betűz	bettuuz
spelletje	játék	jateek
spiegel	tükör	tukeur
spier	izom	iezom
spierpijn	izomláz	iezomlaaz
spijker	szög	sugh
spijsvertering	emésztés	emmeesteesj
spin	pók	pook
spinazie	spenót	sjpennoot
spiritus (brandstof)	spiritusz	sjpierietoes
splinter	szálka	saalka
spoed!	sürgős!	sjuurgheusj
spoedig	sürgősen	sjuurgheusjen
spons	szivacs	siewats
spoorboekje	menetrend	mennetrend
spoorbomen	sorompó	sjorrompoo
spoorkaartje	vonatjegy	wonnatjedj
spoorlijn	vasútvonal	wasjoetwonnal
spoorwegen	vasút	wasjoet
spoorwegovergang	vasúti átkelő	wasjoetie aatkelleu
sport	sport	sjport
sportliefhebber	sportbarát	sjportbarraat
sportterrein	sportpálya	sjportpaalja
sportwagen	sportautó	sjporta-oetoo
spreekkamer	rendelő	rendelleu
spreekuur	fogadóóra	foghaddoo-oora
springen	ugrik	oeghriek
springplank	ugródeszka	oegrodeska
sproeien	locsol	lotsol
spuwen	köp	kup
staal	acél	atseel
staan (op de benen)	áll	aal
stad	város	warosj
stadhuis	városháza	warosjhaza
stadsplattegrond	várostérkép	warosjteerkeep
stadswandeling	helyi séta	heljie sjeta
stal	istálló	isjtaloo
stallen	istállóz	isjtalooz
stalling	istállózás	iestalozaasj
standbeeld	szobor	sobbor
stank	bűz	buuz
starten (beginnen)	kezd	kezd

starten (motor)	beindul	be-iendoel
startmotor	indítómotor	iendietoo-mottor
statief	állvány	aalwaanj
statiegeld	betét	betteet
station	állomás	alomaasj
steeds weer	folyvást	foljwaasjt
steen	kő	keu
steenpuist	furunkulus	foeroenkoeloesj
steil	meredek	merreddek
stekker	hálózati csatlakozó	halozattie tsatlakkozoo
stelpen	lecsillapít	letsjielappiet
stem	hang	hangh
stemmen (instrument)	hangol	hanghol
stemmen (kiezen)	választ	walast
stempel	pecsét	petsjeet
stempelen	pecsétel	petsjetel
sterk	erős	erreusj
sterkte (kracht)	erő	ereu
stevig	tartós	tartoosj
stijf	merev	merrew
stil	csendes, mozdulatlan	tsjendesj, mosdoelatlan
stilte	csend	tsjend
stinken	bűzlik	buuzliek
stoel	szék	seek
stoelleuning	karfa	karfa
stof (vuil)	por	por
stof (materiaal)	anyag	anjagh
stok	bot	bot
stomerij	vegytisztító	wedjtietietoo
stoommachine	gőzgép	gheuzgheep
stoomtrein	gőzmozdony	gheuzmozdonj
stoomvaart	gőzhajózás	gheuzhajjozaasj
stop (afvoer)	dugó	doeghoo
stop!	állj!	aaj
stopcontact	konnektor	konnektor
stoplicht	jelzőlámpa	jelzeulaampa
stoppen (halthouden)	megáll	meghaal
stoptrein	személyvonat	semmeejwonnat
storen (lastigvallen)	zavar	zawwar
storen (onderbreken)	megszakít	meghsakiet
storing	zavar	zawwar
storm	vihar	wiehar

stormlamp	viharlámpa	wieharlaampa
stormwaarschuwing	viharjelzés	wieharjelzeesj
straat	utca	oetsa
strak	feszes	fessesj
straks	előbb, mindjárt	elleub, miendjaart
strand	tengerpart	tengherpart
strandstoel	nyugágy	njoeghaadj
streek (regio)	vidék	wiedeek
streekgerecht	helyi ételek	heljie etellek
streekwijn	helyi borok	heljie borrok
streep	vonal	wonnal
strijken (wrijven)	simít	sjiemiet
strijken (kleding)	vasal	wasjal
strijkijzer	vasaló	wasjaloo
strijkplank	vasalódeszka	wasjalodeska
stromen (vloeien)	ömlik	umliek
stromend water	folyó víz	foljoo wiez
stroming (cultuur)	irányzat	ieraanjzat
stroming (water)	folyás	foljaasj
stroom (elektriciteit)	elektromosság	elektromosjaagh
struik	cserje	tsjerje
student	egyetemista	edjetemiesjta
studentenhuis	diákszálló	die-aaksaloo
studeren	tanul	tannoel
studie	tanulmány	tannoelmaanj
stuk (gedeelte)	rész	rees
stuk (defect)	elromlott	elromlot
stuk (exemplaar)	darab	darrab
stuur (schip)	kormány	kormaanj
stuur (tweewieler)	kormány	kormaanj
stuur (auto)	kormány	kormaanj
stuurinrichting	vezérmű	wezeermuu
suiker	cukor	tsoekor
suikerpot	cukortartó	tsoekortartoo
suikerziekte	cukorbetegség	tsoekorbeteghsjeegh
supermarkt	ABC, szupermarket	aabts, soepermarket

T

taai	szívós	siewoosj
taal	nyelv	njelw
taart	torta	torta
taartje	szelet sütemény	sellet sjutemmeenj
tabak	dohány	dohhaanj

tabakswinkel	dohánybolt	dohaanjbolt
tabletje	tabletta	tabletta
tafel	asztal	astal
tafelkleedje	asztalterítő	astalterieteu
tak (boom)	ág	aagh
tam	szelíd	sellied
tampon	tampon	tampon
tand	fog	fogh
tandarts	fogorvos	foghorwosj
tandenborstel	fogkefe	foghkeffe
tandpasta	fogkrém	foghkreem
tank (vloeistof)	tartály	tartaalj
tanken	tankol	tankol
tankstation	benzinkút	benzienkoet
tarief	díjszabás	diejsabbaasj
tas	táska	taasjka
taxistandplaats	taxiállomás	taksie-aalomaasj
te (plaatsaanduiding)	-on, -en, -ön	on, en, un
te (meer dan nodig)	túl	toel
teen	lábujj	laboej
tegel	csempe	tsjempe
tegelijk	ugyanakkor	oedjanakkor
tegelijkertijd	egyidejűleg	edjiedejulegh
tegen (contra)	ellen	ellen
tegen (positie)	szemben	semben
tegenover	átellenben	aatellenben
tegenstander	ellenfél	ellenfeel
tegenwoordig	jelenleg	jellenlegh
teken	jel	jel
tekenen (handtekening)	aláír	alaa-ier
tekenen	rajzol	rajzol
telefoneren	telefonál	telleffonnaal
telefoon	telefon	telleffon
telefoonboek	telefonkönyv	telleffonkunjw
telefooncel	telefonfülke	telleffonfuulke
telefoonnummer	telefonszám	telleffonsaam
telegram	távirat	tawierat
televisie	televízió	tellewwiezie-oo
televisieprogramma	televízió műsor	tellewwiezie-oo muusjor
tempel	templom	templom
temperatuur	hőmérséklet	heumeersjeeklet
tennis	tenisz	tennis

tennisbaan	teniszpálya	tennispaalja
tent	sátor	sjator
tentharing	sátorcövek	sjatortsuwek
tentoonstelling	kiállítás	kie-aalietaasj
terras	terasz	terras
terug	vissza	wiesa
terugkeer	visszatérés	wiesattereesj
terugreis	visszaút	wiesa-oet
tevreden	elégedett	eleegheddet
thermometer	hőmérő	heumereu
thermoskan	termoszkanna	termoskanna
thuis	otthon	othon
thuiskomst	hazaérkezés	hazza-eerkezzeesj
tijd	idő	ideu
tijdelijk	ideiglenes	iede-ieghlennesj
tijdperk	korszak	korsak
tijdschrift	folyóirat	foljoo-ierat
tocht, het	huzat van	hoezat wan
tocht (reis)	utazás	oetazaasj
tocht (luchtstroom)	huzat	hoezat
toegang	belépés	bellepeesj
toegangskaartje	belépőjegy	bellepeujedj
toeslag	pótdíj	pootdiej
toestaan	engedélyez	engheddejez
toestemming	engedély	enghedeej
toilet	mosdó, WC	mosjdoo, weetse
toiletpapier	WC-papír	weetse papier
tolk	tolmács	tolmaatsj
tomaat	paradicsom	parraddietsjom
toneel	színpad	sienpad
toneelvoorsteling	színházi előadás	sienhazie eleu-adaasj
tonen (laten zien)	mutat	moetat
tong (mond)	nyelv	njelw
toosten	felköszönt	felkussunt
top	csúcs	tsjoetsj
toren	torony	torronj
touw	kötél	kutteel
trap (schop)	rugás	roeghaasj
trap (met treden)	lépcső	leptsjeu
trein	vonat	wonnat
treinkaartje	vonatjegy	wonnatjedj
trekken (aan iets)	húz	hoez

trommel (bergplaats)	doboz	dobboz
trommel (instrument)	dob	dob
trui	pulóver	poelower
tuin	kert	kert
tunnel	alagút	allaghoet
tussen	között	kuzut
tweedehands	használt	hasnaalt
tweeling	iker	ieker
tweepersoonsbed	kétszemélyes ágy	keetsemmeejesj
tweepersoonskamer	kétágyas szoba	keetaadjasj sobba

U

ui	hagyma	hadjma
uit (naar buiten)	ki	kie
uit (afkomstig van)	-ból, -ből	bool, beul
uitgaan (ontspanning)	szórakozik	sorakkoziek
uitgang	kijárat	kiejarat
uitkijken	körülnéz	kurruulneez
uitlaat	kipufogócső	kiepoefoghootsjeu
uitlenen	kikölcsönöz	kiekultsjuzuz
uitrusten (voorzien van)	felszerel	felserrel
uitrusten (rust nemen)	megpihen	meghpiehen
uitrusting	felszerelés	felserreleesj
uitspraak	kiejtés	kie-ejteesj
uitspreken	kimond	kiemond
uitstapje	kirándulás	kieraandoelaasj
uitstekend (naar buiten)	kiugró	kie-oeghroo
uitstekend (prima)	kiváló	kiewaloo
uitstel	halasztás	hallastaasj
uitverkoop	kiárusítás	kie-aruesjietaasj
uitwendig (gebruik)	külsőleg	kuulsjeulegh
uitwijken	kitér	kieteer
uitzicht	kilátás	kielataasj
uitzichtpunt	kilátó	kielatoo
uur	óra	ora
uurwerk	óramű	oramuu

V

vaak	gyakran	djakran
vaartuig	jármű	jaarmuu
vaarwel	Isten veled!	iesjten welled
vaas	váza	waza
vader	apa	appa
vakantie	vakáció	wakkaatsie-oo

vakantiehuisje	nyaraló	njarraloo
val (omlaag)	esés	esjeesj
val (jacht)	csapda	tsjapda
valhelm	bukósisak	boekoosjiesjak
vallen	esik	esjiek
van (herkomst)	-ról, -ről, -tól, -től, -ból,	rool, reul, tool, teul, bool
vanaf (startpunt)	-tól, -től	tool, teul
vandaag	ma	ma
varen	hajózik	hajjoziek
varken	disznó	diesnoo
varkensvlees	sertéshús	sjerteesjhoesj
vast	állandó	alandoo
vasten	böjtöl	bujtul
vastentijd	böjt	bujt
vasthouden (in hechtenis)	fogva tart	foghwa tart
vasthouden (in de hand)	megfog	meghfogh
vastmaken	odaerősít	odda-erreusjiet
vee	marha	marha
veehandel	marhakereskedés	marhakeresjkeddeesj
veel	sok	sjok
veemarkt	marhavásár	marhawaasjaar
veer (metaal)	rugó	roeghoo
veer (vogel)	toll	tol
veerboot	komp	komp
vegen	seper	sjepper
vegetarisch	vegetáriánus	weghetarie-aanoesj
veilig	biztonságos	bieztonsjaaghosj
veiligheid	biztonság	bieztonsjaaghosj
veiligheidsgordel	biztonsági öv	bieztonsjaaghie uw
veld	mező	mezeu
veldfles	kulacs	koelatsj
velg	kerékpánt	kerreekpaant
ventiel	szelep	sellep
ver	messze	messe
veranderen	változik	waaltoziek
verantwoordelijk	felelős	fellelleusj
verbaasd	csodálkozó	tsjoddaalkozzoo
verband	kötés	kutteesj
verbandgaas	kötszer	kutser
verbandkist	mentőláda	menteulada
verbazing	csodálkozás	tsjoddaalkozzaasj
verbinden (wond)	bekötöz	bekkeutuz

verbinden (contact leggen)	kapcsolatot teremt	kaptsjollatot terremt
verbinding (twee dingen)	kapcsolás	kaptsjollaasj
verblijfplaats	tartózkodási hely	tartoozkoddaasjie hej
verblijfsvergunning	tartózkodási engedély	tartoozkoddaasjie engheddeej
verblinden	elvakít	elwakkiet
verbod	tilalom	tielalom
verboden te	tilos ...-ni	tielosj ..-nie
verbranden (zon)	leég	le-eegh
verbranden (vuur)	odaég	odda-eegh
verbroken	megszakadt	meghsakkat
verder (vervolg)	továbbá	towwaba
verder (afstand)	odébb	odeeb
verf	festék	fesjteek
vergeten	elfelejt	elfellejt
vergezeld van	... kíséretében	... kiesjeretteben
vergezellen	kísér	kiesjeer
vergiftiging	mérgezés	meerghezzeesj
vergissen	téved	tewed
vergissing	tévedés	tewedeesj
vergoeding	kártérítés	kaarterieteesj
vergroting	nagyítás	nadjietaasj
verguld (materiaal)	aranyozott	arranjozot
vergunning	engedély	enghedeej
verhuizen	elköltözik	elkultuziek
verhuren	bérel	berel
verhuurbedrijf	kölcsönző	kultsjunzeu
verhuurd	(ki)kölcsönzött	kiekultsjunzut
vering	rugózás	reoghozaasj
verjaardag	születésnap	suleteesjnap
verkeer	közlekedés	kuzlekkedeesj
verkeerd	téves	tewesj
verkeersagent	közlekedési rendőr	kuzlekkedeesjie rendeur
verkeersbord	forgalmi tábla	forghalmie taabla
verkeersbureau	utazási iroda	oetazzaasjie ierroda
verkering	jegyesség	jedjesjeegh
verkopen	elad	ellad
verkoper	eladó	elladoo
verkouden	megfázik	meghfaziek
verkoudheid	megfázás	meghfazaasj
verlaten (opgegeven)	elhagy	elhadj
verlaten (weggaan)	elmegy	elmedj
verleden week	múlt hét	moelt heet

verleden (tijd)	múlt idő	moelt ideu
verlichten (gewicht)	könnyít	kunjiet
verlichten (beschijnen)	megvilágít	meghwielaghiet
verlichting (beschijning)	világítás	wielaghietaasj
verlies	veszteség	westesjeegh
verliesgevend	veszteséges	westesjeeghesj
verliezen	elveszít	elwessiet
verloofde	jegyes	jedjesj
verlopen (ongeldig)	lejárt	lejjaart
verloren	elveszett	elwasset
verloving	eljegyzés	eljedjzeesj
verminderen	csökkent	tsjukkent
verpleger	betegápoló	betteghapolloo
verplicht	kötelező	kuttellezzeu
verrassing	meglepetés	meghleppetteesj
vers (lied)	vers	wersj
vers (nieuw)	új, friss	oej, friesj
verschil	különbség	kulunbsjeegh
verschillend	különböző	kulunbuzeu
versiering	dekoráció	dekkorraatsie-oo
versleten	kopott	koppot
versnelling (hoger tempo)	gyorsulás	djorsjoelaasj
versnellingsbak	sebváltó	sjebwaaltoo
versperring	torlasz	torlas
verstaan (begrijpen)	(meg)ért	megheert
verstaan (horen)	hall	hal
verstopping	szorulás	sorroelaasj
verstopt (dichtgeraakt)	eldugult	eldoeghoelt
verstopt (verborgen)	eldugott	eldoeghot
vertalen	fordít	fordiet
vertaling	fordítás	fordietaasj
verte, in de	a távolban	a taawolban
vertraging	késés	keesjeesj
vertrek (op weg gaan)	indulás	indoelaasj
vertrek (kamer)	helyiség	hejiesjeegh
vertrekken	indul	iendoel
vervangen	pótol	potol
verwachten	vár	waar
verwachting, in	terhes	terheesj
verwachting	elvárás	elwaraasj
verwarming (centrale)	központi fűtés	kuzpntie futeesj
verwisseld	felcserélt	feltsjerreelt

verwonding	seb	sjeb
verzekeren (via een polis)	biztosít	bieztosjiet
verzekering (assurantie)	biztosítás	bieztosjietaasj
verzekeringsbewijs	biztosítási lap	bieztosjietaasjie lap
verzekeringsmaatschappij	biztosítótársaság	biztosjietotaarsjasjaagh
verzekeringspremie	biztosítási díj	bieztosjietaasjie diej
verzenden	felad	fellad
verzoek	kérelem	kerellem
verzoeken (vragen)	felkér	felkeer
vest	mellény	melleenj
vestigen	létesít	letesjiet
vesting	erőd	ereud
vet (zelfst. naamw.)	zsír	zhier
vet (bijv. naamw.)	kövér	kuweer
viaduct	viadukt	wie-adoekt
vierkant (figuur)	négyszög	needjsugh
vierkant (vorm)	négyszögletes	needjsughlettesj
vies	piszkos	pieskosj
vijg	füge	fughe
vijl	ráspoly	raasjpoj
vinden	talál	tallaal
vinder	megtaláló	meghtallaloo
vis	hal	hal
visitekaartje	névjegykártya	neewjedjkaartja
vissen	pecázás	petsazaasj
visser	halász	hallaas
vissersdorp	halászfalu	hallaasfaloe
visum	vízum	wiezoem
viswinkel	halüzlet	halluuzlet
Vlaams	flamand	flamand
Vlaanderen	Flandria	flandrie-a
vlag	zászló	zaasloo
vlak	sík	sjiek
vlakbij	közvetlen közel(ben)	kuzwetlen kuzzelben
vlakte	síkság	sjieksjaagh
vlam	láng	laangh
Vlaming	flamand	flammand
vlees	hús	hoesj
vlek	folt	folt
vlekkenmiddel	folttisztító	foltiestietoo
vlieg	légy	leedj
vliegen	repül	reppuul

vliegtuig	repülőgép	reppuleugheep
vliegveld	repülőtér	reppuleuteer
vlo	bolha	bolha
vloed	ár	aar
vloedgolf	árhullám	aarhoelaam
vloeien	folyik	fojiek
vloeistof	folyadék	fojjadeek
vloer	padlózat	padlozat
vlooienmarkt	bolhapiac	bolhappie-ats
vlooienpoeder	bolhairtó	bolha-iertoo
vlucht (uit angst)	menekülés	mennekkuleesj
vlucht (luchtvaart)	repülőjárat	reppuleujarat
vluchteling	menekült	mennekuult
vluchtig (oppervlakkig)	felületes	felulettesj
vlug	gyors	djorsj
vocht	nedvesség	nedwesjeegh
vochtig	nedves	nedwesj
voedsel	táplálék	taaplaleek
voedselvergiftiging	ételmérgezés	etelmeerghezzeesj
voelen	érez	erez
voet	láb	laab
voetbal (sport)	futball	voetbal
voetbal (bal)	futball-labda	voetbal -labda
voetbalstadion	futballstadion	voetbalsjtadie-on
voetbalwedstrijd	futballmérkőzés	voetbalmeerkeuzeesj
voetganger	gyalogos	djalloghosj
voetpad	gyalogút	djaloghoet
vogel	madár	maddaar
vol (geen plaats meer)	tele	telle
volgen	követ	kuwwet
volgend	következő	kuwwetkezeu
volk	nép	neep
volksdans	népitánc	nepietaants
volkskunst	népművészet	neepmuweset
volkslied	himnusz	miemnoes
volksliedje	népdal	neepdal
volledig	teljes(en)	tejjesjen
voltanken	tele tankol	telle tankol
vonk	szikra	siekra
voor (tijdstip)	előtt	eleut
voor (plaatsbepaling)	előtt	eleut
vooraan	elől	eleul

vooraanstaand (belangrijk)	kiemelkedő	kie-emelkedeu
voorbehoedsmiddel	fogamzásgátló	foghamzaasjghaatloo
voorhoofd	homlok	homlok
voorkant	elülső oldal	eluulsjeu oldal
voornaam (belangrijk)	előkelő	eleukelleu
voornaam (naam)	keresztnév	kerestneew
voorrang verlenen	elsőbbséget ad	elsjeubsjeeghet ad
voorrang	elsőség	elsjeusjeegh
voorrangskruising	főúti kereszteződés	feu-oeti kerrestezeudeesj
voorrangsweg	főút	feu-oet
voorruit	szélvédő	seelwedeu
voorstel	javaslat	jawwasjlat
voorstellen (voorstel doen)	javasol	jawwasjol
voorstellen (introduceren)	bemutat	bemoettat
voorstellen (uitbeelden)	kifejez	kiefejjez
voorstelling (theater)	előadás	elleu-addaasj
voortdurend	állandó(an)	alandoo-an
voortmaken	iparkodik	ieparkoddiek
voortreffelijk	remek	remmek
vooruit	előre	eleure
vooruitstekend	előreugró	eleure-oeghroo
voorwaarde	feltétel	feltetel
voorwaardelijk	feltételes	feltetellesj
voorzichtig	óvatos	owatosj
vorige week	múlt hét	moelt heet
vorige (vroegere)	előző	elleuzeu
vork	villa	wiela
vorm (omtrek, figuur)	forma	forma
vorst (titel)	fejedelem	fejjeddellem
vorst (temperatuur)	fagy	fadj
vraag	kérdés	keerdeesj
vragen (verzoeken)	kér	keer
vragen (om een antwoord)	kérdez	keerdez
vreemd (verbazingwekkend)	furcsa	foertsja
vreemd (buitenlands)	idegen	iedeghen
vreemdeling	idegen	iedeghen
vreemdelingendienst	idegenrendészet	iedeghenrendeset
vriend	barát	barraat
vriendelijk	barátságos	barraatsjaaghosj
vrij	szabad	sabbad
vrijen	szeretkezik	serretkezziek
vrijgezel	agglegény	aghlegheenj

221

vrijheid	szabadság	sabbatsjaagh
vrouw	nő	neu
vrouw (echtgenote)	feleség	fellesjeegh
vrucht (fruit)	gyümölcs	djumultsj
vruchtensap	gyümölcslé	djumultsjlee
vuil	piszkos	pieskosj
vuilnisbak	szemétláda	semmeetlada
vuilnisman	szemetes	semmettesj
vulkaan	vulkán	woelkaan
vullen	tölt	tult
vuur	tűz	tuuz
vuurwerk	tüzijáték	tuziejateek
VVV	idegenforgalmi hivatal	iedeghenforghalmie hiewattal

W

w.c.	WC	weetsee
waar (naar waarheid)	igaz	ieghaz
waar (vragend)	hol?	hol
waarde	érték	eerteek
waardeloos	értéktelen	eerteektellen
waarheid	igazság	iegasjaagh
waarom (redengevend)	amiért	amie-eert
waarom (vragend)	miért?	mie-eert
waarschuwen	figyelmeztet	fiedjelmeztet
waarschuwing	figyelmeztetés	fiedjelmezteteesj
wachten	vár	waar
wachtkamer	várószoba	warosobba
wagen (kar)	kocsi	kotsjie
wagen (auto)	autó	a-oetoo
wagen (durven)	mer	mer
wagon	vagon	waghon
wal (land)	part	part
wal (muur)	sánc	sjaants
wandelen	sétál	sjetaal
wandeling	séta	sjeta
wandelkaart	túristatérkép	toeriesjtatteerkeep
wandelroute	sétaútvonal	sjeta-oetwonnal
wandelschoenen	túracipő	toeratsiepeu
wang	orca	ortsa
wanneer (vragend)	mikor?	miekor
wanneer (voorwaarde)	ha	ha
wanneer (tijdstip)	amikor	ammiekor
warenhuis	áruház	aroehaaz

warm	meleg	mellegh
warmte	melegség	melleghsjeegh
wasautomaat	mosógép	mosjoogheep
wasgoed	mosnivaló	mosjniewalloo
washandje	mosdókesztyű	mosjdokesstjuu
wasknijpers	csipesz	tsjiepes
wasmiddel	mosószer	mosjoser
wasruimte (voor mensen)	mosdó	mosjdo
wassen (wasgoed)	mos	mosj
wassen (mensen)	mosakodik	mosjaksiek
wasserette	mosoda	mosjoda
wastafel	mosdókagyló	mosjdokadjloo
wat (een beetje)	kevéske	keweesjke
wat (hetgeen)	ami	ammie
wat (vragend)	mi?	mie
water	víz	wiez
waterskiën	vízisíelés	wieziesjie-elleesj
watersport	vízisport	wieziesjport
waterval	vízesés	wiezesjeesj
watje	vatta	watta
wedstrijd	mérkőzés	meerkeuzeesj
week (7 dagen)	hét	heet
week (slap)	gyenge	djenghe
weekeinde	hétvége	heetweeghe
weer (meteorologisch)	időjárás	ieddeujaraasj
weer (nogmaals)	ismét	iesjmeet
weerbericht	időjárásjelentés	iedeujaraasj-jellenteesj
weg (manier)	mód	mood
weg (verkeer)	út	oet
weg (verdwenen)	eltünt	eltuunt
wegdek	útburkolat	oetboerkollat
wegenkaart	autótérkép	a-oetoteerkeep
wegenwacht	autómentő	a-oetomenteu
weggaan	elmegy	elmedj
wegomlegging	terelő	terreleu
wegsplitsing	útelágazás	oetellaaghazzaasj
wegwijzer	útmutató	oetmoettattoo
weigeren	megtagad	meghtaghad
weinig	kevés	kewweesj
wekken	ébreszt	eebrest
wekker	ébresztőóra	eebresteu-ora
wel	jól	jool

welk(e) (voornaamwoord)	amelyik	ammejiek
welk(e) (vragend)	melyik?	mejiek
welkom!	Isten hozta!	isjten hozta
welterusten	jó éjszakát	joo eejsakkaat
wens (toegewenst)	kívánság	kiewaansjaagh
wens (verlangen)	óhaj	ohaj
wensen (toewensen)	kíván	kiewaan
wereld	világ	wielaagh
werk (arbeid)	munka	moenka
werken (functioneren)	működik	mukuddiek
werken (arbeiden)	dolgozik	dolghoziek
werkgever	munkáltató	moenkaaltattoo
werknemer	munkavállaló	moenkawwalalloo
wesp	darázs	daraazh
westen	nyugat	njoeghat
wie (pers. voornaamw.)	aki	akkie
wie (vragend)	ki?	kie
wieg	bölcső	bultsjeu
wiel	kerék	kerreek
wijd	bő	beu
wijk	negyed	nedjed
wijn	bor	bor
wijnboer	bortermelő	bortermelleu
wijngaard	szőlő	seuleu
wijnkaart	itallap	ietallap
wijnkelder	borpince	borpientse
wijzen	rámutat	ramoetat
wijzigen	megváltoztat	meghwaaltoztat
wijziging	változtatás	waaltoztattaasj
wild (zelfst. naamw.)	vad	wad
wild (bijv. naamw.)	vad	wad
willen	akar	akkar
wind	szél	seel
windscherm	szélfogó	seelfoghoo
windvaan	széliránymutató	seelieraanjmoettattoo
winkel	üzlet	uuzlet
winkelcentrum	üzletközpont	uuzletkuzpont
winkelwagentje	bevásárló kocsi	bewwaasjaarloo kotsjie
winter	tél	teel
wisselen	(be)vált	bewwaalt
wisselkantoor	pénzváltóhely	peenzwaaltoo hej
wol	gyapjú	djapjoe

wond	seb	sjeb
wondzalf	sebkenőcs	sjebkeneutsj
wonen	lakik	lakkiek
woord	szó	soo
worst	kolbász	kolbaas
wortel (groente)	répa	repa
wortel (boom, plant)	gyökér	djukkeer
wrijven	dörzsöl	durzhul

Y

ij... zie onder i

yoghurt	joghurt	jogh-hoert

Z

zaad	mag	magh
zaal	terem	terrem
zacht	puha	poeha
zadel (tweewieler)	nyereg	njerregh
zadel (paard)	nyereg	njerregh
zak (verpakking)	zacskó	zatsjkoo
zakdoek	zsebkendő	zhebkendeu
zakkammetje	zsebfésű	zhebfesjuu
zaklantaarn	zseblámpa	zheblaampa
zakmes	zsebkés	zhebkeesj
zalf	kenőcs	kenneutsj
zand	homok	hommok
zebra(pad)	átkelőhely	aatkeleuhej
zee	tenger	tengher
zeef	szűrő	sureu
zeem	szarvasbőr (ablaktisztításra)	sarwasjbeur
zeep	szappan	sappan
zeer doen	fáj	faaj
zeeschip	tengeri hajó	tengherrie hajjoo
zeevis	tengeri hal	tengherrie hal
zeewaardig	tengerre alkalmas	tengherre alkalmasj
zeewater	tengervíz	tengherwiez
zeeziekte	tengeribetegség	tengherriebetteghsjeegh
zeggen	mond	mond
zeil	ponyva	ponjwa
zeil (materiaal)	vitorla	wietorla
zeilbootverhuur	vitorlás-bérlő	wietorlaasj beerleu
zeildoek	vitorlavászon	wietorlawwason
zeilschip	vitorláshajó	wietorlaasjhajoo
zeker	biztos	bieztosj

zekerheid	bizonyosság	biezonjosjaagh
zekering	biztosíték	bieztosjieteek
zelden	ritkán	rietkaan
zeldzaam	ritka	rietka
zelf	saját maga	sjajjaat magha
zelfde	ugyanaz	oedjannaz
zelfs	sőt	seut
zenden	küld	kuuld
zicht op	kilátás	kielataasj
zicht (meteorologisch)	kilátás	kielataasj
zichtbaar	látható	laathattoo
ziek	beteg	bettegh
ziekenauto	mentő	menteu
ziekenbezoek	beteglátogatás	betteghlatoghattaasj
ziekenfonds	betegbiztosító	betteghbieztosjietoo
ziekenhuis	kórház	koorhaaz
ziekte	betegség	betteghsjeegh
ziektekostenverzekering	betegbiztosítás	betteghbieztosjietaasj
zien	lát	laat
zijde (stof)	selyem	sejjem
zijdelings	oldalt	oldalt
zijkant	oldal	oldal
zijstraat	mellékutca	mellekoet-tsa
zijweg	mellékút	mellekoet
zilver	ezüst	ezzuusjt
zin (nut)	értelem	eertellem
zin (taalkundig)	mondat	mondat
zin (plezier)	kedv	kedw
zindelijk	szobatiszta	sobbatiesta
zinloos	értelmetlen	eertelmetlen
zitplaats	ülőhely	uleuhej
zitten (op een stoel)	ül	uul
zitten (zich bevinden)	van	wan
zo (aanwijzend)	úgy	oedj
zoeken naar	keres	keresj
zoen	csók	tsjook
zoet (braaf)	jó	joo
zoet (smaak)	édes	edesj
zoetjes (zoetstof)	cukorpótló	tsoekorpootloo
zoetwater	édesvíz	edesjwiez
zoetwatervis	édesvizi hal	edesjwiezie hal
zolder	padlás	padlaasj

zomer	nyár	njaar
zomerseizoen	nyári évad	njarie ewad
zomertijd	nyári idő	njarie iedeu
zomervakantie	nyári szünet	njarie sunet
zon	nap	nap
zonnebaden	napozik	nappoziek
zonnebrandcrème	napozókrém	nappozzookreem
zonnebrandolie	napolaj	napollaj
zonnebril (met montuur)	napszemüveg	napsemmuuwegh
zonnescherm	napernyő	nappernjeu
zonnesteek	napszúrás	napsoeraasj
zool	talp	talp
zoon	fia	fie-a
zorgen voor (op zich nemen)	gondoskodik	ghondosjkoddiek
zorgen voor (verzorgen)	ápol	apol
zout	só	sjoo
zoutarm	enyhén sózott	enjheen sjozot
zoutloos	sótlan	sjootlan
zuiden	dél	deel
zuinig	takarékos	takkarrekosj
zuiver	tiszta	tista
zuster (non)	apáca	appatsa
zuster (verpleegster)	ápolónő	apolloneu
zuster (familie)	lánytestvér	laanjtesjtweer
zuur	savanyú	sjawanjoe
zwaar (ernstig)	komoly	kommolj
zwaar (gewicht)	nehéz	nehheez
zwak (lichamelijk)	gyenge	djenghe
zwak (kwaliteitsarm)	gyenge	djenghe
zwanger	terhes	terhesj
zwangerschap	terhesség	terhesjeegh
zwangerschapsverlof	terhességi szabadság	terhesjeeghie sabbatsjaagh
zweer	fekély	fekkeej
zweet	izzadság	iezatsjaagh
zwembad	uszoda	oesodda
zwembroek	úszónadrág	oesonadraagh
zwemvest	úszómellény	oesomelleenj

Hongaars - Nederlands

A

a távolban - verte, in de
abbahagy - opgeven (ophouden)
ablak - raam, loket
acél - staal
ad - geven
adag - portie
ág - tak (boom)
agglegény - vrijgezel
ágy - bed
ágynemu - linnengoed
ajak - lip
ajándék - cadeau
ajánl - aanbevelen, bieden
ajánlat - aanbieding
ajánlott - aangetekend
ajtó - deur
ajtózár - deurknop
akar - willen
aki - wie (pers.voornaamw.)
aki a gyermekre vigyáz - kinderoppas
alacsony - laag (bijv.naamw.)
alagút - tunnel
aláír - (onder)tekenen
aláírás - onderschrift
aláírás, kézjegy - handtekening
alatt - onder, beneden
alighogy - nauwelijks
alj - onderkant
alkatrész - onderdelen (mechanisme)
áll - staan (op de benen), kin
állampolgárság - nationaliteit
állandó - vast
állandó (an) - voortdurend
állat - beest, dier
állateledel - dierenvoedsel

állatkert - dierentuin
állj! - stop!
állkapocs - kaak
állvány - statief
alma - appel
almalé - appelsap
alsónadrág - onderbroek
által - door (oorzaak)
általános - algemeen
alvás - slaap
alvóhely - slaapplaats
alvókocsi - ligwagen
amelyik - welk (e)
ami, amely - die (voegwoord)
ami - wat (hetgeen)
amiért - waarom (redengevend)
amikor - wanneer (tijdstip)
Anglia - Engeland
angol - Engels
angol - Engelsman
antenna - antenne
antik - antiek
anya - moeder
anyacsavar - moer
anyag - stof (materiaal)
apa - vader
apáca - zuster (non)
ápol - zorgen voor (verzorgen)
ápolóno - zuster (verpleegster)
aprópénz - kleingeld
aprósütemény - koekje (s)
ár - prijs (kosten)
ár - vloed
arany - goud
aranyozott - verguld (materiaal)

aratás - oogst
aratási ido - oogsttijd
aratóünnep - oogstfeest
árbóc - mast
arc - gezicht
árfolyam - koers (geld)
árhullám - vloedgolf
árkedvezmény - korting
árlista - prijslijst
árnyék - schaduw
árok - sloot
ártatlan - onschuldig
áruház - warenhuis
ás - graven (werkw.)
asszony - mevrouw
asztal - tafel
asztalterító - tafelkleedje
át - door (beweging)
átad - overhandigen
átellenben - tegenover
átjáró - overweg
átkel - oversteken (weg)
átkelés - overtocht
átkelohely - zebra (pad)
átszáll - overstappen
autó - auto, wagen
autóbusz - bus (auto)
automata - automaat
automata mosógép - wasautomaat
automatabüfé - snackbar
automatikus - automatisch
autópálya - autosnelweg
autóstoppol - liften
autótérkép - wegenkaart
az - dat, die (aanwijzend)
az ára - kosten (werkw.)
az imént - net (zojuist)
azért - daarom
azonnal - onmiddellijk, direct, gelijk,
azonos, egyforma - gelijk
  (hetzelfde)
azután - daarna

B

bab - bonen
bábszínház - poppentheater
bábu - pop
bádog - blik
baj - kwaal
bajusz - snor
bal - links
baleset - ongeluk
balra behajtani - linksafslaan
balra - linksaf
bank - bank (kantoor)
bankjegy - papiergeld
bankjegy, papírpénz - bankbiljet
bányászat - mijnbouw
bárány - lam (dier)
bárányhús - lamsvlees
barát - vriend
barátságos - vriendelijk
barlang - grot
barna - bruin
becsomagol - inpakken
becsönget - bellen (aanbellen)
befejezett - afgesloten (beëindigd)
befottesgumi - elastiekje
behajt - inrijden
behajtási tilalom - inrij verbod
behoz - invoeren (importeren)
behozatali engedély - invoervergunning
beindul - starten (motor)
beiratkozik - inschrijven
bejön - binnenkomen
béka - kikker
beken - smeren
bekötöz - verbinden (wond)
bél - darm
beleértve - inbegrepen
belépés - toegang
belépojegy - toegangskaartje
bélfertozés - darminfectie
belföldi - binnenlands
belga - Belgisch

belga - Belg
Belgium - België
belso részek - ingewanden
belül - inwendig, binnen (een grens)
bélyegalbum - postzegelalbum
bemutat - voorstellen (introduceren)
bemutatás - demonstratie (tonen)
béna - lam (verlamd)
bent - binnen (in huis)
benzin - benzine
benzinkút - benzinestation, tankstation
beolt - inenten
bérautó - huurauto
bérel - huren, verhuren
bérlet - huur
bérmentesít - frankeren
beszáll - instappen
beszed - innemen (afpakken)
beteg - ziek
betegápoló - verpleger
betegbiztosító - ziekenfonds
betegbiztosítás - ziektekostenverzekering
beteglátogatás - ziekenbezoek
betegség - ziekte
betét - statiegeld
betuz - spellen
bevásárló kocsi - winkelwagentje
bevásárol - boodschappen (doen), inkopen doen
bevesz - innemen (medicijn)
bevezet - invoeren (maatregel)
bimbó - knop (bloem)
bíró - rechter
bíróság - gerecht (rechtbank)
bizonyíték - bewijs
bizonyosság - zekerheid
biztonság - veiligheid
biztonságiöv - veiligheidsgordel
biztonságos - veilig
biztos - zeker
biztosít - verzekeren (via een polis)
biztosítás - verzekering (assurantie)
biztosítási díj - verzekeringspremie
biztosítási igazolás - verzekeringsbewijs
biztosíték - zekering
biztosítótársaság - verzekerings- maatschappij
bo - wijd
bocsánat - excuses, pardon
bódé - kraampje
böjt - vastentijd
böjtöl - vasten
bók - compliment
-ból, -bol - uit (afkomstig van)
bölcso - wieg
boldog - blij
boldogság - blijdschap
boldogtalan - ongelukkig
bolha - vlo
bolhairtó - vlooienpoeder
bolhapiac - vlooienmarkt
bor - wijn, huid, leer
bordák - ribben
borgyógyász - huidarts
boríték - envelop
borjúhús - kalfsvlees
böröndek - koffer
borotva - scheerapparaat
borotválás - scheren
borpince - wijnkelder
borravaló - fooi
bors - peper
bortermelo - wijnboer
bot - stok
búcsú - kermis
bugyi - slipje
bukósisak - valhelm
büntetés - boete
büntetés - bekeuring
buszállomás - busstation
buszmegálló - bushalte
búvárkodás - duiken
buz - stank
buzlik - stinken

C

cél - doel (bestemming)
centiméter - centimeter
ceruza - potlood
cigaretta - sigaretten
cipész - schoenmaker
cipo - schoen
cipofuzo - schoenveters
cipokanál - schoenlepel
cipokrém - schoensmeer
ciposarok - hak
cipoüzlet - schoenenwinkel
cipzár - ritssluiting
citrom - citroen
cövek, karó - paal
csal - oplichten (bedriegen)
család - gezin
családi név - achternaam
csalás - oplichting
csapda - val (jacht)
csat - gesp
csatorna - kanaal
csatornázás - riolering
csavar - schroeven, schroef
csavarhúzó - schroevendraaier
csekély - gering
csekk - cheque
csempe - tegel
csend! - stilte
csendes, mozdulatlan - stil
csengo - bel
cserél - ruilen
cserépedény - aardewerk
cserje - struik
csésze - kopje
csiga - slak
csík, sáv - reep
csíkos - gestreept
csipke - kant (materiaal)
csípo - heup
csirke - kip
csizma - laars

csodálkozás - verbazing
csodálkozó - verbaasd
csók - kus, zoen
csökkent - verminderen
csókol - kussen
csokoládé - chocolade (eten)
csomag (küldemény) - pakket
csomag - pak (pakket)
csomagszállítás - pakketpost
csomagtartó (autó tetején) - imperiaal
csomó - knoop (in draad)
csónak - roeiboot
csont - bot (been)
csoport - groep
csoportvezeto - reisleider
csúcs - top
csukló - pols
csúnya - lelijk
csupán, csak - alleen (slechts)
csúszós úttest - slipgevaar
cukor - suiker
cukorbetegség - suikerziekte
cukorka - snoepje
cukorpótló - zoetjes (zoetstof)
cukortartó - suikerpot

D

darab - stuk (exemplaar)
darált hús - gehakt (vlees)
darázs - wesp
dátum - datum
defekt - panne
dekoráció - versiering
Dél - zuiden
délután - middag
deszert - dessert
deszka - plank
dia - dia
diákszálló - studentenhuis
diaprojector - diaprojector
diéta - dieet
diétás étel - dieetvoeding
díj - prijs (beloning)

dinnye - meloen
disznó - varken
dízelolaj - dieselolie
dob - trommel (instrument)
doboz - trommel (bergplaats), doos
dohány - tabak
dohánybolt, trafik - tabakswinkel
dohányzó - roken
dohányzófülke - rookcoupé
dolgozik - werken (arbeiden)
dolog, tárgy - ding
domb - heuvel
dörzsöl - wrijven
drága - duur (prijs)
dugasz - stop (afvoer)
dugó - file, kurk
dugóhúzó - kurkentrekker
dugós csatlakozó - stekker
dünék - duinen
dupla - dubbel
durva - ruw
durván - hardhandig

E

ebéd - lunch, middageten
ebédcsomag - lunchpakket
ébreszt - wekken
ébresztoóra - wekker
édes - zoet (smaak)
édesvíz - zoetwater
édesvízi hal - zoetwatervis
ég, menny - hemel
égbolt - lucht (hemel)
egér - muis
égési seb - brandwond
egész - heel , geheel
egészen - helemaal
egészség - gezondheid
egészségére! - proost!
egészséges - gezond
egészségügyi betét - maandverband
égett - aangebrand
éghajlat - klimaat

egy kicsit - beetje,een
egy pillanat - even (tjes)
egyáltalán nem - helemaal niet
egyedül - alleen (zonder gezelschap)
egyedülálló - enige (unieke)
egyenesen - rechtdoor
egyenesen elore - rechtuit
egyetemi tanulmány - studie
egyetemista - student
egyetemre jár - studeren
egyezik - klopt, het
egyidejuleg - tegelijkertijd
egyirányú forgalom - eenrichtingverkeer
egyszeri út, csak odaút - enkele reis
egyszerre - ineens (in éénkeer)
egyszeru - eenvoudig
együtt - samen
éhes - honger hebben
eheto - eetbaar
éhség - honger
éjfél - middernacht
éjjeli mulató - nachtclub
éjszaka - nacht
ékszer - sieraad, juwelen
ékszerész - juwelier
él - leven (werkw.)
elad - verkopen
eladó - verkoper, te koop
elájul - flauwvallen
eldobható pelenka - luier (wegwerp)
eldugott - verstopt (verborgen)
eldugult - verstopt (dichtgeraakt)
eledel - eten (swaar)
elég - genoeg, nogal
elégedett - tevreden
elégtelen - onvoldoende
eleje valaminek - voorkant
elektromos - elektrisch
elektromosság - stroom (elektriciteit)
élelmiszer - levensmiddelen
elem - batterij
elenged (büntetést) - kwijtschelden

éles - scherp
élet - leven (zelfst.naamw.)
életlen - bot (onscherp)
élettartam - levensduur
elfelejt - vergeten
elfogad - aannemen (accepteren)
elfoglalt - druk hebben,het
elfogyaszt - opmaken (voltooien)
elhagy - verlaten (opgegeven)
eljegyzés - verloving
éljen - leve...
elköltözik - verhuizen
ellátás - pension (verzorging)
ellen - tegen (contra)
ellenfél - tegenstander
ellenoriz - nakijken (controleren)
ellenorzés - controle
elmegy - weggaan, verlaten
eloadás - voorstelling (theater)
elobb, mindjárt - straks
elohív - ontwikkelen (film)
elokelo - voornaam (belangrijk)
elol - vooraan
elonytelen - ongunstig
elore - vooruit
eloreugró - vooruitstekend
elott - voor (tijdstip, plaatsbepaling)
eloz - inhalen
elozési tilalom - inhaalverbod
elozo - vorige (vroegere)
elpirul - kleuren (blozen)
elromlott - stuk , kapot
elso - eerste
elsobbséget ad - voorrang verlenen
elsoség - voorrang
elszakít - scheuren
elszámol, fizet - afrekenen
eltér - afwijken
eltünt - weg (verdwenen)
elvakít - verblinden
elvált - gescheiden (juridisch)
elvárás - verwachting

élve - levend
elveszett - verloren, kwijt
elveszít - verliezen, kwijtraken
emelkedo - helling
emelo - krik
emelodaru - kraan (hijs)
emésztés - spijsvertering
emléktárgy - souvenir
engedély - vergunning, toestemming
engedélyez - toestaan
enyeleg, szeretkezik - vrijen
epe - gal
épit - bouwen
épület - gebouw
erdei út - bosweg
érdekes - interessant
érdeklodik - informeren naar
erdo - bos
eredet - oorsprong
eredetileg - oorspronkelijk
érett - rijp
érez - voelen
erkély - balkon
érkezés - aankomst (tijd)
érme - munt
érmegyujto - muntenverzamelaar
ero - sterkte (kracht)
erod - vesting
eros - sterk
ért - verstaan (begrijpen)
érték - waarde
értéktelen - waardeloos
értelem - zin (nut)
értelmetlen - zinloos
érzékeny - gevoelig
érzés - gevoel (sentiment)
esély - kans
esernyo - paraplu
esés - val (omlaag)
esik - regenen
esik - vallen
esküvo - bruiloft

eso - regen
esokabát - regenjas
este - avond, 's avonds
Észak - noorden
eszik - eten
észlelés - gevoel (zintuig)
eszméletlen - bewusteloos
ételmérgezés - voedselvergiftiging
étlap, menü, étrend - menu
étolaj - slaolie
év - jaar
évente - jaarlijks
evezés - roeien
evezo - roeiriemen
evoeszköz - bestek (tafelgerei)
evokanál - soeplepel
expressz - expresse
ez - deze , dit
ezüst - zilver

F

fa - boom, hout
fagy - vorst (temperatuur)
fagyálló szer - antivries
fagylalt - ijs (consumptie)
fáj, terhes - last hebben van
fáj - zeer doen
fájdalom - pijn
fájdalom mentes - pijnloos
fájdalomcsillapító - pijnstiller
fajta - soort
fal - muur
falat - beet (hap)
falevél - blad (boom)
falu - dorp
fáradt - moe
fazék - pot
fedélzeten - boord,aan
fej - hoofd (lichaam)
fejedelem - vorst (titel)
fejessaláta - sla
fék - rem
fekély - zweer

fekszik - liggen (op iets)
fél - half, bang zijn, helft
fél kiló - pond
felad, szétküld - verzenden
feladó - afzender
felajánl, megkínál - aanbieden
felcserélt - verwisseld
félelem - angst
felelosségteljes - verantwoordelijk
felemel - oplichten (optillen)
félénk - angstig
feleség - vrouw (echtgenote)
felett - boven (voorzetsel)
felfedez - ontdekken
felhatalmazás - machtiging
felhív - bellen (opbellen)
felhos - bewolkt
felirat - opschrift
feljegyez - noteren
feljegyzés - notitie
felkel - opstaan
felkelés - opstand
felkér - verzoeken (vragen)
felköszönt - toosten
fellebbezés - beroep (juridisch)
fellni - velg
felölt, felvesz - aantrekken (kleding)
felosztás - indeling
felpróbál - passen (kleding)
felpumpál - oppompen
félreértés - misverstand
felszerel - uitrusten (voorzien van)
felszerelés - uitrusting
felszolgál - serveren
feltálal - opdienen
feltétel - voorwaarde
feltételes - voorwaardelijk
feltételez - aannemen (veronderstellen)
feltörve - opengebroken
felügyel - oppassen (bewaken)
felületes (en) - vluchtig (oppervlakkig)
felvilágosítás - informatie

felvonulás - optocht
fent - boven (bijwoord)
fény - licht (zelfst.naamw.)
fénykép - foto
fényképész - fotograaf
fényképezogép - fototoestel
fényképezogép - camera (foto)
fénymásolat - fotokopie
ferde - scheef
féreg - ongedierte
férfi - man
férj - man (echtgenoot)
férj - echtgenoot
fertotlenít - ontsmetten
fertotlenito - ontsmettingsmiddel
fertozés - infectie
festék - verf
festmény - schilderij
fésu - kam
feszes - strak
fiatal - jong (leeftijd)
figyelmeztetés - waarschuwing
figyelmeztet - waarschuwen
filctoll - pen (vilt)
film - film (in camera, bioscoop)
filmfelvevo - filmcamera
filmtekercs - filmrolletje
filter, szuro - filter
finom - lekker, fijn (niet grof)
fiú testvér - broer
fiú - jongen
fiúgyermek - zoon
fizet - betalen
fizetés - salaris
flamand - Vlaams
flamand - Vlaming
Flandria - Vlaanderen
fodrász - kapper
fog - tand
fogadóóra - spreekuur
fogamzásgátló - voorbehoedsmiddel
fogás - gang (eten), gerecht (maaltijd)

fogfájás - kiespijn
fogkefe - tandenborstel
fogkrém - tandpasta
foglal - bespreken (reserveren)
foglalkozás - beroep (vak)
foglalt - gereserveerd (besproken)
fogorvos - tandarts
fogva tart - vasthouden (in hechtenis)
fojtott - benauwd (bedompt)
fok - graden (temperatuur)
fokhagyma - knoflook
föld, vidék - land
föld - aarde (grond)
Föld - aarde (planeet)
földalatti - ondergrondse
földieper - aardbeien
földmuves - boer
földszint - beganegrond
folt, pecsét - vlek
folttisztító - vlekkenmiddel
folyadék - vloeistof
folyás - stroming (water)
folyik - vloeien
folyó - rivier
folyó víz - stromendwater
folyóirat - tijdschrift
folyosó - gang (gebouw)
folyvást - steeds weer
fonal - garen, draad
fonök - chef, baas
fontos - belangrijk
fordít - vertalen
fordítás - vertaling
fordítva - andersom
forgalmi tábla - verkeersbord
forma - vorm (omtrek,figuur)
forog - draaien
forró - heet
fott - gekookt
foút - voorrangsweg, hoofdweg
foutca - hoofdstraat
foúti keresztezodés - voorrangskruising

foz - koken
francia - Frans
francia - Fransman
Franciaország - Frankrijk
friss - fris (vers)
fu - gras
füge - vijg
függöny - gordijn
fül - oor
fulladás - benauwdheid
fulladozik - benauwd (in adem nood)
fülorvos - oorarts
furcsa - vreemd (verbazingwekkend)
fürdik - baden
fürdokád - bad (kuip)
fürdolepedo - badhanddoek
fürdoruha - badpak
fürdoszoba - badkamer
furunkulus - steenpuist
füstölt - gerookt (vlees)
füstszuros cigaretta - filtersigaretten
fuszer - kruiden
fuszeres - kruidenier
fuszerfélék - kruidenierswaren
futball - voetbal (sport)
futballabda - voetbal (bal)
futballmérkozés - voetbalwedstrijd
futballstadion - voetbalstadion
fütyül - fluiten

G

gallér - kraag
garancia - garantie
garázs - garage (parkeerruimte)
gát - dam
gáz - gas
gázpalack - gasfles
gödör - kuil
golyóstoll - balpen
gomb - knoop (van kledingstuk)
gomba - paddestoel
gondolat - gedachte
gondoskodik - zorgen voor (op zich nemen)
gozgép - stoommachine
gozhajózás - stoomvaart
gozmozdony - stoomtrein
gratulál - feliciteren
gumi, abroncs - band (wiel)
gumimatrac - luchtbed
gyakran - vaak
gyalogol - lopen (te voet)
gyalogos - voetganger
gyalogút - voetpad
gyapjú - wol
gyár - fabriek
gyenge, lágy - week (slap)
gyenge - zwak
gyenge, petyhüdt - slap
gyengélkedo - ongesteld
gyermek - kind
gyermekadag - kinderportie
gyermekágy - kinderbedje
gyermekkocsi - kinderwagen
gyertya - kaars
gyertyatartó - kandelaar
gyógyszer - medicijn
gyógyszer - geneesmiddel
gyógyszertár - apotheek
gyógyul - beter worden (genezen)
gyógyult - genezen (hersteld)
gyökér - wortel (boom,plant)
gyomor - maag
gyomorfájás - maagpijn
gyomorsav - maagzuur
gyomortabletta - maagtabletten
gyors (an) - vlug
gyors - hard (snel)
gyorsulás - versnelling (hoger tempo)
gyorsvonat - sneltrein
gyufa - lucifer
gyufásdoboz - luciferdoosje
gyújtás - ontsteking (elektrisch)
gyülekezet - gemeente (kerkelijk)
gyulladás - ontsteking (infectie)

gyümölcs - vrucht (fruit)
gyümölcsárus - fruitstalletje
gyümölcslé - vruchtensap
gyümölcsös - boomgaard
gyuru - ring

H

ha - wanneer (voorwaarde)
hágó - pas (bergen)
hagyma - ui
haj - haar
hajlakk - haarlak
hajó - schip, boot
hajócsavar - schroef (schip)
hajózás - scheepvaart
hajózási vállalat - rederij
hajózik - varen
hal - vis
halál - dood
halálos - dodelijk
halász - visser
halászfalu - vissersdorp
halasztás, haladék - uitstel
hall - verstaan (horen), hal
hallás - gehoor (orgaan)
hallgat - luisteren
hallgatóság - gehoor (publiek)
hallókészülék - gehoorapparaat
háló - net (gebruiksvoorwerp)
hálókocsi - slaapwagen
hálózat - net (systeem)
hálózsák - slaapzak
halüzlet - viswinkel
hamar - gauw
hamu - as (sigaret)
hamutartó - asbak
hang - stem, geluid
hanglemez - plaat (muziek)
hangol - stemmen (instrument)
hangos - hard (luid)
hangverseny - concert
hangya - mier
hány - overgeven (braken)

hányingere van - misselijk zijn
haragszik - kwalijk nemen (verwijten)
harang - klok
harangtorony - klokkentoren (met kerkklok)
harap - bijten
harisnya - kousen
harisnyanadrág - panty
has - buik
hasábburgonya - patatesfrites
hasfájás - buikpijn
hashajtó - laxeermiddel
hasmenés - diarree
használ - gebruiken
használat - gebruik (het benutten)
használati utasítás - gebruiksaanwijzing, handleiding
használt - tweedehands
hát - rug
határ - grens
hátfájás - rugpijn
hátizsák - rugzak
hátra, vissza - achteruit
hátsó oldal - achterkant
háttámla - leuning
ház - huis
hazaérkezés - thuiskomst
házas, férjezett - gehuwd
házasság kelte - huwelijksdatum
házasság - huwelijk
házi feladat - huiswerk
háziasszony - huisvrouw
háziúr - gastheer
háztartás - huishouding
háztartási cikkek - huishoudelijke artikelen
hazudik - liegen
hegeszt - lassen
hegy - berg
hegység - massief (gebergte)
hely - plaats (plek)
helyes - juist

helyet foglal - plaatsnemen
helyet lefoglal - plaats bespreken
helyez, rak - leggen
helyi borok - streekwijn
helyi séta - stadswandeling
helyi ételek - streekgerecht
helyi tanács - gemeenteraad
helyiség - vertrek (kamer), plaats (stad,dorp)
hentes - slager
hentesüzlet - slagerij
hét - week (7 dagen)
hétvége - weekeinde
hevero - rustbank
hiányzik - ontbreken
hiba - fout (zelfst.naamw.)
hiba, zavar - defect
hibás - fout (bijv.naamw.)
hibátlan - foutloos
híd - brug
hideg - koud
himnusz - volkslied
hintó - koets
hír - bericht
hírek - nieuwsberichten, beroemd
hirtelen - ineens (plotseling)
hivatalnok - ambtenaar
hivatalos - officieel
hivatalos iratok - papieren (documenten)
hó - sneeuw
hogy - dat (voegwoord)
hogy? - hoe (vragend)
hogyan? - hoe (op welke wijze)
hol? - waar (vragend)
hólánc - sneeuwketting
hólapát - sneeuwruimer
holland - Nederlander
holland - Nederlands
Hollandia - Nederland
holnap - morgen (volgende dag)
holnapután - overmorgen

hólyag - blaar
homéro - thermometer
homérséklet - temperatuur
homlok - voorhoofd
homlokzat - gevel
homok - zand
hónap - maand
honi - inheems
hord, visz - dragen (verplaatsen)
horog, kampó - haak
horzsolás - schaafwond
hosszasan - langdurig
hosszú nadrág - broek (lang)
hosszúság - lengte (afstand)
hotel, szálloda - hotel
hoz - halen
hulladék - afval
hús - vlees
huto - koelkast
hutött - gekoeld
huvös - koel, fris (kil)
húz - trekken (aan iets)
huzat - tocht (luchtstroom)
huzat van - tocht, het

ide - hierheen
ideális - ideaal (bijv.naamw.)
idegen - vreemd (buitenlands)
idegenforgalmi hivatal - VVV
idegenrendészet - vreemdelingendienst
idehoz - brengen (hierheen)
ideiglenes - tijdelijk
idény - seizoen
ido - tijd
idojárás - weer (meteorologisch)
idojárásjelentés - weerbericht
idos - oud (van persoon)
idotartam - duur (tijd)
idozés - oponthoud
ifjúsági turistaszállás - jeugdherberg
igaz - waar (naar waarheid)
igaza van - gelijkhebben

igazolás - bewijsje
igazolványkép - pasfoto
igazság - waarheid
ígér - beloven
ígéret - belofte
iker - tweeling
illat - geur
illatos - geurig
indítókar, kurbli - slinger
indítómotor - startmotor
indul - vertrekken
indulás - vertrek (op weg gaan)
információs iroda - inlichtingen (bureau)
ing - hemd (overhemd)
ingyen - gratis
injekcióstu - injectienaald
inkább - lieverhebben
iparkodik - voortmaken
irány - richting, kant, koers
irányjelzo, index - richtingaanwijzer (auto)
iránytu - kompas
irányzat - stroming (cultuur)
író - karnemelk
íróasztal - bureau (schrijf)
iroda - kantoor, bureau
irodafonök - kantoorhoofd
irodaszemélyzet - kantoorpersoneel
írószer - schrijfwaren
irt - kappen (bomen)
is, szintén - ook
iskola - school
iskolások - schoolkinderen
iskolaudvar - schoolplein
ismeret - kennis (wetenschap)
ismeros - kennis (bekende)
ismert - bekend
ismét - weer (nogmaals)
ismétel - herhalen
ismétlés - herhaling
istálló - (paarden)stal, stal
istállóz - stallen

istállózás - stalling
Isten hozta! - welkom!
Isten veled! - vaarwel
istentisztelet - kerkdienst (protestant)
iszap - modder
iszik - drinken
itallap - wijnkaart
itt - hier
ivóvíz - drinkwater
ízetlen - flauw (zoutarm)
izgalmas - spannend
izgalom, feszültség - spanning (emotie)
izom - spier
izomláz - spierpijn
izzadság, veríték - zweet

J

jacht - jacht (schip)
jajgat - jammeren
járás - lopen (mechaniek), gemeente
járat - lijn (openbaar vervoer)
jármu - vaartuig
játék - spelletje
játékkártya - speelkaarten
játékszer - speelgoed
játéküzlet - speelgoedwinkel
játszik - spelen
játszótér - speeltuin
javaslat - voorstel
javasol - voorstellen (voorstel doen)
javít - maken (repareren)
javítás - reparatie
jég - ijs (bevroren water)
jégeso, sörét - hagel
jégkockák - ijsblokjes
jegy - kaartje, plaatskaarten, biljet
jegyes - verloofde
jegyesség - verkering
jegyzék - nota
jegyzék, tárgymutató - register
jegyzettömb - schrijfbloc
jegyzokönyv - procesverbaal
jel - teken

jelenleg - tegenwoordig
jelent - betekenen
jelentkezik - opgeven (melden)
jelzolámpa - stoplicht
jó éjszakát! - welterusten
jó - goed, zoet (braaf)
Jó napot kívánok! (overdag) - dag! (bij aankomst)
jobb (mint) - beter (...dan)
jobb - rechts
jobbra - rechtsaf
jód - jodium
jog - recht
joghurt - yoghurt
jogosítvány - rijbewijs
jól - wel
jön - komen
juh - schaap

K

kabát - jas
kábel - kabel (dik touw)
kagyló - schelp
kajak - kano
kajakozás - kanovaren
kajaktúra - kanotocht
kalács - koek
kalap - hoed
kalapács - hamer
kalauz - conducteur
kályha - kachel
kanál - lepel
kanna - kan
kanyar - bocht (kromming)
kanyargós - bochtig
kap - krijgen, ontvangen
kapcsol - schakelen
kapcsolás - verbinding (tussen twee punten)
kapcsolat - band (relatie)
kapcsolatot teremt - verbinden (contact leggen)
kapcsoló - knop (druk), schakelaar

káposzta - kool
kar - arm (lichaamsdeel)
kár - jammer, het is
karfa - stoelleuning
karkötő - armband
karóra - horloge
kártérítés - vergoeding
karton - katoen
kártyázik - kaarten (spelen)
kastély - kasteel, slot
katedrális - kathedraal
katolikus (római) - katholiek (rooms)
kávé - koffie
kávéház - cafetaria, café (koffiehuis)
kávéscsésze - koffiekopje
kávéskanna - koffiepot
kávészemcse - koffieboon
kecske - geit
kedélyes - gezellig
kedv - zin (plezier)
kedvenc szórakozás - liefhebberij
kedves - lief
kedves, szimpatikus - aardig (sympathiek), beste... (aanhef)
kedvező - gunstig
kefe - borstel
kék - blauw
kék folt - blauwe plek
Kelet - oosten
kellemes - aangenaam, fijn (plezierig)
kemény - hard (stevig)
kemény tojás - ei (hard)
kemping - kampeerterrein
kempingfelszerelés - kampeeruitrusting
kenőcs - zalf, smeermiddel
kenőcs égési sebre - brandwondenzalf
kenyér - brood
kép - plaat (afbeelding)
képes levelezőlap - ansichtkaart
kér - vragen (verzoeken)
kérdés - vraag
kérdez - vragen (om een antwoord)

kerek, gömbölyu - rond (vorm)
kerék - wiel
kerékpár - fiets
kerékpárút - fietspad
kérelem - verzoek
keres - zoeken naar
kereskedelem - handel
kereszt - kruis (teken)
keresztezodés - kruising
keresztnév - voornaam (naam)
keresztül, át - over (richting)
keret - frame, kader (omlijsting)
kerítés - hek
kert - tuin
kerülo - omweg
kés - mes
keseru - bitter
késés - vertraging
keskeny - smal
késo - laat
kész - klaar
készít - maken (vervaardigen)
készruha - confectiekleding
kétágyas szoba - tweepersoonskamer
kétszemélyes ágy - tweepersoonsbed
kevés - weinig
kevesebb - minder
kevéske - wat (een beetje)
kéz - hand
kezd - starten (beginnen)
kezdet - begin
kezelés - behandeling
kézimunka - handwerk
kézitáska - handtasje
ki - uit (naar buiten), wie (vragend)
kiadások - onkosten
kiállítás - tentoonstelling
kiált, hív - roepen
kiárusítás - opruiming (uitverkoop)
kicsi - klein
kiejtés - uitspraak
kiemelkedo - vooraanstaand (belangrijk)

kifejez - voorstellen (uitbeelden)
kifejleszt, kialakít - ontwikkelen (vormen)
kifestokönyv - kleurboek
kifogás - bezwaar
kígyó - slang (reptiel)
kijárat - uitgang
kikölcsönöz - uitlenen
kiköto - haven
kikötohely - havenplaats
kilátás - uitzicht, zicht op, zicht (meteorologisch)
kilátó - uitzichtpunt
kilincs - knop (deur)
kiló - kilo
kilométer - kilometer
kimond - uitspreken
kint - buiten
kioszk - kiosk
kipufogócso - uitlaat
kirakat - etalage
király - koning
kirándulás - uitstapje
kisbaba - baby
kísér - vergezellen
...kíséretében - vergezeld van
kiskanál - lepeltje
kiszolgál - bedienen
kiszolgálást (beleértve) - bediening (inbegrepen)
kiszolgálóno - serveerster
kitér - uitwijken
kitölt - invullen, opmaken (rekening)
kitüntetés - lintje (onderscheiding)
kiugró - uitstekend (naar buiten)
kiváló - uitstekend (prima)
kíván - wensen (toewensen)
kívánság - wens (toegewenst)
kivéve - behalve
kizárólag - alleen (uitsluitend)
ko - steen
kockacukor - klontje

kockázatos - riskant
kocsi - wagen (kar)
köd - mist
köhög - hoesten
kolbász, hurka - worst
kölcsönöz - lenen van
kölcsönzo - verhuurbedrijf
kölcsönzött - verhuurd
kölyök, fióka - jong (dier)
komoly - zwaar (ernstig)
komp - pont
komphajó - veerboot
kondom, gumi óvszer - condoom
konnektor - stopkontakt
könnyít - verlichten (minder zwaar maken)
könnyu - licht, (ge)makkelijk, gewicht
konyha - keuken
konyhai eszközök - keukengerei
könyök - elleboog
könyv - boek
könyvüzlet - boekhandel
konzervdoboz - blik (verpakking)
konzervnyitó - blikopener
köp - spuwen
kopog - kloppen (op de deur)
kopott - versleten
körbe - rond (beweging)
kordé - kar
kórház - ziekenhuis
kórházi ápoló - broeder (verpleger)
kormány - stuur , roer
környék - buurt (wijk)
környékén - buurt van,in de
környezet - omgeving
köröm - nagel
körömlakk - nagellak
korpa - roos (in het haar)
korsó - kruik
korszak - tijdperk
körte - peer
körülbelül - ongeveer

körülnéz - uitkijken
körút - rondweg
körutazás - rondrit
körvonal - lijn (silhouet)
kosár - mand
köszönet - dank
kosztüm - pak (kostuum)
kosztüm méret - kostuummaat
kötél - touw
kötelezo - verplicht
kötszer - verbandgaas
kötvény - polis
kövér - vet (bijv.naamw.), dik (corpulent)
követ - volgen
következmény - gevolg (resultaat)
következo - volgend
köz - doorgang (passage)
közeli - dichtbij
középen - midden
közlekedési rendor - verkeersagent
közlekedési - verkeer
közlés - mededeling
közöl - informeren (mededelen)
között - tussen
központ - centrale
központi futés - centrale verwarming
központi iroda - hoofdkantoor
közvetlen közel (ben) - vlakbij
közvetlenül - direct (rechtstreeks)
krém napozáshoz - zonnebrandcréme
kulacs - veldfles
kulcs - sleutel
kulcslyuk - sleutelgat
küld - zenden
külföld - buitenland
külföldi - buitenlander
küllo - spaak
külön - gescheiden (afzonderlijk)
különbözo - verschillend
különbség - verschil
különös - bijzonder
külso - uitwendig (gebruik)

kunyhó - hut (gebouw)
kutya - hond

L

láb - voet
labda - bal (speelgoed)
lábos - pan
lábszár - been
lábujj - teen
láda - kist
lágy tojás - ei (zacht)
lakatos - sleutelmaker
lakcím - adres
lakik - wonen
lakókocsi - caravan
lakosság - bevolking (inwoners)
lámpa - lamp (huiskamer)
lánc - ketting
láng - vlam
langyos - lauw (temperatuur)
lapos - plat
lárma - lawaai
lármás - lawaaierig
lassanként - langzamerhand
lassú - langzaam
lát - zien
látható - zichtbaar
látnivaló - bezienswaardigheid
látogatás - bezoek
látszerész - opticien
láz - koorts
laza - los
lé - sap
leány unokatestvér - nicht (kind van oom)
leány - meisje, dochter
leánytestvér - zuster (familie)
lecsillapít - stelpen
leég - verbranden (zon)
leereszkedik - afdalen
lefele - bergafwaarts
lefoglal - boeken (reserveren)
légi közlekedés - luchtvaart
légiposta - luchtpost,per

legjobb - best (e)
legutóbb - laatst (onlangs)
legutolsó - laatste (niets volgt meer)
légy - vlieg
lehetetlen - onmogelijk
lehetséges - mogelijk
lejárt - verlopen (ongeldig)
lekvár - jam
lélegzet - adem
lemarad - achterlopen
lemez - plaat (dun metaal)
lemond - afzeggen
lencse - lens
lent - beneden (bijwoord)
lenvászon - linnen (zelfst.naamw.)
lenyom - drukken
lépcso - trap (met treden)
lepedo - laken (beddegoed)
leszáll - landen (luchtvaart)
leszállás - landing
létesít - vestigen
letesz - neerzetten
levág - slachten
levego - lucht (natuurk.)
levél - brief
levelezik - corresponderen (brieven)
levelezolap - briefkaart
levelezolap - kaart (brief)
levelezotárs - correspondentievriend
levélpapír - briefpapier
levélszekrény - brievenbus
leves - soep
lezárva, eltorlaszolva - afgesloten
   (versperd)
lift - lift (hijswerktuig)
liszt - bloem (meel)
liter - liter
literes üveg - literfles
ló - paard
locsol - sproeien
lóero - paardkrachten
lökhárító - schokbreker

lopás - diefstal
lovaglás - paardrijden
lusta - lui
lyuk - gat, lek (zelfst.naamw.)
lyukas bicikligumi - lekkeband
lyukas - lek (bijv.naamw.)

M

ma - vandaag
macska - poes, kat
madár - vogel
mag - zaad
magas szék kisgyermeknek - kinderstoel
magas - lang (mens), hoog
magasság - hoogte, lengte (mens)
mágnes - magneet
majdnem - bijna
majonéz - mayonaise
malom - molen
marad - blijven
maradék szövött anyag - lap (stof)
margarin - margarine
margóvonal - kantlijn
marha - vee, rund
marhahús - rundvlees
marhakereskedés - veehandel
marhavásár - veemarkt
márvány - marmer
más valaki - anders, iemand
más - anders (verschillend)
másik - ander (e)
másolat - afdruk (foto)
másutt - anders, ergens
maszírozás - massage
matrac - matras
maximális (megengedett) sebesség - maximumsnelheid
meddig? - hoelang (tijd)
még - nog
megadja magát - overgeven (capituleren)
megáll - stoppen (halthouden)
megálló - halte
megbeszél - afspreken, bespreken

megbízható - betrouwbaar
megérkezik - aankomen (ter plekke)
megért - begrijpen
megeszik - opeten
megfázás - verkoudheid
megfázik - verkouden
megfog - houden (vasthouden, in de hand)
meggyógyul - herstellen (genezen)
meghízik - aankomen (in gewicht)
megismerkedés - kennismaking
megismerkedik - kennismaken
megjavít - herstellen (repareren)
megkárosításról - schade
megkóstol - proeven
megköszön - bedanken
meglátogat - bezoeken
meglepetés - verrassing
megmutat - laten zien, aanwijzen
megpihen - uitrusten (rust nemen)
megrendelés - bestelling (order)
megrongál - beschadigen
megrongálás - beschadiging
megsebesülés, seb - verwonding
megszakadt - verbroken
megszakít - storen (onderbreken)
megszáll - logeren
megtagad - weigeren
megtaláló - vinder
megtekint - bezichtigen
megváltoztat - wijzigen
megvilágít - verlichten (beschijnen)
megy - gaan
méh - bij (insect)
meleg - warm
melegség - warmte
mell - borst
mellékút - zijweg
mellékutca - zijstraat
mellény - vest
mellett - naast
melltu - speld
mély - diep

mélyhutött - diepvries
melyik? - welk (e) (vragend)
mélység - diepte
menekülés - vlucht (uit angst)
menekült - vluchteling
menetrend - dienstregeling, spoorboekje
mennyi - hoeveel
mennyi? hány? - hoeveel (vragend)
ment - redden
mentoautó - ziekenauto
mentok - ambulance
mentoláda - verbandkist
mentoöv - reddingsgordel
mer - wagen (durven)
meredek - steil
méreg - gif
méret - formaat, maat, grootte
merev - stijf
mérgezés - vergiftiging
mérgezo - giftig
mérkozés - wedstrijd
merokanál - schep
mert - omdat
messze - lang (afstand), ver
mesterséges - kunstmatig
mesterséges légzés - kunstmatige ademhaling
mezo, szabad terület - veld
meztelen - bloot
mi? - wat (vragend)
mielobb - spoedig
miért? - waarom (vragend)
mikor? - wanneer (vragend)
mindegyik - elk
minden - alles
mindenki - iedereen
mindig - altijd
mindjárt, azonnal - dadelijk
mindketto - beide
minoség - kwaliteit, klasse
mocsár - moeras
mocskos - smerig

mód - weg (manier)
mögé - achter (waarheen?)
mögött - achter (waar?)
mond - zeggen
mondat - zin (taalkundig)
mos - wassen (wasgoed)
mosakszik, mosakodik - wassen (mensen)
mosdó - wasruimte (voor mensen)
mosdó, WC - toilet
mosdókagyló - wastafel
mosdókesztyu - washandje
mosnivaló - wasgoed
mosoda - wasserette
mosószer - wasmiddel
most - nu
motor - motor
motorcsónak - motorboot
motordefekt - motorpech
motorkerékpár - motorfiets
mozgólépcso - roltrap
mozi/filmszínház - bioscoop
mufogsor - kunstgebit
mukereskedés - kunsthandel
muködik - werken (functioneren)
múlt hét - verleden week
múlt ido - verleden (tijd)
múlt hét - vorige week
munka - werk (arbeid)
munkáltató - werkgever
munkavállaló - werknemer
mustár - mosterd
muszáj - moeten
mutat - tonen (laten zien)
muvész - kunstenaar
muvészet - kunst
múzeum - museum

N

nagy - groot
nagyítás - vergroting
nagykövetség - ambassade
nagyon - erg (zeer)

nagyothall - slechthorend
nagyság - grootte
nagyszeru - heerlijk
nagyujj - duim
-nál, -nél - bij
nap - dag, zon
napernyo - parasol, zonnescherm
napi ajánlat - dagschotel
napolaj - zonnebrandolie
napozik - zonnebaden
nappal - overdag
napszemüveg - zonnebril
napszúrás - zonnesteek
narancs - sinaasappel
narancslé - sinaasappelsap
nátha - griep
ne haragudj - kwalijk,neem mij niet
nedves - nat, vochtig
nedvesség - vocht
negyed óra - kwartier
negyed - kwart, wijk
négyszög - vierkant (figuur)
négyszögletes - vierkant (vorm)
néhány - paar (enkele)
nehéz - moeilijk, zwaar (gewicht)
nehézségek - moeilijkheden
nem járható - onberijdbaar
nem, sem - geen
nem oszinte - oneerlijk
német - Duitser, Duits
Németország - Duitsland
nemzetközi távhívás - internationaal
nép - bevolking (volk)
népdal - volksliedje
népitánc - volksdans
népmuvészet - volkskunst
népviselet - klederdracht
név - naam
nevet - lachen
névjegykártya - visitekaartje
néz - kijken
nincs igaza - ongelijk hebben

no - vrouw
noi WC - damestoilet
noi ruha - jurk
noi - dames
normális, elfogadott - normaal
notlen - ongehuwd
növény - plant
növényi eredetu - plantaardig
nyak - hals
nyakkendo - das (strop)
nyal - likken
nyálka - slijm
nyár - zomer
nyaralóház - vakantiehuisje
nyári idény - zomertijd
nyári szünet - zomervakantie
nyelv - taal, tong (mond)
nyereg - zadel (paard, tweewieler)
nyers - rauw
nyers étel - rauwkost
nyíl - pijl
nyit - openen
nyitva - open
nyomás - spanning (druk, pressie)
nyugágy - ligstoel, strandstoel
Nyugat - westen
nyugdíjas - gepensioneerd
nyugodt - rustig
nyugta - kwitantie
nyugtalan - ongerust

O

odább - verder (afstand)
odaég - verbranden (vuur)
odaerosít - vastmaken
odavisz - brengen (daarheen)
óhaj - wens (verlangen)
ok - grond (reden)
olaj - olie
olajnyomás - oliedruk
olajszint - olie peil
olcsó - goedkoop
olcsó légijárat - chartervlucht

oldal - zijkant
oldalvást - zijdelings
oliva - olijf
olivaolaj - olijfolie
olló - schaar
olt - blussen
olvas - lezen
ömlik - stromen (vloeien)
-on, -en, -ön - te (plaatsaanduiding)
öngyújtó - aansteker
ónoseso - ijzel
or - bewaker
óra - uur
óramu - uurwerk
orca - wang
orizet - bewaking
orizetlen - onbewaakt
öröm - genoegen (plezier)
öröm, élvezet - plezier
orr - neus
orrcseppek - neusdruppels
orsó - klosje
országos vásár - jaarbeurs
orvos - huisarts, dokter
orzött - bewaakt
összead - optellen
összefüggés, kötés - verband
összeg - bedrag
összeütközés - aanrijding
összeütközés - botsing
ösvény - pad (weg)
osz - herfst
oszinte, becsületes - eerlijk
oszlop - pilaar
osztály - klas (school)
ott - daar (aanwijzing)
otthon - thuis
öv, szíj - riem (ceintuur), gordel
óvatos - voorzichtig

P

pad - bank (zitplaats)
padlás - zolder
padlózat - vloer
palacsinta - pannekoek
palota - paleis
palotakert - paleistuin
pályaudvar/állomás - station
panasz - klacht
panaszirat - bezwaarschrift
panasziroda - klachtenbureau
panaszkönyv - klachtenboek
panaszt tesz - klagen (klacht indienen)
papír - papier
papírlap - blad (papier)
papírpénz - biljet (bank)
paprika - paprika
pár - paar (koppel)
paradicsom - tomaat
páratlan - oneven (getal)
parfüm - parfum
párhuzamos (an) - evenwijdig aan
park - park
parkírozik - parkeren
parkolóhely - parkeerplaats
parkolóóra - parkeermeter
párna - kussen (zelfst.naamw.)
párnahuzat - kussensloop
páros szám - even (getal)
part - oever, wal
patkány - rat
pattanás - puist
pecázás - vissen
pech - pech
pecsét - stempel
pecsétel - stempelen
pedál - pedaal
pék - bakker
péksütemény - broodje
pelenka - luier
pénz - geld
penzió - pension (huis)
pénztár - kassa
pénztárca - portemonnee
pénztáros, hivatalnok - loketbediende

pénzváltóhely - wisselkantoor
peron - perron
pihen - rusten
piknik - picknick
pillanat - ogenblik
pillantás - blik (oogopslag)
pince - kelder
pincér - ober
pipa - pijp (rookgerei)
pipadohány - pijptabak
piros - rood
piszkos, visszataszító - vies
piszkos - vuil
pizsama - pyjama
plasztik - plastic
poggyász - bagage
poggyászmegorzo - bagagedepot
pohár - glas (voorwerp)
pók - spin
pompás - prachtig
pontos - nauwkeurig, precies
ponyva - zeil
por - stof (vuil)
porta, kapu - poort
portás - portier (deurwacht)
portó - porto
posta - post
postabélyeg - postzegel
postafiók - postbus
postahivatal - postkantoor
postás - postbode
pótalkatrész - reserveonderdelen
pótdíj - toeslag
pótkerék - reservewiel
pótol - vervangen
presszó - café
próba - proef (test)
próbafülke - paskamer
próbál - proberen
program - programma
protestáns - protestant (hervormd)
puder - poeder
puding - pudding
puha - gaar, zacht
pulóver - trui
pumpa - luchtpomp, pomp

R

radar - radar
radar ellenorzés - radarcontrole
rádió - radio
rádióadás - radiouitzending
rág - kauwen
ragályos - besmettelijk
ragaszt - lijmen, plakken
ragasztó - lijm
ragasztószalag - plakband
rágógumi - kauwgom
ragtapasz - pleister
rajzol - tekenen
rakodik - lossen (lading)
rakpart - kade
rámutat - wijzen
ráspoly - vijl
recept - recept
reggel, délelott - morgen, ochtend
reggeli - ontbijt
régi - oud
remek - voortreffelijk
rendben van! - in orde, afgesproken
rendel - bestellen (order)
rendelo (helyiség) - spreekkamer
rendeltetés - bestemming
rendes - net (keurig)
rendor - politieagent
rendorautó - politieauto
rendorörs - politiebureau
rendorség - politie
rendszámtábla - nummerplaat
répa - wortel (groente)
reped - barsten
repedés - barst, scheur
repül - vliegen
repülogép - vliegtuig
repülojárat - vlucht (luchtvaart)

repülotér - luchthaven
repülotér - vliegveld
rész - gedeelte, deel, onderdeel
részleg, osztály - afdeling
részleg - dependance
réteg - laag (zelfst.naamw.)
retek - radijs
retúrjegy - retourtje
réz - koper (metaal)
ritka - zeldzaam
ritkán - zelden
rizikó, kockázat - risico
rokkant - invalide
rokonság, familia - familie
-ról, -rol, -tól, tol, -ból, -bol - van (herkomst)
romlott - bedorven
rossz - slecht
rosszabb - minder dan
rosszullét - flauwte
roston sült - geroosterd, roosteren
rovar - insect
rovarcsípés - insectebeet
rövid - kort
rövid nadrág - broek (kort)
rövidzárlat - kortsluiting
rózsa - roos (bloem)
rozsdásodik - roesten
rúgás - trap (schop)
rugó - veer (metaal)
rugózás - vering
ruhaakasztó - klerenhanger
ruhanemu - kleren
ruhásszekrény - klerenkast
ruhatár - garderobe (bewaarplaats)
ruházat - kleding
rutin - routine
rúzs - lippenstift

S

saját maga - zelf
sajt - kaas
sakkozik - schaken
sál - das (sjaal)
saláta - salade
sampon - shampoo
sánc - wal (muur)
sánta - mank
sápadt - bleek (gelaat)
sárga - geel
sárga angyal - wegenwacht
sarkal - hakken
sátor - tent
sátorcövek - tentharing
savanyú - zuur
seb - wond
sebesség - snelheid
sebességkorlátozás - snelheidsbeperking
sebességméro - snelheidsmeter
sebességváltó - versnellingsbak
sebesült - gewonde
sebkenocs - wondzalf
segítség - hulp
sekély - ondiep
selyem - zijde (stof)
semmi - niets
senki - niemand
sertéshús - varkensvlees
sérült - gewond, beschadigd
séta - wandeling
sétacipo - wandelschoenen
sétahajó - plezierjacht
sétahajózás - rondvaart
sétál - wandelen
sétaútvonal - wandelroute
sietség - haast (snelheid)
sík - vlak
síkosság - gladheid
síkság - vlakte
sima - glad
simít - strijken (wrijven)
sír - huilen
siránkozik - klagen (jammeren)
só - zout
só nélküli - zoutloos

sóban szegény - zoutarm
sofor - chauffeur
soha - nooit
sok - veel
sokáig - lang (tijd)
sonka - ham
söpör - vegen
sör - bier
sorompó - spoorbomen
sós - hartig (zout)
sot, még - zelfs
sovány - mager
specialista - specialist
spenót - spinazie
spiritusz - spiritus (brandstof)
sport - sport
sportautó - sportwagen
sportkedvelo - sportliefhebber
sportpálya - sportterrein
strand - bad (in zee)
süket - doof
sült - gebraden, gebakken
súly - gewicht
súlyos, komoly - erg (vervelend)
sürgos - dringend
suru - dik (compact)
süt - braden, bakken
sütemény - gebak
szabad - vrij
szabadság - vrijheid
száj - mond
szakács - kok
szakáll - baard
szalag - lint
szálka - graat, splinter
szállás reggelivel - logies en ontbijt
szalonna - spek
szalvéta - servetje
szám - aantal, getal, nummer
szamár - ezel
számítási hiba - optelfout
szándék - bedoeling

szappan - zeep
száraz - droog
szárít - drogen
szárítócsipesz - wasknijpers
szárkapocscsont - kuit (been)
szárnyas - gevogelte
szarv - horens (dier)
szarvasbor (ablaktisztításra) - zeem
század - eeuw
százalék - procent
szédülés - duizeligheid
szegény - arm (financieel)
szék - stoel
szekrény - kast
szél - rand, wind
szelep - klep, ventiel
széles - breed
szelet kenyér - boterham
szelet sütemény - taartje
szelet - plak (schijf)
szélfogó ponyva - windscherm
szelíd - tam
széliránymutató - windvaan
szelloztet - luchten (verfrissen)
szélvedo - voorruit
szem - oog
szemben - tegen (positie)
személy - persoon
személyazonossági igazolvány - legiti
matiebewijs
személyesen - persoonlijk
személyi igazolvány - identiteitsbewijs
személyvonat - stoptrein
szemetes - vuilnisman
szemétláda - vuilnisbak
szemorvos - oogarts
szemüveg - bril
szemüveg keret - montuur (bril)
szennyvízcsatorna - rioolbuis
szép - mooi
szerelo - monteur
szerencsejáték - kansspel

szeret - houden van
szeretet - liefde
szerszám - gereedschap
szervíz - garage (werkplaats)
szerzodés - contract
sziget - eiland
szikla - rots
sziklás - rotsachtig
szikra - vonk
szilánk - scherven
szilva - pruim
szín - kleur
színház - schouwburg
színházi eloadás - toneelvoorsteling
színpad, színhely - toneel
színtelen - flets
szív - hart
szivacs - spons
szívbeteg - hartpatiënt
szívesen - graag
szívós - taai
szó - woord
szoba - kamer
szobalány - kamermeisje
szobaszám - kamernummer
szobatiszta - zindelijk
szóbeli - mondeling
szobor - standbeeld
szóda - soda
szög - spijker
szokás - gewoonte
szokásos - gebruik (traditie, gewoon (normaal)
szoknya - rok
szökokút - fontein
szolo - wijngaard
szomjas - dorst hebben
szórakozni megy - uitgaan (ontspanning)
szorulás - verstopping
szósz - saus
szuk - nauw
szükség - nood

szüksége van rá - nodig hebben
szükséges - nodig zijn
születés dátuma - geboortedatum
születésnapja van - jarig zijn
születésnap - verjaardag
született - geboren
szülok - ouders
szülootthon - kraamkliniek
szünet - pauze
szúnyogok - muggen
szúnyogriasztószer - muggenolie/stick
szupermarkt - supermarkt
szürke - grijs
szuro - zeef

T

tábla - bord
tabletta - pil, tabletje
tábor - kamp (leger)
táborozik - kamperen
tábortuz - kampvuur
táj - landschap
takarékos - zuinig
takarít - opruimen, schoonmaken
takarító - schoonmaker
takaró - deken
tál - schotel, schaal
talaj - grond (bodem, aarde)
talajponyva - grondzeil
talál - vinden
találkozás - afspraak (formeel), ontmoeting
találkozik - ontmoeten
talált - gevonden
talán - misschien
talp - zool
támaszkodik - leunen
tampon - tampon
táncol - dansen
tanít - leren (onderwijzen)
tankol - tanken
tanu - getuige
tanul - leren (studeren)

tanya - boerderij
táplálék - voedsel
tápszer kisbabának - babyvoeding
tárca - portefeuille
tarifa, díjszabás - tarief
tart - duren, houden (bewaren)
tartály - tank (vloeistof)
tartható - houdbaar
tartós, jókötésu - stevig
tartozás - schuld
tartózkodási engedély - verblijfs-
  vergunning
tartózkodási hely - verblijfplaats
táska - tas
tavasz - lente
távhívás - interlokaal
távirat - telegram
távolság - afstand
taxiállomás - taxistandplaats
tegnapelott - eergisteren
teher - last (gewicht)
tej - melk
tejpor - melkpoeder
tejszín - room
tejszín - slagroom
tél - winter
tele - vol (geen plaats meer)
tele tankol - voltanken
telefon - telefoon
telefonál - telefoneren
telefonfülke - telefooncel
telefonkönyv - telefoonboek
telefonszám - telefoonnummer
telek - lapgrond
televízió - televisie
televíziósmusor - televisieprogramma
teljes - compleet, volledig
temeto - kerkhof
templom - tempel, kerk
tengely - as (wiel)
tenger - zee
tengeri hal - zeevis

tengeri hajó - zeeschip
tengeribetegség - zeeziekte
tengerparti fürdo - strand
tengerre alkalmas - zeewaardig
tengervíz - zeewater
tenisz - tennis
teniszpálya - tennisbaan
tér - plein
terasz - terras
térd - knie
térdkalács - knieschijf
terelo - wegomlegging
terem - zaal
terhére van - lastigvallen
terhes, fáradságos, nehéz - lastig
terhes, várandós - zwanger
terhesség - zwangerschap
terhességi szabadság - zwangerschaps-
  verlof
tériszony - hoogtevrees
térkép - landkaart, plattegrond
természet - natuur
természetesen - natuurlijk (vanzelf-
  sprekend)
természetvédelem - natuurbescherming
termoszkanna - thermoskan
terület - gebied terv - plan
tervez, szándékozik - plan zijn,van
tessék - alstublieft
test - lichaam
testi - lichamelijk
testnevelés - lichamelijke opvoeding
tesz - doen
tetu - luis
téved - vergissen
tévedés - vergissing
téves, helytelen - verkeerd
tilalom - verbod
tilos...-ni - verboden te
tiltakozás - protest
tinta - inkt
tiszt - officier

tiszta - schoon, zuiver
tisztít - poetsen
tisztít - reinigen
tó - meer (plas)
több mint, jobban mint - meer dan
több - meer (hoeveelheid)
-tól, -tol - vanaf (startpunt)
toll - veer (vogel)
tolmács - tolk
tolókocsi - invalidewagen
tölt - vullen, inschenken
töltotoll - pen (vul)
töltött - gevuld
tolvaj - dief
tömör - massief (compact)
törés - breuk
törik - breken
torlasz - versperring
torok - keel
torokfájás - keelpijn
torony - toren
toronyházi lakás - flat
torta - taart
törülközo - handdoek
továbbá - verder (vervolg)
tu - naald
tud - kunnen
tudakozó iroda - informatiebureau
tüdo - long
tükör - spiegel
túl - te (meer dan nodig)
tulajdonos - eigenaar
túlérett, rohadt - rot (overrijp)
túlnépesedés - overbevolking
túloldal - overkant,overzijde
tüntetés - demonstratie (protest)
túra, menet - rit (in voertuig)
türelem - geduld
túristatérkép - wandelkaart
tüsszent - niezen
tuz - vuur, brand
tüzijáték - vuurwerk

tuzoltó készülék - brandblusser
tuzoltóság - brandweer

U

üdítoital - frisdrank
udvar - binnenplaats
udvariatlan - onbeleefd
üdvözlet - groet
üdvözlet...-ból - groeten uit
üdvözöl - groeten doen aan
ugrik - springen
ugródeszka - springplank
úgy - zo (aanwijzend)
ugyanakkor - tegelijk
ugyanaz - hetzelfde, zelfde
ügyes - handig (bekwaam)
ügynök - agent (vertegenwoordiger), makelaar
ügyvéd - advocaat
új, friss - vers (nieuw)
új - nieuw
ujj - mouw
újság - krant, nieuws
ül - zitten (op een stoel)
ülohely - plaats (stoel)
ülohely - zitplaats
ünnep - feest
ünnepel - feestvieren
ünnepnap - feestdag
unoka - kleinkind
unokatestvér (fiú) - neef
úr - heer
üres - leeg
uszoda - zwembad
úszómellény - zwemvest
úszónadrág - zwembroek
út - weg (verkeer)
után - over (voorbij,achter)
utánfutó - aanhangwagen
utánzat - imitatie, namaak
utazás - tocht (reis)
utazás - reis
utazási iroda - verkeersbureau,

reisbureau
utazási cikkek - reisartikelen
útburkolat - wegdek
utca - straat
utcai lámpa - lantaarn (straat)
útelágazás - wegsplitsing
útikalauz - reisgids (boek)
útirány - route
útleírás - routebeschrijving
útlevél - paspoort
útmutató - wegwijzer
utóbbi - laatste (meest recente)
ütoér - slagader
utólag - achteraf
utolsó - laatst (volgorde)
útpadka - berm
úttest - rijbaan
üveg, palack - fles
üveg - glas (materiaal)
üvegpalack - karaf
üzenet - boodschap (bericht)
üzlet - winkel
üzletközpont - winkelcentrum

V

vacsora - avondeten
vad - wild
vadászat - jacht (dieren doden)
vág - knippen
vágás - snee (wond)
vagon - wagon
vagy - of
vaj - boter
vak - blind
vakáció - vakantie
valahol - ergens
valaki - iemand
valami - iets
válasz - antwoord
válaszol - antwoorden
választ - kiezen
választék - keus
váll - schouder

valóban - inderdaad
valódi - echt
vált - wisselen
változik - veranderen
változtatás - wijziging
vám - invoerrechten, douane
van - zitten (zich bevinden)
vár - wachten, verwachten
várandós, terhes - verwachting,in
város - stad
városháza - stadhuis, gemeentehuis
városközpont - centrum
városnézo busz - bus (touring)
várostérkép - stadsplattegrond
várószoba - wachtkamer
varr - naaien
vas - ijzer
vasal - strijken (kleding)
vasaló - strijkijzer
vasalódeszka - strijkplank
vásárol - kopen
vasdrót - ijzerdraad
vasérc - ijzererts
vasút - spoorwegen
vasúti átkelo - spoorwegovergang
vasútvonal - spoorlijn
vatta - watje
váza - vaas
vég - eind (e)
végállomás - eindpunt
vége - over (afgelopen)
vegetáriánus - vegetarisch
vegyes - gemengd
vegytisztító - stomerij
vékony - dun
vél - bedoelen
vendég - gast
vendéglátó - gastvrij
vér - bloed
vers - vers (lied)
veszekedés - ruzie
veszély - gevaar

veszélyes - gevaarlijk
vészfék - noodrem
vészkijárat - nooduitgang
veszteség - verlies
veszteséges - verliesgevend
vétkes, hibás - schuldig
vevo - koper (die koopt)
vezérmu - stuurinrichting
vezet - rijden (in voertuig)
vezeto - gids (persoon)
viadukt - viaduct
vidék - platteland
vidék - streek (regio)
vidéki - landelijk (van het platteland)
vigyáz - oppassen (opletten)
vihar - storm
viharjelzés - stormwaarschuwing
viharlámpa - stormlamp
világ - wereld
világítás - verlichting (beschijning)
világos - licht (van kleur)
világos, áttetszo - helder
villa - vork
virág - bloem
visel - dragen (kleding)
vissza - terug
visszatérés - terugkeer
visszaút - terugreis
viszket - jeuken
viszketés - jeuk
vitorla - zeil
vitorlás-bérlo - zeilbootverhuur
vitorláshajó - zeilschip
vitorlavászon - zeildoek
víz - water
vízcsap - kraan (water)
vízesés - waterval
vizisielés - waterskiën
vízisport - watersport
vizsgálat - onderzoek
vízum - visum
vödör - emmer

völgy - dal
vonal - lijn
vonat - trein
vonatjegy - treinkaartje
vontat - slepen
vontató - sleepwagen
vontatókötél - sleepkabel
Vöröskereszt - Rode-Kruispost
vulkán - vulkaan

W
WC - w.c.
WC-papír - toiletpapier

Z
zacskó - zak (verpakking)
zápfog - kies
zár - slot (deur), sluiten
zárkózott - gereserveerd (karakter)
záróra - sluitingstijd
zárva - dicht (op slot)
zászló - vlag
zátony - klip
zavar - storen (lastigvallen)
zavar (ás) - storing
zene - muziek
zivatar - onweer
zokni - sok
zöld - groen
zöldség - groente
zöldséges - groentehandelaar
zsákutca - doodlopend
zsebfésu - zakkammetje
zsebkendo - zakdoek
zsebkés - zakmes
zseblámpa - zaklantaarn
zsiletpenge - scheermesje
zsilip - sluis
zsinór - snoer
zsír - vet (zelfst.naamw.)
zuhany - douche

in Hongarije gangbare afkortingen

áll.	állami	staats-
ált.	általános	algeme(e)n(e)
Bp.	Boedapest	Boedapest
db./drb	darab	stuk
d.e.	délelőtt	's morgens
d.u.	délután	's middags
em.	emelet	verdieping
évf.	évfolyam	jaargang
f.é.	folyó év	dit jaar
f.h.	folyó hó	deze maand, dezer
fmh.	feltételes megállóhely	facultatieve halte
fnv.	fővárosi	hoofdstedelijk(e)
fsz.	földszint	begane grond
gy.v.	gyorsvonat	sneltrein
hat.eng.	hatóságilag engedélyezett	door de overheid toegestaan
IBUSZ	Idegenforgalmi Ügynökség	(de naam van een reisbureau)
kb.	körülbelül	ongeveer
kft.	korlátolt felelősségi társaság	BV (besloten vennootschap)
ker.	kerület	district
Közért	élelmiszerüzlet	levensmiddelenzaak
ktsz.	kisipari termelő szövetkezet	coöperatie voor industriële produktie
LE.	lóerő	paardekracht
m.	megye	provincie
MALÉV	Magyar Légiforgalmi Vállalat	Hongaarse Luchtvaart-maatschappij
MÁV	Magyar Államvasutak	Hongaarse Staatsspoorwegen
MNB	Magyar Nemzeti Bank	Hongaarse Nationale Bank
pl.	például	bijvoorbeeld
p.u.	pályaudvar	station
röv.	rövidítés	afkorting
Rt.	részvénytársaság	naamloze vennootschap
s.k.	sajátkezüleg	eigenhandig geschreven
stb.	és a többi	enzovoort
sz.	szám(ú)	nummer
tsz.	termelőszövetkezet	landbouwcoöperatie
u.	utca	straat
u.a.	ugyanaz	hetzelfde, idem
u.n.	úgynevezett	zogenaamd
v.á.	vasútállomás	spoorwegstation